Sam Keen

Bilder des Bösen

Wie man sich Feinde macht

Aus dem Amerikanischen übersetzt
von Rüdiger Runge

PSYCHOLOGIE HEUTE
Buchprogramm

Titel der Originalausgabe: Faces of the Enemy.
Reflections of the Hostile Imagination.
Harper & Row, San Francisco.

CIP-Kurztitelaufnahme der Deutschen Bibliothek

Keen, Sam:
Bilder des Bösen : wie man sich Feinde macht /
Sam Keen. Aus d. Amerikan. übers. von Rüdiger
Runge. – Weinheim ; Basel : Beltz, 1987.
(Psychologie heute : Bewusstsein)
Einheitssacht.: Faces of the enemy ⟨dt.⟩
ISBN 3-407-85074-3

Satz: Satz- und Reprotechnik GmbH, 6944 Hemsbach
Druck und buchbinderische Verarbeitung: Druckhaus Beltz, 6944 Hemsbach
Lektorat: Mario Damolin
Foto-Redaktion: Anne Page
Umschlaggestaltung: Peter J. Kahrl, Neustadt/Wied
Printed in Germany

ISBN 3 407 85074 3

Keen · Bilder des Bösen

Sam Keen war nach dem Studium der Psychologie, Philosophie und Theologie Professor für Psychologie und lebt heute als freier Schriftsteller in Kalifornien. Von seinen zahlreichen Büchern erschien zuletzt auf deutsch bei Beltz »Die Lust an der Liebe. Leidenschaft als Lebensform.« (1985).

Gewidmet der neuen Generation von Helden und Heldinnen, die bereit sind, den Kampf mit dem inneren Feind aufzunehmen und nicht dem Schatten auszuweichen, der jedes menschliches Herz verdunkelt.

In der Hoffnung, daß wir durch Abrüstung des Selbst zu der Klarheit und zu dem Mut finden, eine neue soziale Ordnung zu finden, frei von organisiertem Blutvergießen und geheiligtem Völkermord.

Für unsere Kinder, besonders für Lael, Gifford, Jessamyn, die uns immer wieder lehren, daß Liebe über Feindschaft triumphieren kann.

Inhaltsverzeichnis

Einleitung

Homo hostilis, der Feind-Erfinder

Da Kriege im Geist der Menschen entstehen, müssen auch die Bollwerke des Friedens im Geist der Menschen errichtet werden.

Charta der UNESCO

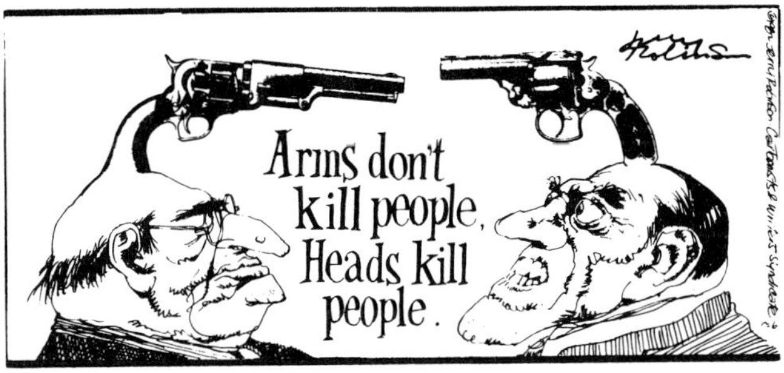

„Nicht die Waffen töten Menschen, Köpfe töten Menschen"
Jerry Robinson © Cartoonists and Writers Syndicate

Im Anfang erschaffen wir uns den Feind. Vor der Waffe explodiert unsere Phantasie: Zuerst *denken* wir andere zu Tode und erfinden dann die Streitaxt oder die Raketen, um sie auch tatsächlich zu töten. Die Propaganda geht der Technologie voraus.

Politiker der Linken wie der Rechten verharren in rückständigem Denken: Sie nehmen an, der Feind werde verschwinden, wenn wir uns nur anders mit Waffen ausrüsten würden. Konservative glauben, den Feind durch größere und bessere Waffen in einen Zustand der Zurückhaltung „erschrecken" zu können. Liberale denken, der Feind wandle sich zu einem Freund, wenn wir unser Waffenarsenal verringerten. Beide Seiten gehen von rationalistischen, optimistischen Annahmen aus: Wir Menschen seien vernünftige, pragmatische, werkzeugproduzierende Lebewesen, die es nicht umsonst in ihrer Geschichte zum *Homo sapiens* und *Homo faber* gebracht haben. Deshalb sei es uns auch möglich, den Frieden über rationale Verhandlungen und Rüstungskontrolle herzustellen.

Aber es funktioniert nicht. Das Problem scheint nicht in unserem Verstand oder unserer Technologie zu liegen, sondern in unserer Hartherzigkeit. Wir finden von Generation zu Generation genug Entschuldigungen, einander zu hassen und zu entmenschlichen, und stets rechtfertigen wir uns mit höchst wohlklingender politischer Rhetorik. Und wir weigern uns, das Offensichtliche zuzugeben: Wir Menschen sind *Homo hostilis,* die feindselige Spezies, das „feind-erfindende" Lebewesen. Wir sind getrieben, uns einen Feind zu basteln, der als Sündenbock die Last unserer verleugneten Feindschaft trägt. Aus dem unbewußten Reservoir unserer Feindseligkeit erschaffen wir ein Zielobjekt; aus unseren privaten Dämonen zaubern wir uns einen öffentlichen Feind. Die Kriege, in die wir uns verstricken, sind – vielleicht mehr als alles andere – zwanghafte Rituale, Schatten-Dramen, in denen wir fortwährend jene Teile von uns selbst zu töten versuchen, die wir verleugnen und verabscheuen.

Unsere größte Überlebenschance besteht darin, unsere Denkweise über Feinde und Kriegführung zu ändern. Statt vom Feind hypnotisiert zu sein, müssen wir zu prüfen beginnen, mit welchen Augen wir den Feind sehen. Es ist jetzt an der Zeit, den geistigen Zustand des *Homo hostilis* zu erkunden, wir müssen im Detail untersuchen, wie wir das Bild des Feindes erzeugen, wie wir überflüssiges Böses schaffen, wie wir die Welt in eine Schädelstätte verwandeln. Es scheint unwahrscheinlich, daß wir irgendeinen nennenswerten Erfolg in der Rüstungskontrolle erreichen werden, wenn wir nicht dahin kommen, die Logik des politischen Verfolgungswahns zu verstehen – und den Vorgang einer Propagandamache, die unsere Feindseligkeit rechtfertigt. Wir müssen uns dessen bewußt werden, was C. G. Jung den „Schatten" genannt hat. Die Helden und Führer zum Frieden in unserer Zeit werden jene Männer und Frauen sein, die den Mut haben, in die dunkle Tiefe der individuellen und der kollektiven Psyche hinabzutauchen und dem inneren Feind ins Gesicht zu sehen. Der Tiefenpsychologie verdanken wir die unbestreitbare Erkenntnis, daß der Feind aus verleugneten Aspekten des Selbst konstruiert wird. Deshalb zeigt das radikale Gebot „Liebe deinen Feind wie dich selbst" den Weg sowohl zu Selbsterkenntnis als auch zum Frieden. Tatsächlich lieben oder hassen wir unsere Feinde im gleichen Maß, wir wir uns selbst lieben oder hassen. Im Bild des Feindes finden wir den Spiegel, in dem wir unser eigenes Gesicht am deutlichsten erkennen können.

Doch einen Moment. Nicht so schnell! Die Praktiker realistischer Machtpolitik heben zu einem Chor von Einwänden an: „Was meinen Sie damit, Feinde zu ‚schaffen'? Wir machen uns unsere Feinde nicht selbst. Es gibt Aggressoren, Reiche des Bösen, schlechte Männer und boshafte Frauen in der realen Welt. Und sie werden uns zerstören, wenn wir sie nicht zuerst zerstören. Es gibt reale Schurken – Hitler, Stalin, Pol Pot. Sie können politisches Geschehen nicht psychologisieren oder das Problem des Krieges lösen, indem Sie unsere Wahrnehmungen des Feindes studieren."

Einwände akzeptiert. Teilweise. Halbwahrheiten psychologischer oder politischer Art sind nicht geeignet, die Sache des Friedens voranzutreiben. Wir sollten uns ebensosehr davor hüten, politische Ereignisse zu psychologisieren, wie davor, psychische Vorgänge zu politisieren. Krieg ist ein komplexes Problem, das kaum mit einem einzigen Ansatz oder von einer einzigen Disziplin gelöst werden kann. Um uns mit ihm auseinandersetzen zu können, benötigen wir zumindest eine *Quanten*theorie des Krieges und keine monokausale Theorie. So wie wir das Licht nur verstehen, wenn wir es sowohl als Partikel wie auch als Welle betrachten, werden wir den Angelpunkt des Kriegsproblems nur finden, wenn wir ihn als ein System sehen, das von beidem aufrechterhalten wird:

Von der kriegerischen Psyche	*und*	der gewalttätigen Polis
Von Paranoia	*und*	Propaganda
Von der Feindvorstellung	*und*	ideologischen oder geopolitischen Konflikten zwischen Nationen.

Kreatives Denken über den Krieg wird immer die Betrachtung sowohl der individuellen Psyche als auch der sozialen Institutionen einschließen. Die Gesellschaft formt die Psyche und umgekehrt. Deshalb müssen wir daran arbeiten, psychologische *und* politische Alternativen zum Krieg zu schaffen sowie die Psyche von *Homo hostilis* und die Struktur internationaler Beziehungen zu verändern. Wir haben keine Chance, die Kriegsbereitschaft abzubauen, wenn wir nicht die psychologischen Wurzeln von Paranoia, Projektion und Propaganda untersuchen, wenn wir die rauhen Praktiken der Kindererziehung ignorieren, die Ungerechtigkeit, die besonderen Interessen der Machteliten, die geschichtlich gewachsenen rassischen, ökonomischen und religiösen Konflikte und den Bevölkerungsdruck, die das Kriegssystem aufrechterhalten.

Die vorrangige Aufgabe dieses Buches ist es, eine Lücke in unserem Denken über den Krieg zu füllen. Gehen Sie in eine beliebige Bibliothek, und Sie werden Bücher finden, die sich mit jedem erdenklichen Aspekt des Krieges beschäftigen, außer einem – dem Feind. Eigentlich sollte man annehmen, daß irgend jemand lange und intensiv über die Identität des Feindes nachgedacht hat, weil der Krieg ja dazu bestimmt ist, eben diesen Feind zu töten. Das Militär, das den Feind vernichten soll, überläßt es gewöhnlich den Politikern, zu definieren, wer dieser Feind ist und warum er zerstört werden muß. Die Militärs bevorzugen die begrenzte Rolle, Männer zum Töten auszubilden und mit Kriegsmitteln, Taktik und Strategie umzugehen. Normalerweise gehört zu dem Auftrag, aus Zivilisten Soldaten zu machen, ein freizügiger Einsatz von Propaganda und Haß-Training. Vielfältige entmenschlichende Masken werden dem Feind übergestülpt, damit er ohne Schuldgefühle umgebracht werden kann. Die Schwierigkeit in der Militärpsychologie besteht darin, wie man den Akt des Mordens in Patriotismus verwandeln kann. Zum größten Teil ist dieser Prozeß der Entmenschlichung des Feindes bisher nicht näher untersucht worden. Wenn wir unsere Schatten projizieren, machen wir uns selbst systematisch blind dafür, was wir tun. Um Haß in Massen zu erzeugen, dürfen sich die politisch Handelnden ihrer eigenen Paranoia, Projektion und Propaganda nicht bewußt werden. „Der Feind" wird daher als ebenso real und objektiv vorhanden betrachtet wie ein Felsen oder ein tollwütiger Hund. Unsere erste Aufgabe ist es also, dieses Tabu zu brechen, das Unbewußte der Politik bewußt zu machen und die Mittel und Wege zu erkunden, mit denen wir einen Feind schaffen.

In Teil 1 will ich deshalb entwerfen, was Philosophen eine „Phänomenologie der Feindvorstellung“ nennen. Diese Aufgabe erfordert, daß ich die historische Frage von Schuld und Unschuld ausklammere und mich auf die wiederkehrenden Bilder konzentriere, die zu unterschiedlichen Zeiten und an verschiedenen Orten benutzt worden sind, um den Feind zu charakterisieren. Meine Ausgangsfrage gilt dem, was C. G. Jung den „Archetyp“ des Feindes genannt haben würde. Wir werden herausfinden, daß Kriege kommen und gehen, daß die Feindvorstellung jedoch – eigenartigerweise unter verschiedensten Bedingungen – ein bestimmtes Standardrepertoire von Bildern aufweist, die zur Entmenschlichung des Feindes verwendet werden. Was Propaganda angeht, sind wir alle Platoniker; wir wenden zeitlose Archetypen auf sich wandelnde Ereignisse an.

Es versteht sich von selbst, daß unter bestimmten Umständen, wie etwa im Krieg gegen das Dritte Reich, unsere Feindbilder nahezu realistisch erscheinen. Hitler war eine derart perfekte Inkarnation des Teuflischen, ein Muster des Bösen, daß wir ihn seither immer benutzt haben, um unsere Feinde herabzusetzen. Daß paranoides Denken seine unterdrückten Anteile auf den Feind projiziert, bedeutet nämlich nicht automatisch die Unschuld des Feindes an diesen Projektionen. Wie die Erfahrung uns lehrt, haben Paranoide manchmal tatsächliche Feinde. Dennoch können wir niemals den Grad unserer eigenen Beteiligung an der Erzeugung des Bösen bestimmen, wenn wir nicht für einen Moment bereit sind, unseren Glauben an jede Propaganda auszuschalten und die Quellen der Projektion von Feindvorstellungen zu untersuchen. Waren wir bereit, aufrichtig prüfend in die Augen zu blicken, mit denen wir den Feind sehen, bleibt für uns immer noch die qualvolle Entscheidung, wann wir zu den Waffen greifen sollten, um einem speziellen Feind zu widerstehen. Konflikte werden nicht dadurch beseitigt, daß wir die Psychologie der Wahrnehmung, die Logik des *Homo hostilis* studieren. Es könnte uns aber dazu bringen, die eigenen Motive zu erforschen, und es sät einen gesunden Zweifel in unsere anderenfalls selbstgerechte Kriegsführung.

Nachdem wir die Archetypen des Feindes untersucht haben, werden wir in Teil 2 die Aufmerksamkeit nach innen richten; wir werden einige psychologische Wurzeln der gewohnheitsmäßigen Feindschaft betrachten und erfahren, wie wir den Schatten, den wir auf den Feind projiziert haben, auf uns zurücklenken könnten.

Im Schlußteil des Buches werden wir uns eine Reihe von Szenarien für die Zukunft der Feindschaft anschauen. Dabei werden wir uns von den politischen Minimalmöglichkeiten bis zur radikalsten psychologischen Option bewegen, von der verzweifelten Hoffnung, daß wir in der nuklearen Apokalypse mit Würde sterben, zu der fast utopischen Hoffnung, daß wir politischen und psychologischen Ersatz für den Krieg finden und einen neuen Menschen hervorbringen – den *Homo amicus* –, der von Güte erfüllt ist, von einfühlendem Wesen ist und eine Politik der Mitmenschlichkeit verfolgt.

TEIL 1

Archetypen des Feindes

Erscheinungsbilder der Feindvorstellung

Prüfen Sie das Gesicht des Feindes genau. Die Mundwinkel sind nach unten gezogen. Die Augen sind fanatisch und starren in die Ferne. Seine Züge sind verzerrt, geformt wie bei einem Monster oder einer Bestie. Nichts weist darauf hin, daß dieser Mensch jemals lacht, von Zweifeln geplagt wird oder in Tränen ausbricht. Er empfindet weder Zärtlichkeit noch Schmerz. Natürlich ist er anders als wir. Wir müssen kein Mitleid haben, keine Schuldgefühle, wenn wir ihn vernichten.

In jeder Propaganda ist das Bild des Feindes dazu bestimmt, einen Konzentrationspunkt für unseren Haß zu liefern. Er ist der *Andere*. Der Außenseiter. Der Fremde. Er ist nicht menschlich. Wenn wir ihn töten können, werden wir von allem Bösen in uns und um uns erlöst.

Wie werden diese Feind-Bilder geschaffen? Und warum ist das Repertoire von Bildern so allgemeingültig?

„Er beobachtet dich"
USA, Zweiter Weltkrieg

Der Feind als Fremder

Die ganz gewöhnliche Paranoia

Niemand weiß sicher, wann es zu einer ständigen Gewohnheit des Menschen wurde, Kriege zu führen. Einige Archäologen meinen, es gab ein vorsteinzeitliches Paradies, bevölkert von friedlichen Jägern und Sammlern; Habsucht und systematische Gewaltanwendung seien erst aufgetreten, als die landwirtschaftliche Revolution ein ausreichendes Wohlstandsgefälle schuf, um einige in Versuchung zu führen, das zu stehlen, was andere produziert hatten. Das beste Beweismaterial, über das wir verfügen, läßt vermuten, daß die Kriegführung nicht älter als 13000 Jahre ist. Sue Mansfield zufolge belegen unsere frühesten menschlichen Zeugnisse aus dem Paläolithikum Jagd, Kunst, Mythos und Ritual, aber sie stellen keine Menschen im Kampf miteinander dar.[1]

Einmal erfunden, wurde der Krieg zu einer nahezu universellen Praxis. Doch es gibt genug Ausnahmen, um jenen entscheidenden Beweis antreten zu können, auf den die Hoffnung ihre heikle Behauptung stützt: Sich Feinde zu machen und Kriege zu führen, ist eher eine soziale Schöpfung als ein biologischer Imperativ. Die friedlichen Völker wie die Hopi, die Tasaday auf den Philippinen, die Mbuti-Pygmäen, die K'ung-Buschleute der Kalahari, die Kupfer-Eskimos, die Amish in Nordamerika und andere zeigen uns, daß Menschen fähig sind, hochstehende Kulturen ohne den systematischen Einsatz von Gewalt zu schaffen, ohne eine Kriegerkaste und eine psychische Struktur, die darauf ausgerichtet ist, den Stamm gegen einen Feind zu verteidigen. So schreibt Geoffrey Gorer:

> „Als die bedeutsamste Gemeinsamkeit dieser friedvollen Gesellschaften erscheint mir allerdings, daß sie alle einen enormen Genuß aus konkreten körperlichen Vergnügen ziehen: Essen, Trinken, Sexualität und Lachen, und daß sie nur sehr geringe Unterschiede zwischen den idealen Verhaltensweisen von Mann und Frau haben, insonderheit daß es bei ihnen kein Ideal der tapferen, aggressiven Männlichkeit gibt ... Sie haben weder Helden noch Märtyrer, denen nachgeeifert werden müßte, noch Feiglinge und Verräter zum Verachten. In ihrer Religion gibt es keine personalisierten Götter oder Teufel; ein glückliches, hartes und produktives Leben ist für jeden drin."[2]

Das Beispiel der unkriegerischen Stämme lehrt uns, daß es keine genetischen oder allgemein menschlichen Bedingungen sind, die den Krieg zum unausweichlichen Schicksal des Menschen machen. Ashley Montagu meint darüber hinaus:

Deutschland, Zweiter Weltkrieg

Tokio-Kid
USA, Zweiter Weltkrieg

Liebe addiert und multipliziert. Haß dividiert und subtrahiert.

Sandor McNab

„Während der zwei Millionen Jahre menschlicher Evolution hatte die Kooperation die höchste Bedeutung für die Auslese, nicht nur innerhalb der Gruppen, sondern auch die Kooperation zwischen den Gruppen. Anders gäbe es heute keine Menschen.“[3]

Für einen Augenblick wollen wir diesen Faden der Hoffnung festhalten und uns dem Studium der weiter verbreiteten menschlichen Befindlichkeit – der gewöhnlichen Paranoia – sowie der Welt zuwenden, die durch die Feindvorstellung geschaffen wird. In Vergangenheit und Gegenwart (und, so hoffe ich, in der Zukunft) lebten und leben Menschen, die eher vom Geist des Eros als von der schwarzen Hand des Thanatos regiert wurden.

Traurigerweise erzeugt die Mehrheit der Stämme und Nationen ein Gefühl sozialer Solidarität und Zugehörigkeit zum Teil dadurch, daß systematisch Feinde aufgebaut werden. Die gemeinsame Identität der meisten Völker gründet auf einer antagonistischen Weltsicht:

Wir	*versus*	Die
Zugehörige	*versus*	Außenseiter
Der Stamm	*versus*	Der Feind.

Mit anderen Worten: Die Paranoia ist, weit entfernt davon, nur ein gelegentliches individuelles Leiden zu sein, die normale *„conditio humana“*. Sie wird als ebenso normal wie anerkennenswert betrachtet, als Wesensmerkmal von Stammesloyalität und Patriotismus, um beißenden Haß auf Fremde zu richten, die wir kaum kennen, und um Liebe für jene zu reservieren, die uns vertraut sind. Die Gewohnheit, unsere Feindseligkeit nach außen auf alle zu richten, die uns unbekannt sind, ist gleichermaßen ein Charakteristikum des Menschen wie unsere Fähigkeit zur Vernunft, zum Staunen oder zur Herstellung von Werkzeugen. Unsere Feindseligkeit pervertiert die Vernunft zu einem Akt des vereinfachenden Denkens und der Propaganda; sie stellt unsere Kreativität in den Dienst zerstörerischer Kräfte und läßt uns Schwerter statt Pflugscharen schmieden.

Die Feindvorstellung beginnt mit einer einfachen, aber sehr hinderlichen Annahme: Was fremd oder unbekannt ist, ist gefährlich und will uns übel. Das Unbekannte ist nicht vertrauenswürdig. Das lateinische Wort *hostis* bezeichnet ursprünglich einen Fremden, jemanden, der nicht mit uns durch Verwandtschaft oder Blutsbande verbunden ist.

Um den Grundwiderspruch zwischen Zugehörigen und Fremden herum formt das Stammesbewußtsein einen ganzen Mythos des Konflikts. Das mythische Denken, das noch immer die moderne Politik beherrscht, ist zwanghaft dualistisch. Es spaltet alles in polare Gegensätze. Die grundsätzliche Unterscheidung zwischen Zugehörigen und Außenseitern wird in eine paranoide Ethik und Metaphysik ausgeweitet, in der die Wirklichkeit als ein moralisches Schauspiel angesehen wird, als ein Konflikt zwischen

dem Stamm	*versus*	dem Feind
dem Guten	*versus*	dem Bösen
dem Heiligen	*versus*	dem Profanen.

Eine vorrangige Funktion dieser paranoiden Metaphysik von *Homo hostilis* besteht darin, die Vernichtung von Außenseitern zu rechtfertigen und Kriege zu rationalisieren. Außer uns zu sagen, wer wir sind, woher wir kommen und wohin wir gehen, sanktioniert der Mythos das Töten von Fremden, die als nicht-menschlich und gottlos betrachtet werden. Der Mythos macht das Töten oder Sterben im Krieg zu einem geheiligten Akt, ausgeführt im Dienst einer Gottheit oder eines unsterblichen Ideals. Daher ist die Propaganda so alt wie die Feindvorstellung. Die Wahrheit ist das erste Opfer, das wir bringen, um einer exklusiven Gruppe anzugehören.

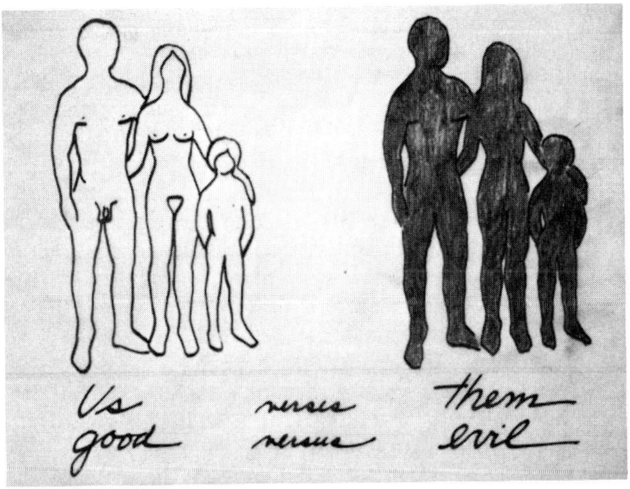

Gewöhnliche Paranoia
Jeanette Stobie

Der Feind als Angreifer

Die Logik der Paranoia

Gewöhnliche Paranoia – die Pathologie des Durchschnittsmenschen in einer kriegsbejahenden Gesellschaft – bildet sozusagen den Druckstock, aus dem alle Feindbilder geschnitten werden. Indem wir die Logik der Paranoia untersuchen, können wir erkennen, warum bestimmte Archetypen des Feindes notwendigerweise wiederkehren, unter welchen historischen Umständen auch immer.

Die Paranoia umfaßt einen Komplex geistiger, emotionaler und sozialer Mechanismen, mit deren Hilfe eine Person oder ein Volk Rechtschaffenheit und Reinheit für sich beansprucht und die Feindseligkeit und das Böse dem Feind zuschreibt. Dieser Prozeß beginnt mit der Spaltung des „guten" Selbst vom „schlechten" Selbst: Mit ersterem identifizieren wir uns bewußt, und es wird auch in Mythen und Medien hochgepriesen; das „schlechte" Selbst bleibt uns solange unbewußt, wie es auf einen Feind projiziert werden kann. Durch diesen Kunstgriff werden die unakzeptablen Teile des Selbst – seine Habgier, Grausamkeit, sein Sadismus und seine Feindseligkeit, was C. G. Jung den „Schatten" nannte – zum Verschwinden gebracht und nur als Merkmale des Feindes anerkannt. Paranoia mindert Angst und Schuld, indem sie all die Eigenschaften auf den anderen überträgt, die man bei sich selbst nicht wahrhaben möchte. Sie wird aufrechterhalten durch selektive Wahrnehmung und Erinnerung. Wir sehen und nehmen nur jene negativen Aspekte des Feindes zur Kenntnis, die das Vorurteil stützen, das wir bereits gebildet haben. Daher bringt das amerikanische Fernsehen hauptsächlich schlechte Nachrichten über die Russen und umgekehrt. Wir erinnern uns nur an die „Beweise", die unser Vorurteil bestätigen.

Als eine Art Metaphysik der Bedrohung schaltet die Paranoia schon im voraus jeden Anhaltspunkt aus, der ihrer Grundannahme über die bösartigen Absichten des Feindes widersprechen könnte. So entsteht eine Unfähigkeit, zwischen tatsächlichen und rein eingebildeten Gefahren zu unterscheiden. Ein Paranoiker, der einen lässig an eine Hauswand gelehnten Mann eine Zigarette rauchen sieht, „weiß" mit absoluter Sicherheit, daß dieser Mann einem anderen an einem Fenster im dritten Stock eines gegenüberliegenden Gebäudes Signale gibt, der seinerseits in Funkverbindung mit dem Piloten eines am Himmel vorbeiziehenden Flugzeuges steht, welcher gerade dabei ist, unseren Paranoiden mit unsichtbaren Strahlen aus einer tödlichen Laserka-

Arafat als Schatten
Kolumbien. De La Torre. © Cartoonists and Writers Syndicate

none zu durchbohren. Kein noch so überzeugendes Beweismaterial wird einen paranoiden Verstand überzeugen, daß das Attentat auf Präsident John F. Kennedy kein genau geplantes Komplott unter Beteiligung eines ganzen Netzes finsterer Agenten war. Erwecken die Russen den Anschein, Frieden zu wollen? Für das paranoide Denken ist dieser Anschein nur ein weiterer Beweis, daß sie uns zu Abrüstung bewegen wollen, damit sie uns erobern können. Der *double bind,* der stets in die Paranoia eingebaut ist, macht es logisch unmöglich, sie zu widerlegen.

Nichts illustriert die paranoide Geistesverfassung besser als die antisemitische Propaganda. Für den Antisemiten sind die Juden der Ursprung alles Bösen. Hinter den zufälligen historischen Feinden Deutschlands – England, Amerika und Rußland – lauerte die jüdische Verschwörung. Die Bedrohung war für den unbeteiligten Beobachter singulär und verborgen, jedoch offensichtlich für den, der wahrhaft an die arische Überlegenheit glaubte. Innerhalb dieser verdrehten Logik war es für die Nazis absolut schlüssig, Züge, die dringend für den Transport von Truppen an die Front gebraucht wurden, umzudirigieren, um Juden für die „Endlösung" in Konzentrationslager bringen zu können.

Schattierungen der gleichen paranoiden Sichtweise zeigen rechtsgerichtete amerikanische Antikommunisten und besessene sowjetische Antikapitalisten, die beide ihren Gegnern mehr Macht, Zusammenhalt und konspirativen Erfolg zuschreiben, als der jeweils andere wirklich hat. Fanatiker in beiden Lagern betrachten die Welt als ein Schlachtfeld, auf dem am Ende alle Länder entweder in die Einflußsphäre des Kapitalismus oder des Kommunismus eingegliedert werden.

Eine wesentliche Funktion des paranoiden Denkens besteht darin, sich Schuld und Verantwortung zu entziehen und sie anderen anzuhängen. Diese Umkehrung kann bis in schreckliche Extreme gehen. Vor einiger Zeit vergewaltigte und verstümmelte ein Mann in San Francisco brutal eine

Der Jude als Über-Bedrohung
Oslo 1941

Ich mag für Sie ein bißchen paranoid klingen, aber die Leute verstehen einfach die Bedrohung nicht.

Caspar Weinberger

„Er reitet euch alle rein"
Deutschland, Zweiter Weltkrieg

„Die Kommunisten haben kein Gewissen. Sie treiben liebenswerte Menschen auf das Schlachtfeld, die dort bei den Angriffen ihres ‚menschlichen Meeres' sterben"
Anspielung auf einen Satz von Mao Tse Tung, die Kommunisten sollten sich im Volk bewegen wie die Fische im Wasser. Veröffentlicht auf einem nationalistischen Flugblatt, das über Zentral-China abgeworfen wurde

„Sie bedrohen uns"
Jack Jurden, Wilmington Evening Journal News

Frau. Nachdem er gefaßt worden war, verteidigte er sich vor Gericht mit der Behauptung, sie habe ihn bedroht. Die Zuweisung der Schuld an den anderen zeigt uns, daß Paranoia in einem psychischen Entwicklungsstillstand verwurzelt ist. Familientherapeuten haben eine Faustregel, die besagt: Der Grad, in dem Leute andere anschuldigen, entspricht dem Ausmaß, in dem sie entwicklungsmäßig noch ihrer Herkunftsfamilie verhaftet sind, das heißt, in dem sie noch Kinder sind. Vorwürfe zu erheben, bedeutet, sowohl die eigene Verantwortung als auch die eigene Stärke zu verleugnen. Paranoia ist der Zufluchtsort von Kindern und Opfern.

Anschuldigungen lösen Anschuldigungen aus. Deshalb wird die paranoide Person oder Nation ein gemeinschaftliches Wahnsystem erzeugen, eine *Paranoia à deux*. Zum Feindsystem gehört ein Prozeß zwischen zwei oder mehr Feinden, die sich gegenseitig ihren (unbewußten) psychischen Müll in den Hinterhof kippen. Alles, was wir an uns selbst verachten, schreiben wir anderen zu – und umgekehrt. Da der Vorgang der unbewußten Projektion des Schattens universell ist, „brauchen" die Feinde einander, um ihren angehäuften, verleugneten psychischen Giftmüll loszuwerden. Wir knüpfen ein Band des Hasses, bilden eine „gegnerische Symbiose", ein einheitliches System, das garantiert, daß keiner von uns mit seinem Schatten konfrontiert wird.

Im gegenwärtigen Konflikt zwischen den USA und der Sowjetunion sind wir aufeinander als Gruppen-Übertragungs-Ziele angewiesen. Natürlich sieht die sowjetische Propaganda, die die Vereinigten Staaten als Verletzer von Menschenrechten hinstellt, den Balken im eigenen Auge nicht. Ebenso eindeutig spiegeln aber auch unsere Tiraden gegen staatliche Kontrolle und fehlendes Privateigentum in der Sowjetunion einen unbewußten Zorn über den realen Verlust individueller Freiheit unter der Herrschaft des Großkapitals und über unsere Abhängigkeit von der Regierung wider, die von der Wiege bis zur Bahre für uns sorgen soll; beides paßt nicht zu unserem Pionier-Selbstbild des rauhbeinigen Individualisten. Offiziell betrachten wir die Abhängigkeit der Sowjetbürger vom Staat als Sklaverei, und doch haben wir uns in die Arme der gewaltigen Regierungsapparate und des galoppierenden Sozialismus begeben, und offensichtlich haben wir tiefe Abhängigkeitsbedürfnisse, die nicht zu unserem bewußten Selbstbild als „Marlboro-Männer" passen. Und wenn die Sowjets unsere Freiheit, Profit zu machen und zu konsumieren, als eine Form von Zügellosigkeit betrachten, ist klar, daß sie nach größerer persönlicher Freiheit streben. Wir unterstellen den Sowjets, sie degradierten den einzelnen zum bloßen Mittel staatlicher Ziele. Sie unterstellen uns, wir heiligten die Habgier mächtiger Individuen auf Kosten der Gemeinschaft und ließen den Profit für nur wenige zu Lasten der Mehrheit zu. Solange wir Beleidigungen austauschen, sind wir beide der unangenehmen Aufgabe enthoben, auf die ernstlichen Fehler und Grausamkeiten unseres eigenen Systems zu schauen.

Unvermeidlich betrachtet die paranoide, infantile Psyche den Feind so, als hätte er einige der paradoxen Eigenschaften schlechter Eltern. Die notwendige Formel, um den Feind moralisch ungestraft zu zerstören, schreibt ihm stets nahezu unbegrenzte Macht und einen moralisch minderwertigen Charakter zu. Regelmäßig entdeckt das US-Verteidigungsministerium, in typisch paranoidem Stil, irgendeine „Lücke" – eine Bomberlücke, Panzerlücke, Raketenlücke oder Versorgungslücke –, welche die Sowjets mächtiger erscheinen läßt als die Vereinigten Staaten, und zugleich entwirft es das Bild eines erbarmungslosen Vordringens des gottlosen Kommunismus. Der Kreml spielt das gleiche Spiel.

Allein schon Gleichwertigkeit festzustellen, ist dem paranoiden Denken unmöglich. Ein Paranoider muß entweder sadistisch überlegen sein und andere beherrschen – oder masochistisch unterlegen und sich von ihnen bedroht fühlen. Erwachsene mögen einander gleichwertig gegenüberstehen und die Verantwortung für Gut und Böse teilen, doch in der Welt des Kindes hat der Riese – die Eltern, der Feind – die Macht und ist folglich dafür zu verachten, daß er nicht den Schmerz und das Böse beseitigt, für die er allein verantwortlich ist.

Homo hostilis ist unheilbar gespalten, ein moralisierender Manichäer:

Wir sind unschuldig.	Sie sind schuldig.
Wir sagen die Wahrheit – informieren.	Sie lügen – machen Propaganda.
Wir verteidigen uns selbst.	Sie sind Angreifer.
Wir haben ein Verteidigungsministerium.	Sie haben ein Kriegsministerium.
Unsere Raketen und Waffen dienen der Abschreckung.	Ihre Waffen sind für den Erstschlag gedacht.

Man beachte den Unterton bei aller selbstrechtfertigenden Propaganda; es ist die jammernde Stimme des Kindes: „Er hat mich zuerst gehauen"; „Ich schlage doch nur zurück".

„Sie bedrohen uns"
UdSSR

Sowjetische Lügen
Carmack, Christian Science Monitor

Einem neuen politischen Lexikon zufolge, das kürzlich in Moskau veröffentlicht wurde, kann „Aggression definiert werden als ein bewaffneter Angriff auf ein Land mit dem Ziel, sich seines Territoriums zu bemächtigen und es wirtschaftlich und politisch zu unterwerfen. Beispiele für Aggression sind der Krieg der Vereinigten Staaten gegen das vietnamesische Volk und Israels Aktionen gegen arabische Staaten". Dasselbe Lexikon fährt damit fort, die sowjetische Gefahr als einen „antisowjetischen Propagandamythos" zu definieren, „eine Gefahr, die angeblich die kapitalistische Welt bedroht und von der Sowjetunion ausgeht. Diese absurde Behauptung wird in Umlauf gebracht, um das Wettrüsten zu rechtfertigen, das den Magnaten des militärisch-industriellen Komplexes ungeheure Profite bringt".[4]

Hinter seiner grimmigen Maske ist *Homo hostilis* ein Opfer, ein aggressiv Gehemmter, der machtbesessen ist, weil er sich ohnmächtig *(impotent)* fühlt, nachdem er die Macht, anzufangen und anzugreifen, dem Feind übertragen hat. Er, der die Macht und Verantwortlichkeit, Böses zu tun, auf den Feind projiziert hat, verliert die Fähigkeit, die Initiative zu ergreifen, zu handeln. Krieg ist immer „reaktionär", ein Drama, in dem zwei oder mehr Parteien, die sich außer ihrer Antwort auf Aggression ansonsten machtlos fühlen, ihre überlegene Macht zu demonstrieren versuchen.

Paranoiker hassen und lieben einander.

Paranoia ruft eine selbst-erfüllende Prophezeiung hervor, einen Teufelskreis, in dem Verdacht Verdacht gebiert, Drohung Gegendrohung erzeugt. Aggressiv gehemmte Opfer verschaffen sich selbst die Aggression, die sie so zwanghaft fürchten. In dem Maß, wie der andere als Feind wahrgenommen wird, reagieren wir „angemessen", indem wir uns auf die Selbstverteidigung vorbereiten – wenn nötig mit Präventivschlägen. Die anderen reagieren ähnlich. Paranoide beginnen bei phantasierten Feinden und enden mit realen, während der reaktive Kreislauf sich zu einem komplexen historischen Konflikt aufschaukelt. In der *Paranoia à deux* wirkt Feindseligkeit synergetisch; die Feinde stehen hypnotisiert voreinander und schließen sich in ein Spiegelkabinett ein. Das menschliche Bewußtsein, so scheint es, ist fähig, nahezu jede Realität zu schaffen oder zu entdecken, auf die es nur lange genug seine Aufmerksamkeit richtet. Wir gestalten die Welt nach dem Bilde dessen, was uns fasziniert und erschreckt.

Der gesichtslose Feind

Entmenschlichende Propaganda

Das Ziel von Kriegen ist, den Feind zu zerstören oder zu töten. Aber wer ist der Feind? Fast alle Werke über den Krieg beziehen sich nur indirekt auf den Feind. Ein merkwürdiges Schweigen durchdringt das politische, militärische und volkstümliche Denken über dieses Thema. Unser Widerwillen, klar über den Feind nachzudenken, scheint eine unbewußte Verschwörung zu sein. Systematisch verwässern wir Unterscheidungen und bestehen darauf, den Feind gesichtslos zu lassen, weil wir nur dann fähig sind, den Schrecken des Krieges zu verewigen, Urheber unvorstellbaren Leidens zu sein, wenn wir uns selbst blind machen für das, was wir tun. Traditionell haben wir diese Praxis des Denkverzichts aufrechterhalten, indem wir entmenschlichende Stereotype für die Objekte unserer Gewalttätigkeit schufen und unserer Vernunft vorbehielten, die Waffen, Strategien und Taktiken festzulegen, mit denen wir „die" zerstören wollen.

Der gesichtslose Russe
„... Wir brauchen einen originellen, jungen und dynamischen neuen Führer. Einer von uns wird es sein ..."
© Oliphant. Detroit Free Press 1982

Laurens van der Post beschreibt genau, wie ein Mechanismus der Entmenschlichung in einem japanischen Gefangenenlager während des Zweiten Weltkriegs funktionierte:

„Die Japaner zeigten einen unerwarteten Widerwillen, uns im Verlauf unserer täglichen Kontakte in die Augen zu blicken. Wir wußten, daß sie Vorsichtsmaßnahmen trafen, um sicherzugehen, daß nicht auch nur ein Schimmer offensichtlicher und wehrloser Menschlichkeit durch ihr Abwehrsystem dränge und dem Zerrbild widerspräche, das eine dämonische *a-priori-Vorstellung* von uns in ihnen erzeugt hatte. Je näher das Donnerwetter kam, um so

Ich erhielt den Befehl, dort hinzugehen und den Feind zu vernichten ... Ich setzte mich nicht hin und unterschied zwischen Männern, Frauen und Kindern. Sie gehörten alle in die gleiche Kategorie, und das war die Einteilung, mit der wir es zu tun hatten, einfach feindliche Soldaten.

Leutnant William Calley, jr.

intensiver wurde das Wirken dieses Mechanismus. Seinen nachhaltigsten Ausdruck hatte ich in den Augen eines japanischen Offiziers gesehen, der – vor sich einen verurteilten indonesischen Soldaten – sich nach vorne beugen und das lange schwarze Haar des Verurteilten vom Nacken über Kopf und Augen werfen mußte, wenn er sein Schwert ziehen und den Kopf des Mannes abschlagen wollte. Bevor der Hieb niederging, war er gezwungen, geradeaus über den Kopf des Todeskandidaten zu schauen; er sah dabei weder ihn noch uns, die wir in einer langen Reihe aufgereiht vor ihm standen.“[5]

An sich gilt die Regel, daß Menschen andere Menschen nicht töten. Bevor wir zum Krieg oder Völkermord ausziehen, entmenschlichen wir zuerst jene, die wir zu „eliminieren“ beabsichtigen. Als die Japaner im Zweiten Weltkrieg medizinische Experimente an menschlichen Versuchskaninchen durchführten, nannten sie sie *maruta* – Holzklötze. Die Feindvorstellung zerstört systematisch unsere natürliche Neigung, uns mit anderen Angehörigen unserer Art zu identifizieren. *Homo hostilis* verstümmelt seine Phantasie, indem er sie zwingt, den begrenzten Zwecken von Haß und Propaganda zu dienen. Eine voll entwickelte Vorstellungskraft würde uns zu der Erkenntnis führen, daß die, gegen die wir kämpfen, sind wie wir. Sie empfinden Schmerz, wenn sie geschlagen werden, haben Angst vor dem Tod, lieben ihre Kinder, hassen es, in den Krieg zu ziehen, und sind erfüllt von Gefühlen des Zweifels und der Ohnmacht.

Er hatte nichts bei sich, keine Fotos, keine Briefe, keine Kennmarke. Das würde die Jungs vom Nachrichtendienst enttäuschen, aber für mich war es in Ordnung. Ich wollte, daß dieser Junge anonym blieb. Ich wollte an ihn nicht als totes Menschenwesen mit Namen, Alter und Familie denken, sondern als toten Feind. Das machte alles leichter.

Philipp Caputo: *A Rumor of War*

Der Zweck von Propaganda ist, das Denken zu lähmen, sorgfältige Unterscheidungen zu verhindern und Individuen darauf zu konditionieren, sich als eine Masse zu verhalten. Der moderne kriegführende Staat beseitigt die Individualität der ihm Dienenden, indem er sie in Uniformen zwingt, und er zerstört systematisch die Vielgestaltigkeit derer, gegen die er kämpft. „Der“ Feind ist immer ein einzelner, eine Leerformel, der wir jede Bedrohung zuordnen können, über die wir

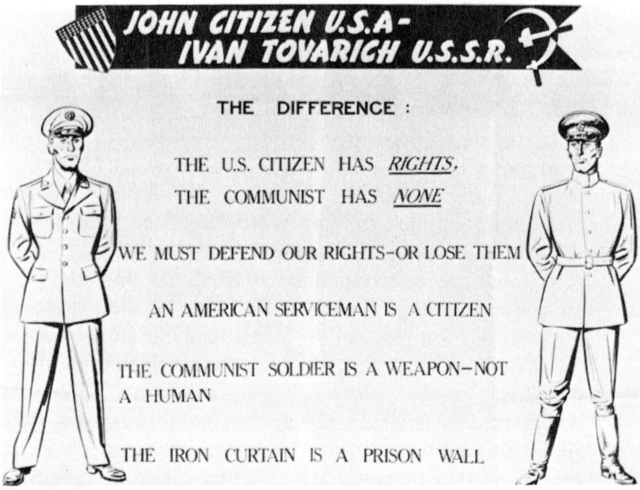

Die simple Schwarz-Weiß-Logik des Kalten Krieges
US-Army

nicht offen nachdenken wollen. Das paranoide Denken hüllt den Feind in Nebel. Wenn der Krieg beginnt, werden Nachdenken und Nächstenliebe für seine Dauer ins Exil geschickt. Wir töten keine Personen, sondern eine Idee. Die Kunst der Propaganda besteht darin, ein Bild zu erzeugen, das die Vorstellung dessen verkörpert, was wir zerstören möchten, damit wir reagieren statt zu denken und automatisch einen Haltepunkt für unsere freiflottierende Feindseligkeit finden, für diffuse Frustrationen und unbestimmte Ängste. Die Elemente, aus denen dieses Bild sich zusammensetzt, sind Flüche und die üblichen Schmähungen, die seit Menschengedenken benutzt werden.

Wenn westliche Länder gegen Asiaten in den Krieg ziehen, stellen sie diese gewöhnlich als gesichtslose Horden dar. Ein Film, den die US-Armee während des Zweiten Weltkriegs anfertigte, beschrieb japanische Soldaten als „lauter Abzüge vom selben Negativ". Wir haben Asiaten gewohnheitsmäßig als so unterschiedlich von uns charakterisiert, daß sie wenig Wert auf Leben beanspruchen können. Die alte Vorstellung von Dschingis Khan und den Mongolenhaufen verfolgt uns noch immer; bei Bedarf wird sie wieder hervorgeholt und aktualisiert. Amerikanische Streitkräfte in Korea fühlten sich von einer „gelben Flut" gesichtsloser Massen überrollt, grausamen und angstlosen Untermenschen, den unbegreiflichen und unerforschlichen Chinesen, dem menschlichen Ozean. Kaum eine Generation später standen wir in Vietnam wieder dem gleichen archetypisch erniedrigten Feind gegenüber, jetzt bezeichnet als „Penner", „Mickerlinge", „Hinterhältige" und „Abartige" *(gooks, dinks, slopes)*.

Frontsoldaten berichten häufig, sobald sie auf einen getöteten Feind trafen und seine persönliche Habe überprüften – Briefe von zu Hause, Bilder der Lieben –, verschwand das Propagandabild und wurde es schwierig oder unmöglich, erneut zu töten. Wer kann die bewegende Szene aus Remarques „Im Westen nichts Neues" vergessen, als der deutsche Soldat gezwungen wird, die Nacht in einem Bombentrichter mit dem Franzosen zu verbringen, den er zuvor mit dem Bajonett erstochen hat?

Der Feind als „Es"
„Der Hunne – sein Zeichen. Lösch' es aus mit Kriegsanleihen"
USA, Erster Weltkrieg

Martin Luther
Holzschnitt aus dem 16. Jahrhundert

Daher lasset jeden, der es vermag, hauen, schlagen und stechen, insgeheim oder offen, im Gedenken daran, daß nichts vergiftender, schädlicher oder teuflischer sein kann als ein Rebell. Dies sind seltsame Zeiten, in denen ein Fürst eher durch Blutvergießen in den Himmel gelangen kann als andere Männer mit Beten.

Martin Luther, 1525

Der Feind als Feind Gottes

Krieg als angewandte Theologie

Der Feind ist nicht nur Fleisch und Blut, sondern Teufel, Dämon, Agent finsterer Mächte. Der Krieg, ob altertümlich oder modern, wird nicht nur auf dem historischen Schlachtfeld geführt. Hinter der Szene des Zweiten Weltkriegs lenkten – nicht weniger als im Trojanischen Krieg – konkurrierende Götter die Aktionen der sterblichen Krieger.

Gott und Vaterland mögen in der Theorie zu trennen sein, doch in der alltäglichen Politik und Religion sind sie miteinander verschmolzen. Gott heiligt *unsere* soziale Ordnung, *unseren* Lebensstil, *unsere* Werte, *unser* Territorium. Deshalb ist Kriegführung angewandte Theologie. Man stelle die Rhetorik, mit der Krieg gerechtfertigt wird, auf die Probe, und man wird finden, daß jeder Krieg ein „gerechter" Krieg ist, ein Kreuzzug, eine Schlacht zwischen den Mächten des Guten und Bösen. Krieg ist ein religiös-politisches Ritual, in dem das heilige Blut unserer Helden geopfert wird, um unser Land zu segnen und die Feinde Gottes zu vernichten. Krieg ist die gemeinschaftliche Prüfung, mit der die heldenhafte Nation ihre Anrechte begründet und die Ansprüche ihrer Feinde zurückweist, als auserwähltes Volk Gottes, als Träger einer historischen Bestimmung, als Stellvertreter des Heiligen.

Die nahtlose Verknüpfung von Politik und Religion wurde historisch allein dadurch offenkundig, wie die Theologen die Rhetorik des Krieges übernahmen. Satan wurde von Theologen und Inquisitoren regelmäßig bemüht, um ihre Gegner zu diskreditieren. Katholische Theologen sagten, Luthers Ketzerei müsse ausgerottet werden, weil aus ihm die Stimme des Teufels spräche. Und Luther setzte die gleiche Rhetorik gegen die aufständischen Bauern ein, als er sie zu Mittelsmännern des Teufels und ihre Revolte zum Vorspiel des Weltuntergangs erklärte. Er bestätigte, ebenso deutlich wie jeder andere heilige Krieger, die schreckliche Selbstgerechtigkeit des „Heiligen Kriegs", in dem das Blutbad zur geweihten Opfergabe wird.

Der schlimmste aller moralischen Widersprüche ist der, daß wir im Namen unserer höchsten Ideale und edelster Gesinnung das Böse geradezu hervorlocken – sozusagen der Gordische Knoten, der durchgehauen werden muß, soll menschliche Geschichte weitergehen. Wir sind so sehr darauf angewiesen, Helden zu sein, auf der Seite Gottes zu stehen, das Böse auszumerzen, die Welt aufzuräumen und siegreich über den Tod zu sein, daß wir alle mit Zerstörung und Tod heimsuchen, die uns bei der Erfüllung unseres historischen

Auftrags im Wege stehen. Wir schaffen uns Sündenböcke und absolute Feinde, nicht weil wir von Natur aus grausam wären, sondern weil wir unsere Wut auf ein äußeres Zielobjekt richten: Auf Fremde einzuschlagen, schließt unseren Stamm oder unsere Nation zusammen und erlaubt uns, Teil einer engen und liebevollen *in-group* zu sein. Wir erzeugen unnötiges Übel, weil wir Zugehörigkeit brauchen.

In diesem Kontext ist die Ikonographie politischer Propaganda zu verstehen. Was immer eine Gesellschaft als schlecht, falsch, tabu, gottlos, schmutzig, unwürdig, unmenschlich und unrein betrachtet, liefert das Beiwerk, mit dem der Feind ausgestattet wird. Der Feind wird all dessen beschuldigt, was verboten ist – vom Sadismus bis zum Kannibalismus. Man studiere das Gesicht des Feindes, und man wird das politische Äquivalent zu Dantes Inferno entdecken, die Geographie des Bösen, die Gestalt des Schattens, den wir leugnen.

Die rituelle und religiöse Dimension der Kriegführung tritt offen bei primitiven Stämmen zutage, die den Feind mit dem Chaos gleichsetzen, das jährlich bezwungen werden muß, soll der Kosmos erhalten bleiben. Als Blutritus folgt der Krieg naturgemäß aus den zentralen Annahmen aller primitiven Jäger- und Sammler-Völker und Ackerbaukulturen: Tod nährt das Leben, Blut muß vergossen werden, die Saat muß in den Boden fallen und absterben, um das Leben zu erhalten. Feindesblut zu vergießen bedeutete, das kosmische Drama zu wiederholen, am Sakrament teilzuhaben, durch das Leben erneuert wird, sich zu beteiligen an der Ur-Schlacht zwischen den Mächten der Schöpfung und der Zerstörung. Häufig, etwa bei den Stämmen im Hochland von Neu-Guinea, wird der Krieg in dem Moment eingestellt, wenn der erste Tropfen Feindesblut geflossen ist. Man muß den Feind nicht beseitigen, sondern nur das „chaotische" Blut opfern, um das symbolische Ritual der Wiedererschaffung des Kosmos zu vervollständigen. Diese Symbolik erklärt viel vom Geist des Spiels, der bewußten Dramatik und des Theaters, der die Kriegführung von Naturvölkern begleitet. Ein Stoßtrupp der Ojibway lauerte manchmal den Sioux auf und ließ alle bis auf einen Mann entkommen, denn ein einzelner Toter reichte, um das Kriegsritual abzuschließen, die Tänze zu tanzen, die Reinigung zu vollenden und den Sieg zu feiern. Andere Stammeskulturen, wie etwa die Azteken, die Gottheiten mit unersättlichem Appetit auf Menschenopfer verehrten, waren gezwungen, nahezu ständig Krieg gegen ihre Feinde zu führen, um den Opferbedarf zu sichern.

Die westliche, jüdisch-christliche Tradition Heiliger Kriege geht zurück auf den Einzug in Kanaan, als Jahwe den Israeliten befohlen haben soll, die eingeborene Bevölkerung abzuschlachten oder zu versklaven und ihre Götter zu vernichten. Die Sünde des Feindes lag nicht nur darin, Land in Besitz genommen zu haben, sondern daß er die „falschen" Götter anbetete. Selektiver Völkermord – alle zu vernichten, die sich nicht unterwerfen – wird im Alten Testament aus religiösen Gründen gerechtfertigt. In den alten Gottheiten –

US-Parodie auf den deutschen Anspruch: „Gott mit uns"
Erster Weltkrieg

Wenn es etwas gibt, was die tragischen Kriege unserer Zeit uns gelehrt haben, dann ist es, daß der Feind eine rituelle Rolle zu spielen hat, durch die das Böse wiedergutgemacht wird. Alle Kriege werden folglich als „Heilige" Kriege im doppelten Sinne geführt – als eine Offenbarung des Schicksals, eine Probe auf die Gunst Gottes und als Mittel, die Welt vom Bösen zu reinigen.

Ernest Becker: *Escape from Evil*

Heiliger Krieg, israelische Version
Kolumbien. De La Torre. © Cartoonists and Writers Syndicate

Heiliger Krieg, iranische Version
Sudhir Dar. The Hindustani Times

Kreuzzug in Europa: Ich glaube an ...
USA, Zweiter Weltkrieg

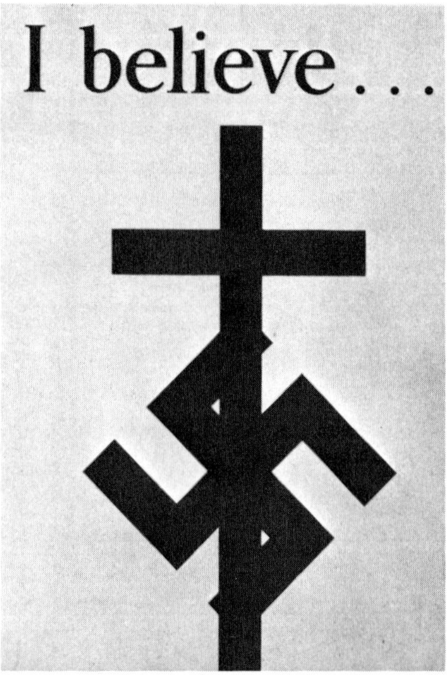

Astarte, der Himmelskönigin, und Beelzebub, dem Gott der Fruchtbarkeit – wurden Götzen und Dämonen gesehen, deren Existenz von Jahwe, dem eifersüchtigen Gott, nicht geduldet werden konnte. Der Heilige Krieg wurde von den neuen Israeliten im „neuen Kanaan" fortgesetzt, den Puritanern, die von sich glaubten, sie hätten eine „offenbarte Bestimmung", *America the beautiful* zu bevölkern, von Küste zu Küste, und die deshalb die amerikanischen Eingeborenen als „die Leibeigenen Satans", „Fallstricke des Teufels" und „des Teufels Instrumente" betrachteten.

Im Islam führte der *Dschihad* die Tradition des Heiligen Krieges fort. Es war die Pflicht jedes guten Moslemprinzen, jährlich einen Feldzug zur Verbreitung des Glaubens zu führen und zu kämpfen, bis alle Männer bezeugten, daß es keinen Gott außer Allah gibt und Mohammed sein Prophet sei. Kämpfer, die in heiliger Schlacht fielen, gelangten sofort ins Paradies. Als in den Kreuzzügen Moslems und Christen einander gegenüberstanden, stimmten beide mit der geheiligten paranoiden Annahme überein, daß der andere *der* Feind des einen, wahren, patriarchalischen, monotheistischen Gottes war.

Die Vorstellung des Heiligen Krieges stellt unsere Helden als Kämpfer „auf der Seite der Engel" dar und den Feind als im Pakt mit dem Teufel.

Weit verbreitet ist die Auffassung, Theokratien und Heilige Kriege seien mit der industriellen Revolution und dem Entstehen einer säkularen Kultur im Westen ausgestorben. Doch schon ein einziger Blick auf die Propaganda im 20. Jahrhundert entkräftet diese Behauptung. Kaum etwas hat in unserem vermeintlich so weltlichen Jahrhundert stärker zugenommen als die Ideologie des Heiligen Krieges und die Zuschreibung von Symbolen des absolut Bösen an den Feind. Daß Gott angeblich tot ist, hat nicht verhindert, daß er als politische Begründung für Kriege benützt wurde. Im Ersten Weltkrieg wurde der deutsche Kaiser in den USA als Teufel dargestellt. Im Zweiten Weltkrieg beanspruchten die Deutschen „Gott mit uns", während wir in Amerika warben: „Wir trauen auf Gott." Jede Nation mit einem christlichen Erbe hat ihre Feinde als Mörder Christi angeklagt, als Kreuziger des Geheiligten. Wir stellten Hitler als verschworenen Verbündeten des Teufels dar und zogen mit dem Lied in den Krieg: „Lobe den Herren und gib' mir die Munition, und wir werden alle frei bleiben." Der Journalist T. George Harris (Gründer der Zeitschrift *American Health*) sagte über seine Erfahrungen als Soldat im Zweiten Weltkrieg:

> „Für mich war das kein Rachefeldzug. Ich kämpfte, um ein unpersönliches Böses zu vernichten, nicht, um eine Strafaktion auszuführen. Ich stand mit Gott im Bunde und betete auf meinem Weg durch Hunderte von brenzligen Situationen immer wieder: ,Nicht mein Wille, sondern Dein Wille geschehe.' Wenn ich dieses Gebet oft genug wiederholte, war ich in der Lage, mich zu entspannen und die Schlacht zu genießen. Ich war ein jungfräulicher Krie-

ger, ein aufrechter Soldat, dem Ziel verschrieben, Gottes Feind zu besiegen."

Erst in jüngster Zeit haben wir die Wiederauferstehung des militanten Zionismus und Islam erlebt. *Dschihad* ist im Nahen Osten lebendig und hochaktuell. Der libysche Staatspräsident Muammar al-Ghadafi treibt Dschihad weiter, indem er Terroristen und revolutionäre Bewegungen unterstützt, weil er die islamischen Völker durch die verderblichen materialistischen Werte des Westens ideologisch und politisch bedroht sieht. Und Palästina ist wieder einmal heiliges Land, das den Zionisten von Gott vermacht wurde, um mit allen Mitteln verteidigt zu werden, wie es General Sharon gefällt – massives Bombardieren von Zivilisten und Massaker im Libanon nicht ausgeschlossen. Derweil spricht Ayatollah Khomeini von den USA als dem „Großen Satan" und schickt Tausende unbewaffneter oder schlecht ausgerüsteter Kinder durch Minenfelder vor die wartenden Gewehre irakischer Soldaten, alles nur zur höheren Ehre Gottes. Nirgends wurde die Logik des Heiligen Krieges klarer ausgedrückt als in einer Rede, die Ayatollah Khomeini am 12. Dezember 1983, dem Jahrestag der Geburt des Propheten Mohammed, hielt:

> „Wenn man einem Ungläubigen gestattet, in seiner Rolle als Verderber der Erde fortzufahren, dann werden seine moralischen Qualen um so schlimmer sein. Wenn man den Ungläubigen tötet und ihn so davon abhält, weiter seine Missetaten zu treiben, wird sein Tod für ihn ein Segen sein. Denn wenn er am Leben bleibt, wird er nur immer verdorbener werden. Dies ist eine chirurgische Operation, die von Gott dem Allmächtigen befohlen ist.
> Krieg ist ein Segen für die Welt und für alle Nationen. Es ist Gott, der Männer antreibt, zu kämpfen und zu töten. Der Koran sagt: ‚Kämpfe, bis alle Verdorbenheit und alle Rebellion ein Ende haben.' Die Kriege, die der Prophet gegen die Ungläubigen führte, waren ein Segen für die gesamte Menschheit. Stellt euch vor, daß wir bald den Krieg (gegen den Irak) gewinnen. Dies wird nicht genug sein, denn Verderbnis und Widerstand gegen den Islam werden weiter bestehen. Der Koran sagt: ‚Krieg, Krieg bis zum Sieg.' Eine Religion ohne Krieg ist eine unvollständige Religion. Wenn Seine Heiligkeit Jesus – er sei gesegnet – mehr Zeit zu leben gehabt hätte, hätte er wie Moses gehandelt und das Schwert geschwungen. Jene, die glauben, Jesus hätte ‚keinen Sinn für solche Dinge' gehabt, er sei am Krieg nicht interessiert gewesen, sehen in ihm nicht mehr als einen einfachen Prediger und keinen Propheten. Ein Prophet ist allmächtig. Durch Krieg säubert er die Erde. Die Mullahs mit verdorbenen Herzen, die sagen, daß all dies in Gegensatz zur Lehre des Koran steht, sind des Islam unwürdig. Gott sei Dank setzen unsere jungen Leute, bis an die Grenzen ihrer Möglichkeiten, Gottes Gebote in Taten um. Sie wissen, daß die Ungläubigen zu töten eine der größten Missionen des Menschen ist."

Der gottlose Kommunist
Edmund Duffy, Baltimore Sun, 1930 Pulitzer-Preis

Die Behauptung mag melodramatisch erscheinen, die Vereinigten Staaten und Rußland repräsentierten das Gute und das Böse. Aber wenn wir darüber in dieser Weise denken, hilft dies, unsere Perspektive angesichts des weltweiten Kampfes zu klären.

Richard Nixon

„Die Kosmonauten finden keinen Gott am Himmel“
UdSSR

Töte einen gook *für Gott.*

(Auf einem GI-Helm in Vietnam)

Und im weltläufigen Washington, D. C., hört man die Rede von Apokalypse, Harmageddon und dem „Reich des Bösen“ wieder einmal höheren Orts. Präsident Reagan teilt mit der (selbsternannten) *Moralischen Mehrheit* die Überzeugung, daß wir möglicherweise in den letzten Tagen stehen, bevor Gott die Welt zu ihrem Ende bringen wird, und warnt uns vor den „aggressiven Regungen eines bösartigen Reichs“. Er macht die Sowjetunion als „Brennpunkt des Bösen in der heutigen Welt“ aus und fordert uns auf, „für die Errettung all jener zu beten, die in totalitärer Finsternis leben, zu beten, daß sie die Freude entdecken werden, Gott zu erkennen“. Indem er die Gefahren des gottlosen Kommunismus herausstreicht, spinnt Präsident Reagan ein Thema fort, das seit der Zeit vor der Russischen Revolution im Blickpunkt unserer Aufmerksamkeit stand.

In der sogenannten säkularen Welt haben wir gelernt, auf offene religiöse Ansprüche irgendeines Nationalstaats mit Widerwillen zu reagieren, und daher wurde die gefühlshafte Identifikation unserer Lebensart mit göttlicher Wahrheit zum großen Teil verdeckt und unbewußt. Die Psychoanalyse hat uns gelehrt, daß unsere verborgensten Motive oft in Witzen, Versprechern und Übertreibungen zum Vorschein kommen. Wir sollten daher politischen Humor, vor allem Zeitungskarikaturen, als enthüllende Offenbarungen der mythischen Annahmen betrachten, die eine Gesellschaft über sich selbst trifft. Die folgende Geschichte ist ein Beispiel.

> Ronald Reagan, der Präsident, wurde am Freitag, zur Freude eines ergebenen Publikums, zu Ronald Reagan, dem Geschichtenerzähler.
> Der Präsident zitierte einen jungen Marineleutnant, der in Grenada gedient hatte und in der Zeitschrift der bewaffneten Streitkräfte schrieb, er habe festgestellt, daß jeder Zeitungsbericht über die „Befreiungsmission Grenada“ die Mitteilung enthielt, dort würden mehr Muskatnüsse produziert als an jedem anderen Ort der Welt.
> „Er entschied, dies müsse ein Code sein“, sagte der Präsi-

Englischer Priester, segnet ein Blutbad, das von britischen Truppen verursacht wurde
Deutschland, Zweiter Weltkrieg

Hitler und der Teufel
England, Zweiter Weltkrieg. Low

dent. „Er versuchte, den Code zu knacken, und es gelang ihm. Er schrieb zurück und verkündete:

1. Grenada erzeugt mehr Muskatnüsse als jedes andere Gebiet der Welt.
2. Die Sowjets und die Kubaner versuchen, Grenada einzunehmen.
3. Man kann ohne Muskatnüsse keinen guten Eierpunsch herstellen.
4. Man kann nicht ohne Eierpunsch Weihnachten feiern.
5. Die Sowjets und die Kubaner versuchen, uns Weihnachten zu stehlen.
6. Wir haben sie gestoppt."

Als Symbol und Wirklichkeit vereinigt Weihnachten die bewußt bejahten und die unbewußten Theologien der amerikanischen Gesellschaft – Christentum und Konsum. Jede Gefährdung des Weihnachtsfestes würde als Angriff auf unseren höchsten Wert empfunden: den christlichen Kapitalismus. Nichts wäre wirksamer, um den Kommunisten als Atheisten zu brandmarken, als ein Bild, auf dem russische Raketen den Weihnachtsmann abschießen. Oder ein „Scherz", der die Invasion auf Grenada als einen Weg rechtfertigt, das Weihnachtsfest zu retten.

Es ist kein Wunder, daß die offiziell atheistischen Sowjets ihre eigene Sorte apokalyptischer Theologie haben, in der das alles-heiligende Absolute nicht Gott ist, sondern die unausweichliche Dialektik der Geschichte, die auf der Seite des Kommunismus steht. Im Dienst dieser objektiven und notwendigen geschichtlichen Bestimmung müssen die alten Götter – Jahwe, der christliche Gott und Allah – auf den Schrotthaufen wandern, um den Weg für die neue Werktätigen-Utopie freizuräumen, die durch eine Reihe von Fünf-Jahres-Plänen angebahnt wird.

Dabei sollte unserer Aufmerksamkeit nicht entgehen, daß die neue Weltuntergangsstimmung und die apokalyptischen Bilder eine unumgängliche Konsequenz unserer *Fortschritte* in der Rüstungstechnologie sind. Totale Waffen verlangen

Die CIA mit Mafia-Teufel
UdSSR

Bürgerkriegs-General Scott als Drachentöter

Ein theologischer Streit in modernem Stil
England. KAL. © Cartoonists and Writers Syndicate

totale Feinde. Nichts Geringeres als ein Feindbild des absoluten und totalen Bösen, das unfähig zur Besserung ist, kann unseren Besitz und beabsichtigten Einsatz von Waffen rechtfertigen, die den Feind und vielleicht alles übrige Leben restlos auslöschen werden. Wir haben durch unseren Erfindungsgeist die Macht des Teufels erlangt – die Macht zu zerstören, statt zu erschaffen. Aber wir können es nicht ertragen, diesem Bild unserer selbst ins Auge zu sehen, deshalb schreiben wir es unseren Feinden zu.

Nazi als Drachentöter
Deutschland, vor dem Zweiten Weltkrieg

Eine der jahrtausendealten Funktionen bildlicher Darstellungen des Feindes als Feind Gottes liegt darin, die Schuld, die wir von Natur aus beim Töten empfinden, in eine Quelle des Stolzes umzuwandeln, Mord in einen Gottesdienst umzuformen. Als Teufel, Dämon oder Scherge des Bösen ist der Feind von einer fremden Macht besessen. Er kämpft nicht aus eigenem Willen, sondern weil ein fremder Geist sich seiner bemächtigt hat und er von einem Wahn getrieben ist. Jeder Krieger, der einen solchen Feind tötet, schlägt dem Wahren und Guten eine Bresche und braucht keine Reue zu empfinden. Wie der Inquisitor, der Ketzer und Sünder folterte, um sie zum Eingeständnis ihres Irrglaubens zu zwingen, kann der Soldat, der eine gerechte Schlacht gegen die Feinde Gottes führt, sich als Priester betrachten, der in Wahrheit seinen Feind aus der Umklammerung des Bösen erlöst, indem er ihn tötet.

Heilige Kriege und die „gerechte Sache" laden Soldaten dazu ein, Schlachten als ein heiliges Schauspiel zu sehen. Die Tradition ist uralt. In der Bhagavadgita, der Heiligen Schrift der Hindus, zögert Arjuna, ein Angehöriger der Kriegerkaste, in eine Schlacht zu ziehen, in der er gezwungen wäre, gegen Freunde und Verwandte zu kämpfen. Der Gott Krishna erscheint ihm und fordert ihn auf, ohne innere Beteiligung seine Pflicht zu erfüllen. Er versichert ihm, aus der Perspektive des Absoluten seien die Widersprüche und Konflikte der Geschichte bedeutungslos und durch die – in diesem Wissen begründete – Teilnahme am Krieg werde er das Yoga, die spirituelle Disziplin des Krieges ausüben und Erleuchtung erlangen.

Die Gesichter des Feindes

1

2

1. Das ist der Feind, USA 1942
2. Nazi-Wahlplakat, 1932
3. UdSSR, II. Weltkrieg
4. Das ist der Feind, USA, II. Weltkrieg

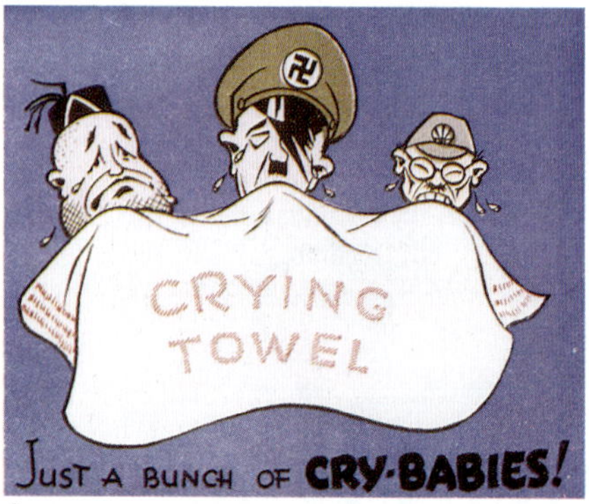

1

2

3

4

5

1. Heulsusen, USA, II. Weltkrieg
2. China, II. Weltkrieg **3.** „Gebt ihnen die Schuld an Preissteigerung und Knappheit!“, USA, II. Weltkrieg
4. „Nieder mit den Großgrundbesitzern, die die Bauern unterdrücken!“, China, kurz nach dem II. Weltkrieg
5. „Kauft Kriegsanleihen. Sie werden sich ergeben“, Italien, II. Weltkrieg

1

2

3

4

1. Kreuzzug der Mütter gegen den Kommunismus, USA **2.** „Der Zar, der Pope und der Reiche – die Bürde des Arbeiters“, UdSSR **3.** Deutschland, II. Weltkrieg **4.** Der Jude als Über-Feind, Frankreich, II. Weltkrieg

1

2

3

4

5

1. General MacArthur als Retter von Chiang Kai-chek, China **2.** Die NATO konstruiert die sowjetische Bedrohung, UdSSR **3.** Der militärische Moloch mit einem Durchschnitts-Amerikaner als Lenker, Kuba 1970 **4.** Die Reagan Horror Picture Show, Niederlande 1985 **5.** Khomeini mit einem Davidsstern im Auge, Irak 1985

Der Feind als Feind Gottes

2

1

3

4

1. Die Achsenmächte als Christusmörder, II. Weltkrieg **2.** „Die Atheisten müssen besiegt werden“, Kambodscha. Ein Plakat des Lon Nol-Regimes, das den Segen Buddhas für sich reklamiert und die Aggressoren – die Vietnamesen – als Teufel zeigt. Allerdings waren die Feinde des Regimes zu dieser Zeit vor allem die Khmer Rouge, in der Mehrzahl selbst Kambodschaner.
3. Das ist der Feind (der die Bibel „mordet“), USA, II. Weltkrieg
4. Der deutsche Kaiser als Teufel, Rußland, I. Weltkrieg **5.** „Bevor die roten Teufel nicht tot sind, wird es keinen Frieden geben“, Nationalchinesisches Plakat, 1941 **6.** Die Nazis kreuzigen den Arbeiter, SPD-Plakat 1932

5

6

1

2

3

4

5

1. Vorwärts, christliche Soldaten! Die Identifikation mit Gott oder Christus macht aus der Vernichtung des Feindes ein Sakrament **2.** Italienische und deutsche Soldaten töten die russische Hydra, Italien, II. Weltkrieg **3.** Die Arbeiter vernichten den Drachen des Kapitalismus, China **4.** Vorwärts, buddhistische Soldaten!, Cuba **5.** Der Zar ist für die Bosse, und Gott ist für die Unterdrücker des Volkes. Die marxistische Spielart der „heiligen Mission": Religion ist Illusion, Opium für das Volk – heilig ist der Kampf für das sozialistische Paradies

Der Feind als Barbar

1

2

3

4

1. Uncle Sam und Präsident McKinley führen den Angriff auf die chinesischen Boxer an. Die „heidnischen" Chinesen, die „gelben Horden" sind immer wiederkehrende Motive, wenn westliche Länder Konflikte mit asiatischen Ländern austragen, USA, 1900
2. Schlagt die Hunnen (die Deutschen) mit Kriegsanleihen zurück! USA, II. Weltkrieg **3.** Das ist Euer Krieg! Stopt dieses Ungeheuer, das vor nichts zurückschreckt! Produziert, soviel Ihr könnt! USA, II. Weltkrieg
4. Menschenfresser, USA, II. Weltkrieg

1

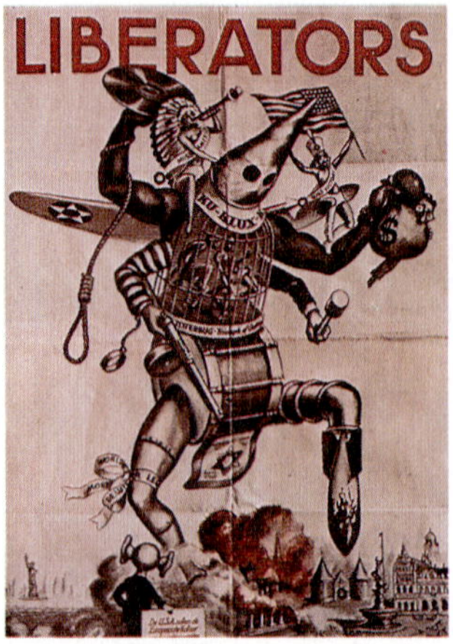

2

3

4

1. Pentagon (auf dem Helm), Menschenrechte (auf den Handschuhen). Die weißen Handschuhe können die Schandtaten nicht verbergen, UdSSR **2.** Dieses Flugblatt wurde während des Zweiten Weltkrieges von den Deutschen in den Niederlanden verteilt. Es warnte die Holländer vor den amerikanischen Truppen, die als unkultivierte Gangster, Neger, Juden und Bankiers und als Zerbomber der Städte dargestellt sind **3.** Eine Kombination archetypischer Elemente: Der Feind ist ein Barbar, schwarz, ein Vergewaltiger, Italien, 1942 **4.** „Nur eine Gefahr droht unserer Kultur, unserer Reinheit, unserer Zivilisation: Der Bolschewismus", Italien, II. Weltkrieg

In einem Kriegszustand, in dem *Homo hostilis* die Zügel der Macht in der Hand hält, werden die Krieger zur neuen Priesterklasse. Die Funktion des Schamanen, des heiligen Mannes, der die Zeichen liest, das esotorische Wissen über das Heilige weitergibt und den Stamm bei jenen Aktionen berät, die nötig sind, um an der Rechten Gottes zu bleiben, wird heutzutage von den Sicherheitsdiensten besetzt – der CIA, dem KGB und so weiter. Es gibt eine neue mystische Bruderschaft selbsternannter Experten, die für sich in Anspruch nehmen, über intime Kenntnis der „Fakten“ zu verfügen, von denen die Entscheidungen über Krieg und Frieden abhängig zu machen sind. Sie lesen die „Vogeleingeweide“ – Computerausdrucke, die enthüllen, was der Feind gerade tut. Die militärischen Schamanen, die allein die heilige *Gnosis,* das heilige Wissen besitzen, können entscheiden, ob wir die Kernwaffen losschicken sollen, die Leben vernichten werden. Und wie immer in solchen Fällen wird der Laie von diesen privilegierten Geheimnisträgern im unklaren gelassen und geängstigt; ihm ist untersagt, Fragen zu stellen oder auf einem Recht zu selbständiger moralischer Entscheidung zu bestehen. Da vergißt man besser, daß unsere Militär-Schamanen mit ihrer geheiligten Technologie des Informationssammelns nicht wußten, daß das kubanische Volk Castro unterstützen würde und nicht die Invasoren in der Schweinebucht, oder daß die Perser den Schah stürzen und zu einer theokratischen Regierungsform zurückkehren würden, oder sogar, daß der Parteivorsitzende Andropow verheiratet war.

Der Feind als Barbar

Die Bedrohung der Kultur

Kult und Kultur sind unauflöslich miteinander verknüpft. Deshalb wird der archetypische Feind als Atheist und Barbar gesehen, als Gottesverleugner und Kulturzerstörer. Er wird dargestellt als grobschlächtig, roh und unzivilisiert. Höchstwahrscheinlich wird er – bar jeder Vernunft – ein dreckiges Mitglied einer Horde sein, die im besten Fall nach dem Vorbild eines Ameisenhaufens organisiert ist. Gewöhnlich wird das Bild des Barbaren von fortgeschrittenen Kulturen gegenüber einfacheren, technologisch weniger hochentwikkelten Völkern verwendet. Für die Griechen war jeder, der nicht ihre Sprache sprach und ihre Gebräuche teilte, ein Barbar, und sogar Aristoteles hatte gegen das Abschlachten von Unbeteiligten und den Verkauf von Kindern eroberter Völker in die Sklaverei nichts einzuwenden, weil nicht-

Grant Hamilton 1898
Spanisch amerikanischer Krieg

Der Türke als Barbar – 1897
USA

Der deutsche Riese als Barbar
Belgien, Erster Weltkrieg

hellenische Völker von Natur aus minderwertig seien. Für die Römer waren all jene Barbaren, die jenseits der Grenzen des römischen Bürgerrechts lebten, besonders die germanischen Stämme. Mit an Sicherheit grenzender Wahrscheinlichkeit wecken Kämpfe zwischen ungleichen ethnischen Gruppen das Bild des Barbaren, und sie verlaufen auch grausamer als zwischen Gruppen, die eine gewisse kulturelle Ähnlichkeit miteinander teilen. Mehrheitlich wollten amerikanische Soldaten, die japanische Kriegsgefangene erlebt hatten, diese nur um so lieber töten, während über die Hälfte derer, die deutschen Gefangenen begegnet waren, meinte: „Es ist zu schlimm, daß wir gegen sie kämpfen müssen, sie sind Männer wie wir."

Als Faustregel kann man sagen: Seit der industriellen Revolution neigten die technisch entwickelten Nationen dazu, sämtliche Völker als moralisch unterlegen und irgendwie tieferstehend auf der Skala der Menschheitsentwicklung zu betrachten, die nicht über Elektrizität, Maschinen und ein eigenes Badezimmer verfügten. Alle Völker, die noch als Jäger und Sammler oder mit rein selbstversorgerischer Landwirtschaft leben, befinden sich in einem Naturzustand; der moderne Gott „Fortschritt" hat ihnen noch nicht seine Würde verliehen. Solche „primitiven" und „rückständigen" Völker wurden stets ausgebeutet und unter den „Schutz des weißen Mannes" gestellt. Ihr minderer Status wird durch die untermenschlichen Namen verdeutlicht, die man ihnen gab: Schlitzaugen, Nigger, Kanaken, Heiden.

Wenn wir uns das jeweilige Ausmaß der Entmenschlichung auf einer Skala von 1 bis 100 vorstellen, stehen die verschiedenen Barbaren-Bilder in der Mitte. Der Wilde dürfte als untermenschlich wahrgenommen werden, aber immer noch zur menschlichen Spezies gehörig – freilich als minderwertiges Mitglied, das zu Recht versklavt oder nötigenfalls umgebracht werden kann, um die Sache des Fortschritts und der Zivilisation voranzutreiben. Der Archetyp des Barbaren ist aus einem Bündel von Bildern zusammengesetzt, die in Beziehung zueinander stehen. Propagandaplakate präsentieren oft eine Entscheidung auf Leben und Tod zwischen Gesundheit und Pest, Zivilisation und Wildnis, Licht und Finsternis. Der barbarische Feind wird eher größer oder kleiner als normal dargestellt. Er wird etwa als polternder Riese gezeigt, der Städte durch seine schiere Größe und Dummheit zerstört, oder als mickrige Gestalt, deren schmächtige Statur ihn als moralischen Zwerg, als verkümmertes Menschenwesen ausweist. Manchmal ist er auch ein Kannibale oder bösartiger Sadist.

Das Motiv des Barbaren wurde in der Propaganda des Zweiten Weltkriegs von allen Teilnehmern weidlich genutzt. Antisemitische Nazi-Traktate stellten den blonden, gesunden Ariern die minderwertigen, dunklen Rassen mit unreinem Blut gegenüber – Juden, Zigeuner, Osteuropäer, Schwarze wurden als plündernde Halbaffen dargestellt, die über die Venus von Milo oder andere künstlerische Errungenschaften der europäischen Zivilisation herfallen. Ein in Holland verwendetes Plakat warnte die Einwohner, ihre angeblichen „Befreier" seien eine Mischung aus Ku-Klux-Klan, jazztrunkenen Schwarzen, Schwerkriminellen, Henkern und durchgedrehten Bomberpiloten. Umgekehrt bildeten die Vereinigten Staaten die Deutschen häufig als eine Nazihorde düsterer Ungeheuer in sinnloser Zerstörungswut ab.

Robert Ivie, der die Rhetorik und die Metaphern untersucht hat, mit denen Kriege gerechtfertigt werden, behauptet, Bilder der Rohheit und Wildnis prägten über die ganze Geschichte Amerikas hinweg die Substanz und den Stil des Rufs zu den Waffen. Im Befreiungskrieg wurden die Briten zu monströsen Wilden, „die vor Durst nach amerikanischem Blut lechzten". Um der US-Bevölkerung den Krieg gegen Deutschland schmackhaft zu machen, versprach Franklin D.

Der bolschewistische Riese
Deutschland, Zweiter Weltkrieg

Der Jude als Terrorist und subversives Element
UdSSR 1907

Der barbarische „Japs“
USA, Zweiter Weltkrieg

Roosevelt, daß die „schnelle und gemeinsame Anstrengung aller freiheitsliebenden Völker der Welt den Sieg der Kräfte der Gerechtigkeit und Rechtschaffenheit über die Mächte der Wildnis und der Barbarei sicherstellen wird“. Präsident Truman schuf für den Kalten Krieg eine Rhetorik, die „in grellen Farben ein Bild des Feindes als brutal, bestialisch, herrschaftsgierig, unerbittlich, unpersönlich, lärmend, plump, skrupellos, mächtig und zerstörerisch zeichnete. Dumpfe, unbarmherzige Brutalität war die Grundfarbe für den internationalen Kommunismus“. Truman malte dieses Schrekkensgemälde an die Wand durch die Wiederholung von Formeln wie „rohe Aggression“, „kommunistische Sklaverei“, „ein dunkler und blutiger Weg“, „böser Geist“, „eisernes Regiment der Diktatur“, „Marionettenstaaten“, „die Flut des gottlosen Kommunismus“, „benutzen ihre Leute als Kanonenfutter“, „die barbarische Doktrin, deren Macht Recht erzeugt“, „ein rechtswidriger Banditenangriff auf die Republik Süd-Korea“, „die Herausforderung der heidnischen Wölfe“.

Präsident Reagan setzte diese Rhetorik fort, indem er abhob auf die sowjetische Gefahr „der totalitären Kräfte auf der Welt, die Unterwanderung und Konflikt rund um den Globus anstreben, um ihren barbarischen Anschlag auf den Geist der Menschlichkeit weiterzutreiben“. Laut Ivie verwendet Reagan systematisch acht Kategorien entzivilisierender Rhetorik, um das Bild des sowjetischen Wildentums zu zeichnen:

Das russische Monster wird losgelassen – Das Verbrechen gegen Europa
Deutschland, Zweiter Weltkrieg

1. Die Sowjets als natürliche Bedrohung, die „Finsternis“, „Schatten“, „Tyrannei“, „grimmige, graue Unterdrükkung“, „einen Sturm der Einschüchterung“ repräsentieren.
2. Die Sowjets als Tiere, die „ungezähmt“ sind und gegen ihre Nachbarn auf „Beutezug“ gehen.
3. Die Sowjets als Primitive, die „barbarisch den Geist der Menschlichkeit angreifen“, „mit Keulen gegen das polnische Volk vorgehen“.
4. Die Sowjets als Maschinen, „Instrumente der Zerstörung“, „Kriegsmaschinen“.
5. Die Sowjets als Kriminelle, die zum „grausamen Äußersten“ Zuflucht nehmen, eine „mörderische Grenze“ errichtet haben und bereit sind, „jedes Verbrechen zu begehen, zu lügen und zu betrügen“.
6. Die Sowjets als Geistesgestörte, eine „Weltmacht voll tiefer Ängste, Feindseligkeiten und äußerer Ambitionen“.
7. Die Sowjets als Fanatiker und Ideologen, „immun gegen praktische Vernunft“.
8. Die Sowjets als satanisch und gottlos, „das totalitäre Böse“.[7]

In ähnlicher Weise analysiert Farrel Corcoran die Darstellung der Sowjetunion in den drei wichtigsten amerikanischen Nachrichtenmagazinen, *Time, Newsweek* und *U.S. News & World Report.* Die Worte, so hat er herausgefunden, die am

Barbaren neuen Stils
Peterson, Vancouver Sun. © Cartoonists and Writers Syndicate

häufigsten zur Kennzeichnung der Russen verwendet werden, sind „Wilde, Betrüger, Abenteurer, Despoten und Barbaren", sowie für ihre Verhaltensweisen: „brutal, verräterisch, skrupellos, unmenschlich, aggressiv und tierisch."[8] Derartige Eindrücke werden erweckt durch Beschreibungen der „scharrenden" Füße Mosakauer Massen, die im kalten, feuchten Winter warten, ins Lenin-Mausoleum zu kommen; „rauher und eisiger Winde", der „Brutalität des Klimas", der „Schwerfälligkeit" der Leute, des „weiten und unerforschlichen" Charakters des Landes, der „politisch betäubten" Bevölkerung, der „byzantinischen Machtpolitik", der bäuerlichen Herkunft der Führung, „der grauen und müden alten Männer an der Spitze des Kreml", des „bäurischen" Charakters der Leute.

Anhand der amerikanischen Medien wäre ich nie auf die Idee gekommen, daß auf dem Roten Platz oft die Sonne scheint, daß es Obstgärten, Kirchen mit goldenen Türmen und moderne Gebäude innerhalb der altertümlichen Mauern

Russischer Höhlenmensch
Mitchell, The Australian. © Cartoonists and Writers Syndicate

Der fünfte Reiter
© Oliphant 1984

des Kreml gibt. Und, zuweilen, Gelächter und ein bißchen Wohlwollen.

Unter den Armeeangehörigen bleibt das barbarische Image bestehen. Die Sowjetunion wird als rückständiges Land mit einer total repressiven Regierung angesehen; ihre einzige technische Errungenschaft sind Waffen, deren moderne Konstruktionspläne meist in den USA geklaut worden sind. Ein Hauptmann der Army erzählte mir kürzlich: „Wir stellen uns den sowjetischen Soldaten als einen armen Bauern vor, der nicht aus freien Stücken bei der Armee ist, sondern weil er dazu gezwungen wurde. Er würde nicht kämpfen, wenn seine Führer ihm keine Beine machten. Aber er ist wie eine Klapperschlange; er wird gefährlich, wenn man drauftritt." Aufgeklärte Armeefilme über „Die Bedrohung" (die einzige Kategorie, unter der man sich bei den Militärs mit den Sowjets auseinandersetzt) zeigen ein komplexes Bild des russischen Militärs. Doch das Vorurteil bleibt.

Neben anderen Nachteilen führen derart erniedrigende Bilder des Feindes dazu, dessen Intelligenz und Einsatzbereitschaft zu unterschätzen; und sie geben uns eine Rechtfertigung für die Verwendung brutaler Taktiken, die uns auf die Stufe der Barbarei herabsetzen.

Der gefräßige Feind

Roosevelt als Welt-Räuber
Deutschland, Zweiter Weltkrieg

Der Hunger auf Herrschaft

Der Feind ist unersättlich, hat kein Gespür für vernünftige Schranken und legitime Grenzen. Er reißt seinen Schlund auf, schluckt seine Nachbarn und wird prall von der eroberten Beute. Reiche ihm einen Finger, und er wird die ganze Hand nehmen. Deshalb erhebe dich am besten jetzt gegen seine Aggression. Denke an München! In der Propaganda wird der unersättliche Feind oft durch Bilder dargestellt, die unseren frühesten Assoziationen oraler Aggression entnommen sind. Er beißt, kaut und schluckt seine Opfer. Seine Eßmanieren sind nicht das zivilisierte Kosten des Gourmets, sondern das gefräßige Schlingen eines Tieres. Er ist das raffzahnige Ungeheuer der Märchen und Alpträume.

Im Gegensatz dazu sind wir richtiggehend beherrscht. Wie gute Erwachsene sind wir mit dem zufrieden, was uns rechtmäßig gehört. Wir respektieren die Grenzen unserer Nachbarn und mischen uns nicht in die inneren Angelegenheiten anderer souveräner Staaten ein. Gelegentlich halten wir es natürlich für nötig, bedrängten Regierungen zu Hilfe zu kommen, die uns um Unterstützung bitten, oder den Mantel des Fortschritts auszubreiten und zurückgebliebenen Nationen die Segnungen von Zivilisation und Gerechtigkeit zu bringen.

Nach dem marxistischen Evangelium ist die Aneignung von Privateigentum Diebstahl und Geld die Wurzel allen Übels. Habgier ist das Ergebnis der Ausbeutung einer Klasse durch eine andere. Der Feind ist nicht eine einzelne Nation, sondern die kapitalistische Elite jedes Staates. Die sowjetische Propaganda karikiert den Erzkapitalisten *Uncle Sam* fast immer als fetten Bankier mit Dollar-Symbolen anstelle der Augen. Er melkt die Ressourcen unterentwickelter Länder und trampelt die Schwachen nieder. Und die Elite der Elite – der militärisch-industrielle Komplex – stiehlt der amerikanischen Arbeiterklasse die Nahrung. Geld, das für Sozialprogramme gedacht sein sollte, wird vom Pentagon verschlungen. Ein Argument, das man in der Sowjetunion häufig hört, um die Behauptung zu stützen, der Kommunismus sei vom Motiv der Habgier befreit, lautet: „Wir haben keinen militärisch-industriellen Komplex, in dem eine Elite Profit aus dem Wettrüsten zieht, weil wir keinen Privatbesitz haben. Daher stellen wir Waffen eindeutig nur her, weil wir gezwungen sind, uns zu verteidigen. Wenn wir nationale Befreiungskriege unterstützen, dann nur, um den Tag näherzubringen, an dem es internationale Gerechtigkeit und ein Ende der Habgier geben

Die neuen Zaren
USA, Fitzpatrick, St. Louis Post-Dispatch

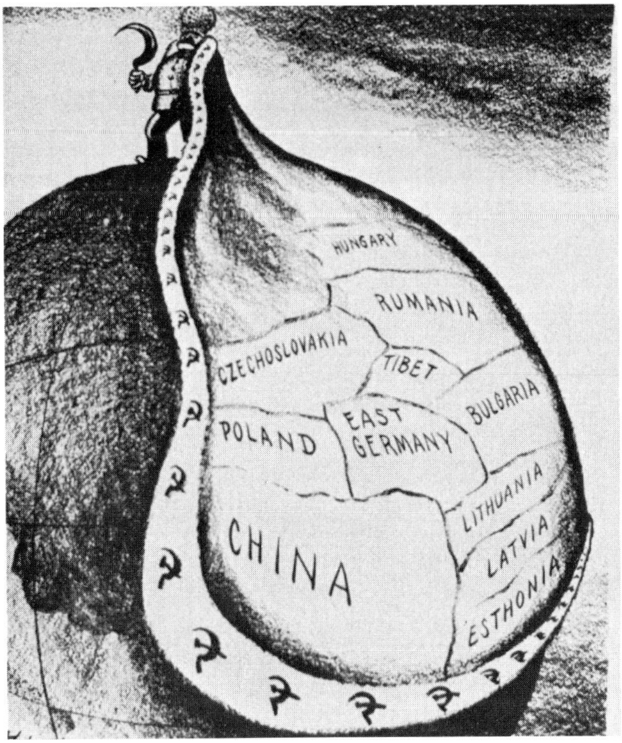

1917: Deutsche Militärmacht als Schlange
Jay Darling, Des Moines Register

Die kommunistische Schlange verschlingt Asien
USA, 1975. James Dobbins, Boston Herald

Wer ist gefräßig?
USA, 1976. Don Wright, Miami News

wird. Und in der kommunistischen Endgesellschaft werden unnatürliche Begierden verschwinden, und jeder wird nach seinen Fähigkeiten mitwirken und nach seinen Bedürfnissen empfangen."

Der kapitalistischen Propaganda zufolge ist der Kommunismus nur eine neue Ideologie der Massenausbeutung durch eine neue Herrschaftsklasse. Die sowjetischen Kommissare sind nicht weniger habgierig als die Zaren. Ihr Machthunger tritt in ihrer expansionistischen Politik offen zutage. Wo immer es auf der Welt Streit gibt, mischen sie sich ein. Die UdSSR selbst ist eine lose Vereinigung versklavter Satellitenstaaten und ethnischer Minderheiten, die gegen ihren Willen von einer unterdrückerischen Zentralregierung zusammengehalten werden. Und die russische Elite grabscht sich, weit davon entfernt, Gleichheit zu praktizieren, den Kaviar, erfreut sich gemütlicher Datschas, kauft westliche Waren in Spezialgeschäften gegen harte Währungen und überläßt den Werktätigen eine schmale Kost aus trockenem Brot, kaputten Fernsehern und billigem Wodka (der die Religion als Opium des Volkes ersetzt).

Der Feind als Verbrecher
USA, Zweiter Weltkrieg

Der Feind als Verbrecher

Anarchisten, Terroristen und Kriminelle

Wenn heute Nationen in den Krieg ziehen, unterscheidet ihre Propaganda gewöhnlich zwischen den Regierungen und Führern der gegnerischen Nationen sowie dem Volk dieser Staaten. Aus diesem Grund hat die US-Propaganda kürzlich versucht, einen Keil zwischen die sandinistische Regierung und die Bevölkerung von Nicaragua zu treiben, und die CIA hat die Propagandisten angewiesen, dieses Thema weiterzuspinnen:

> „Das grundlegende Ziel einer Vorbereitungskampagne ist, ein negatives ‚Image' des gemeinsamen Feindes zu schaffen, zum Beispiel die Manager kollektiv geführter Regierungsunternehmen als ‚Sklaventreiber' zu beschreiben, die ihre Belegschaft dementsprechend behandeln. Die Polizei mißhandelt die Bevölkerung wie eine kommunistische ‚Gestapo'. Die Regierungsvertreter des Nationalen Wiederaufbaus sind Marionetten des russisch-kubanischen Imperialismus ... Schaffen Sie eine günstige Meinung von unserer Bewegung. Machen Sie aus der lokalen und natio-

> nalen Geschichte klar, daß das sandinistische Regime ‚überfremdend', ‚unterdrückerisch' und ‚imperialistisch' ist, und obwohl in der Regierung einige Nicaraguaner sind, heben Sie hervor, daß sie ‚Marionetten' an der Hand der Sowjets und Kubaner, d. h. fremder Mächte sind."[9]

Das gemeine Volk ist ein unschuldiges Opfer, das den Krieg nicht will, aber seine Regierung ist korrupt, illegitim und gewalttätig.

Als ich 1984 sowohl Nicaragua als auch die Sowjetunion besuchte, hörte ich tausendmal die bekannte Litanei: „Wir lieben das amerikanische Volk, aber wir hassen die amerikanische Regierung." Eine Methode, unsere gemeinsame Verantwortung für den Krieg zu verleugnen, besteht in der selbstrechtfertigenden Illusion, das Volk sei friedliebend und nur die Führer gewalttätig. Dieses Dogma führt zu drei Schlußfolgerungen:

1. Wir hegen keinen Haß gegen deren Volk.
2. Wenn sie einen Krieg erklären, drücken Regierungen nicht den Willen der Bevölkerung aus.
3. Wir (das Volk) sind gut. Sie (die Führer) sind böse.

Von diesen Annahmen aus wird das Bild des Feindes als Krimineller oder Geächteter konstruiert. Der Wechselgesang der Propaganda unterscheidet sich kaum von Krieg zu Krieg:

Wir sind gesetzestreu.	Sie sind Verbrecher, Gesetzlose.
Wir respektieren unsere Vereinbarungen und halten uns an die Regeln des internationalen Völkerrechts.	Sie sind Lügner, Betrüger, Diebe und Opportunisten, die Verträge brechen, wann immer es ihnen zum Vorteil gereicht.
Wir bewahren den Frieden. Unser Einsatz von Streitkräften ist eine Polizeiaktion, um Recht und Ordnung zu schützen.	Sie sind gewalttätige Gangster, eine kriminelle Bande. Sie verfolgen eine Politik des Abenteuertums.
Wir stehen für Gerechtigkeit und die Achtung von Menschenrechten ein.	Sie unterdrücken und tyrannisieren sowohl ihre Nachbarn als auch ihr eigenes Volk.
Unsere Regierenden handeln mit Zustimmung des Volkes.	Ihre Führer sind Usurpatronen, ohne Unterstützung aus dem Volk, die eines Tages gestürzt werden.
Wir leisten Entwicklungshilfe.	Sie exportieren Revolutionen.

Solange es keine wirksamen internationalen Gesetze und keine Weltregierung gibt, wird jede Nation stets versuchen, ihre eigene Anwendung von Gewalt zu rechtfertigen und ihre Nachbarn zu verdammen. Wenn die Sowjets einen Volksauf-

Modoc-Indianer als Verbrecher in Ketten
USA, Armeefoto

Pancho Villa als Krimineller
Donahey, Cleveland Plain Dealer

Churchill als Gangster
Anti-Propaganda-Schrift
England, Zweiter Weltkrieg

USA, Erster Weltkrieg, 1916. Cesare

stand in Ungarn „brutal niederschlagen", rufen die Vereinigten Staaten und alle „freien Nationen" den Internationalen Gerichtshof in Den Haag an, um diese Aktionen zu verurteilen. Wenn die von den USA unterstützten Contras nicaraguanische Häfen verminen und die Bevölkerung terrorisieren, lehnen die Vereinigten Staaten es vorsorglich ab, sich an irgendeinen Spruch des gleichen Gerichts zu halten. Die Doktrin nationaler Souveränität ist im Endeffekt ein nationalistischer Anspruch auf ein rechtmäßiges Gewaltmonopol, das den eigenen Einsatz von „Macht" legitimiert und die Anwendung „krimineller Gewalt" durch den Feind ins Unrecht setzt. Die CIA führt Geheimaktionen durch, bei denen es üblich ist, einen Feind „aus dem Weg zu räumen", während die Aktivitäten des KGB „die ganze Skala von Mord, Spionage und Terrorismus umfassen".[10] Wir heuern möglicherweise Agenten mit Verbindungen zur Mafia an, um Castro zu „beseitigen", aber wir setzen nicht, wie Oberst Ghadafi, „Mordkommandos" ein.

Im gegenwärtigen politischen Klima greifen Propagandamacher ausgesprochen gern auf das Etikett „Terrorist" zurück. Etablierte Regierungen, wie etwa die von Südafrika, bezeichnen gewöhnlich jeden Waffengebrauch durch eine Minderheit, der das Wahlrecht vorenthalten wird, als „Terrorismus". Die Sowjetunion beschuldigt die USA regelmäßig mit Erklärungen wie: „Die Reagan-Administration hat sich für Terrorismus als eine Methode entschieden, ihre Angelegenheiten mit anderen Staaten und Völkern zu regeln. " Die USA zahlen mit gleicher Münze zurück. Präsident Reagan unterstellt, daß die Sowjetunion ein terroristisches Netzwerk von fünf „gesetzlosen Staaten" unterstützt – Iran, Libyen, Nord-Korea, Kuba und Nicaragua –, die „von der merkwürdigsten Ansammlung zwielichtiger Gestalten, verrückter Taugenichtse und schmutziger Verbrecher seit der Zeit des Dritten Reichs geführt werden".[12] Die Sandinisten werden als Sponsoren des Terrors in El Salvador und als Hauptfluchtpunkt internationaler Terroristen ausgemacht. Ihre Feinde, die amerika-geförderten Contras, die für Morde an Tausenden von Nicaraguanern verantwortlich sind, werden im Gegensatz dazu als „Freiheitskämpfer" bezeichnet. Israel klagt die PLO regelmäßig terroristischer Überfälle an, aber rechtfertigt das eigene Bombardieren von Zivilisten als legitime Vergeltung. Die amerikanischen Medien verurteilten nahezu einhellig die schiitischen Terroristen, die den TWA-Flug 847 entführten und eine Geisel umbrachten, aber sie ignorierten die Enthüllung, daß die CIA jene Terroristen im Libanon ausgebildet hatte, die mit einer Autobombe 80 Menschen töteten und 200 verletzten, oder daß Israel 1200 schiitische Geiseln genommen und nach Israel gebracht hatte, wo

Die neuen Geächteten
Frankreich. Plantu, Le Monde. © Cartoonists and Writers Syndicate

Schreckenskabinett
Niederlande. Behrendt. © Cartoonists and Writers Syndicate 1985

sie abgeschnitten von der Außenwelt gefangengehalten wurden und selbst ein Besuch des Roten Kreuzes abgelehnt wurde.[13]

Anklagen und Gegenanklagen über die Mißachtung von Menschenrechten sind ein fester Bestandteil der sowjetisch-amerikanischen Beziehungen. Die westliche Presse unterstützt mit Kampagnen den Dissidenten und Physiker Andrej Sacharow und seine Frau. Die russische Presse hat den Fall des Führers der amerikanischen Ureinwohner, Leonard Peltier, herausgestellt, der des Mordes an zwei FBI-Agenten bei einer Schießerei in einem Reservat der Sioux in Süd-Dakota beschuldigt wurde – ein Tatvorwurf, den einige amerikanische Bürgerrechtsgruppen – wie auch die *Prawda* – für eine Anklage aus politischen Gründen halten. Die Anschuldigung, daß die UdSSR nicht-russische Minderheiten unterdrücke, wird durch Karikaturen erwidert, die das FBI als Verbündeten des Ku-Klux-Klan bei der Unterdrückung amerikanischer Schwarzer zeigen. Amerikaner behaupten, daß die Sowjets Menschenrechte verletzen. Die Sowjets heben regelmäßig Verbrechen und Gesetzlosigkeit in der amerikanischen Gesellschaft hervor, den „Kult der Gewalt und Grausamkeit", der den US-Bürgern durch ein „Wolfsgesetz" eingetrimmt werde, bei dem die „Starken die Schwachen fressen", und durch die beliebte Glorifizierung legendärer Verbrecher wie Bonnie und Clyde oder Al Capone.

Der Feind als Folterer

Folter, die Methode des Feindes
USA, Zweiter Weltkrieg

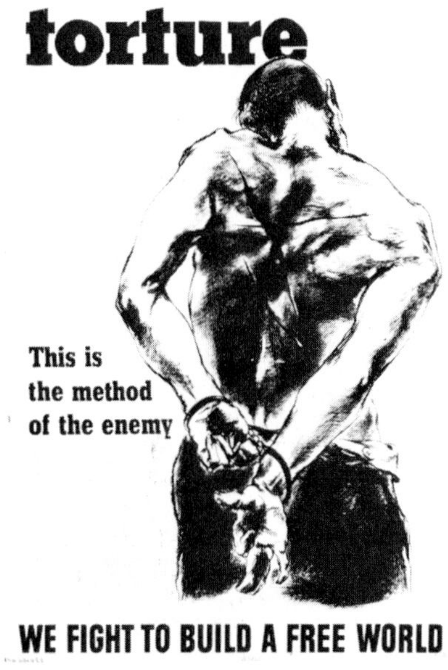

Massensadismus

Der quälerische und grausame Charakter des Feindes ergibt sich als natürliche Konsequenz seiner Barbarei. Wir können von untermenschlichen Kreaturen nicht erwarten, daß sie über verfeinerte Empfindsamkeiten verfügen oder sich an die Regeln zivilisierter Kriegführung halten. Weil diese Bilder jedoch eine solche Rolle dabei spielen, Zivilbevölkerungen zur Unterstützung von Kriegen zu motivieren, verdienen sie besondere Aufmerksamkeit in der Ikonographie der Feindvorstellung.

Babies auf Bajonetten, das Abschlachten von Zivilisten und die systematische Folter der Gefangenen bilden ein ständiges Versatzstück der Rhetorik zur Rechtfertigung von Kriegen. Der Feind ist ein Sadist, der es genießt, anderen Schmerz zuzufügen. Vor dem Einmarsch ins Sudetenland brachten die Deutschen Geschichten über Greueltaten an dortigen deutschen Siedlern in Umlauf. Berichte über deutsche Soldaten, die Frauen und Kindern in Frankreich und Belgien die Arme abschnitten, wurden von der britischen Presse im Ersten Weltkrieg weit verbreitet. Als eine interna-

Der bolschewistische Barbar
Italien, Zweiter Weltkrieg

tionale Kommission nachforschte und keine Beweise fand, daß die vermuteten Vorfälle tatsächlich geschehen waren, wurden die Widerrufe nur knapp zur Kenntnis genommen. Greuelgeschichten sind notwendig, um die Flammen des Krieges anzufachen. Armenische Nationalisten halten noch immer die Erinnerung an das Massaker lebendig, das die Türken vor einem halben Jahrhundert an den Armeniern begingen.

Nach der Invasion auf Grenada behauptete die sowjetische Presse: „Es gibt zahlreiche Schilderungen über die blutigen Taten amerikanischer Soldaten auch auf der Insel Grenada, wo sie unter der Zivilbevölkerung ein wahres Schlachtfest anrichteten. Mordend, raubend und schändend bestätigten sie ihre Lebensart." In einer kürzlich durchgeführten antiamerikanischen Haß-Kampagne der sowjetischen Propaganda wurde betont, daß „in der modernen Welt Liebe für das sozialistische Vaterland unmöglich ist ohne Klassenhaß. Haß auf den Feind ist der Wächter der Vaterlandsliebe". Die Januarausgabe 1984 der Zeitschrift *Military Knowledge* enthielt ein Bild von amerikanischen Soldaten, das mit der Erklärung unterlegt war, sie seien mit legendären russischen Ungeheuern vergleichbar. In dem Artikel hieß es:

> „Man kann diese mörderischen Halsabschneider in US-Uniform geradewegs und ohne Übertreibung Ungeheuer nennen. Was ist denn wirklich menschlich an diesen wahnsinnsverzerrten, zähnebleckenden Gesichtszügen, in diesen Augen, den Augen von Mördern und Vergewaltigern? Was ist solchen Kerlen heilig? Solche Leute begehen, ohne die Spur eines Zweifels und ohne einen Gedanken darauf zu verwenden, jede Grausamkeit, jedes Verbrechen. Sie werden nicht von Mitleid bewegt beim Anblick der Tränen eines Kindes, der verzweifelten Schreie einer sterbenden Frau, ihre Hände werden nicht zögern, wenn sie einen wehrlosen alten Mann umbringen."[14]

„Engländer, Ihr habt das getan."
Polen, Zweiter Weltkrieg

Währenddessen erinnert die amerikanische Öffentlichkeit sich an die monumentale Grausamkeit der stalinistischen

Stalin als Hitler
USA. Fitzpatrick, St. Louis Post-Dispatch

De Gaulle als Hitler, der Erzsadist
UdSSR

Säuberung, hegt weiterhin den Verdacht, die Sowjetunion sei nur ein einziges großes Gulag-Konzentrationslager, und klagt regelmäßig sowjetische Greueltaten in Afghanistan an. Fred Schwartz, ein Anführer des christlichen Kreuzzugs gegen den Kommunismus, beschrieb 1960 die rechtsgerichtete Sicht des Kommunisten als Sadisten so:

> „Wir können uns darauf verlassen, daß die Kommunisten reine, marxistisch-leninistische ‚Liebe' verwirklichen. Eines der besten Beispiele marxistisch-leninistischer ‚Liebe' wurde in einer Prahlerei von Kliment Woroschilow, jetzt Mitglied des ZK-Präsidiums der KPdSU, gegenüber William Bullitt, dem ersten amerikanischen Botschafter in der Sowjetunion, enthüllt. 1934, bei einem Bankett in Rußland, erzählte Woroschilow Bullitt, daß er 1919 11000 zaristische Offiziere in Kiew überredete, sich zu ergeben, indem er ihnen versprach, wenn sie sich ergäben, dürften sie, ihre Frauen und ihre Familien nach Hause zurückkehren. Als sie sich ergaben, richtete er die 11000 Offiziere und ihre Söhne hin und schickte die Frauen und Töchter in Bordelle zum ‚Gebrauch' der russischen Armee. Nebenbei erwähnte er, ihre Behandlung in den Bordellen sei so gewesen, daß keine von ihnen drei Monate überlebte ... Woroschilow handelte lediglich im Gehorsam gegenüber dem Diktat der marxistisch-leninistischen ‚Liebe'; er glaubte nun einmal, in wahrhaftiger, rechtmäßi-

ger und liebevoller Weise zu handeln. Hier stand er, ein von der Geschichte Gesalbter und mit der Mission Betrauter, die Welt zu erobern und die Menschheit zu erneuern. Dort stand eine Gruppe männlicher und weiblicher Tiere ... Seine Pflicht lag klar vor ihm. Als Kommunist hatte er keine Wahl. Er war nichts; diese Leute waren nichts; der Wille der Geschichte war alles. Zur Erschießung gingen alle Männer, und in die Bordelle alle Frauen. Die Rote Armee wurde gestärkt, die Welteroberung kam einen Tag näher, die Erneuerung der Menschheit rückte ein bißchen weiter heran, und Woroschilow hatte ein Gewissen so rein wie Quellwasser und das Gefühl, seine Pflicht aufs beste erfüllt zu haben.“[15]

Man muß nicht besonders betonen, daß die Anschuldigungen der Folter und Greuel, die Nationen gegeneinander erheben, fast immer im wesentlichen zutreffen, wenn nicht sogar im einzelnen Fall. *Amnesty International* hat die entsetzliche Geschichte des modernen Sadismus ausreichend dokumentiert, um zu belegen, daß die meisten Staaten in Zeiten des Krieges und/oder politischer Krisen zur Willkür und Grausamkeit Zuflucht nehmen. Kein Nationalstaat kann sich von Folter und Greueln freisprechen.

Die Propaganda-Taktik, die den Feind als Folterer kennzeichnet, basiert auf einer Reihe unbewiesener Annahmen, die dazu bestimmt sind, unsere Anwendung von Gewalt zu rechtfertigen.

1. Der Feind begeht Folter, Greuel und Mord, weil er ein Sadist ist, der Spaß am Töten hat.
2. Wir wenden operative oder strategische Gewalt nur an, weil uns der Feind dazu zwingt.
3. Töten ist solange gerechtfertigt, wie man keine Lust dabei empfindet und es auf saubere Art macht – vorzugsweise aus der aseptischen Distanz des Bombers oder einer Artillerie-Stellung, aus der man nichts sieht und keine moralischen Unterscheidungen zwischen Kämpfenden und Nicht-Kämpfenden treffen kann. Das flächendeckende Bombardement von Dörfern in der feuerfreien Zone Vietnams war zum Beispiel legitim, aber das Niedermetzeln der Bevölkerung von My Lai, Auge in Auge, war ein „Kriegsverbrechen“.

Eine besonders anschauliche Illustration des Prinzips der Doppelmoral liefert die Behandlung nordirischer Gefangener durch die Briten. Eine Kommission, die eingesetzt war, um Foltervorwürfe zu untersuchen, kam zu dem Schluß, die Mißhandlungen, denen Gefangene ausgesetzt waren, um aus ihnen Informationen herauszuholen, umfaßten lediglich „körperliche Gewaltausübung“, aber keine Brutalität, weil „wir der Ansicht sind, daß Brutalität eine inhumane oder rohe Form von Grausamkeit ist und daß zur Grausamkeit eine Neigung gehört, Leid zuzufügen, gekoppelt mit Gleichgültigkeit gegenüber oder Gefallen an dem Schmerz des Opfers.“[16]

Israeli als Nazi
UdSSR

Zeitgenössisches griechisches Plakat, das die Erinnerung an das Massaker der Türken unter den Armeniern vor einem halben Jahrhundert lebendig erhalten soll

Der Feind als Vergewaltiger

Die Frau als Köder und Trophäe

Der Jude als Verführer
Deutschland, Zweiter Weltkrieg

Eng verknüpft mit dem Vorwurf der Barbarei ist die Darstellung des Feindes als Vergewaltiger und Zerstörer der Mutterschaft.

Als Vergewaltiger empfindet der Feind ungezügelte Lust, die offensichtliche Unschuld zu schänden. Unsere Frauen sind zu rein, um einen Feind sexuell begehrenswert zu finden oder sich in ihn zu verlieben, und müssen vor der ungezähmten Leidenschaft des Feindes beschützt werden. Wie Susan Griffin sagt:

> „Frauen, die nicht von Männern beschützt sind, werden als Sexualobjekte angesehen; in dieser Rolle sind sie schlicht Teil der ‚Kriegsbeute', die man vergewaltigen, sich aneignen und über die man verfügen kann. Typischerweise sind in Gesprächen zwischen Männergruppen ‚meine' Frauen gut und geschützt; ‚deine' Frauen sind schlecht und verdienen es, vergewaltigt zu werden. Tatsächlich gibt es daher zwei männer-beherrschte Rollen, die Frauen traditionell zugeschrieben werden: *gute Mütter,* die beschützt werden, und *schlechte Huren,* die bestraft werden."[17]

In der Nazipropaganda lagen die dreckigen Juden im Schatten auf der Lauer, um arische Mädchen zu verführen oder zu

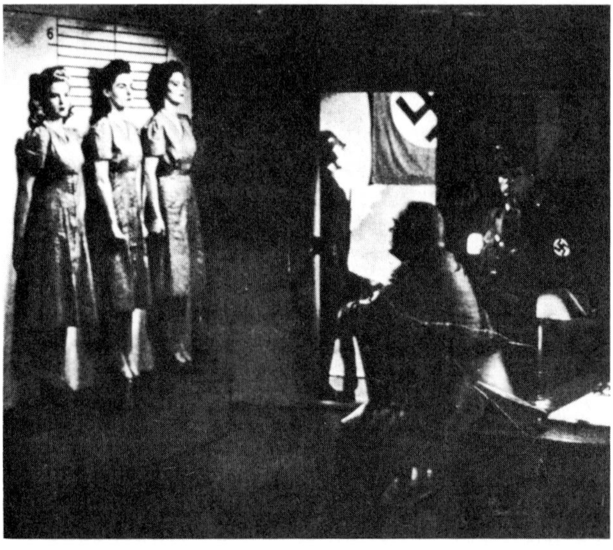

„Eine hohe Ehre". Die Nazi-Viehzüchter brauchen deine Tochter
Propagandaplakat – USA, Zweiter Weltkrieg

vergewaltigen. In der Mythologie des Ku-Klux-Klan hat der schwarze Mann eine unersättliche Gier nach weißen Frauen. Auf amerikanischen Kriegsplakaten ist der Vergewaltiger ein Japs oder Nazi.

Als Zerstörer der Mutterschaft bedroht der Feind die heilige Madonna-mit-dem-Kind. Hier wird nicht die Frau als Sexualobjekt bedroht, sondern als Ernährerin, Wächterin von Heim, Herd und Familie.

In der Ikonographie des Krieges spielen Frauen nur eine untergeordnete Rolle. Über Kriegführung zu schreiben, ist eine der wenigen Gelegenheiten, bei denen die Männerlästigkeit unserer Sprache am Platze ist. Krieg ist vorwiegend Männersache. Weil wir aus dem Antlitz des Feindes unbedingt alle Merkmale löschen müssen, die unsere Identifikation oder Anteilnahme wecken könnten, wird der Feind selten als Frau dargestellt. Zumindest bleiben Feindfrauen als Sexualobjekte begehrenswert. Gelegentlich, und zwar bei Guerillakriegen, in denen Frauen und Kinder eine aktive Rolle bei der Herstellung von Waffen oder im Kampf selbst spielen, werden sie in das Feindbild eingeschlossen. Aber sogar dort, wo Frauen und Kinder aus strategischen Gründen getötet werden, wie bei der Zerbombung Dresdens, werden sie nicht in das offizielle Propaganda-Image aufgenommen. Fast universell wird es als wenig heldenhaft angesehen, Krieg gegen Frauen und Kinder zu führen, auch wenn es nahezu überall praktiziert wird.

Unausgesprochen spielt die Frau in Wahrheit eine ganz andere, nicht anerkannte Rolle im Krieg: Sie ist Preis und Köder. Dem Sieger gehört die Beute, und die Frauen des Feindes sind dabei die Hauptsache. Die erregende Aussicht auf sexuelle Abenteuer ist unerläßlich, um Männer zu aktivieren, in den Krieg zu ziehen. In ihrer mildesten Form ist es das Versprechen, mit fremden Frauen schlafen zu können. In ihrer stärkeren Form ist es die heimliche Erlaubnis für „normale" Männer, nun im Feindesland ihre Vergewaltigungslust befriedigen und ohne Konsequenzen ihrem Frauenhaß freien Lauf lassen zu können. Die Gelegenheit, zu verführen und zu vergewaltigen, ist und bleibt einer der immerwährenden Reize des Krieges:

> „Man nehme eine Gruppe von Männern und verpflanze sie an einen Ort, wo es keine weißhäutige Frauen gibt. Sie sind in einer rein männlichen Umgebung. Mal sehen, was passiert. Natur ist Natur. Es sind Frauen vorhanden. Diese Frauen sind von anderer Kultur, anderer Hautfarbe, anderer Gesellschaft. Du willst keine Prostituierte. Du hast eine M-16 (Maschinenpistole) erhalten. Warum sollst du für eine Frau bezahlen? Du gehst runter ins Dorf und nimmst dir, was du willst. Ich habe Jungs gesehen, die, so glaube ich, vor einer solchen Situation noch nie irgendwelchen Sex mit einer Frau hatten. Sie kamen als Doppel-Veteranen zurück (das bedeutet, mit einer Frau zu schlafen und sie dann zu töten). Gib in einer derartigen Umgebung einem Jungen ein Gewehr, und es passieren seltsame Dinge."[18]

Der Kommunist als Verführer: „Liebling, du hältst den Weltrekord im Massenmord"
Deutschland, Zweiter Weltkrieg

Cesare
USA, Erster Weltkrieg

Kommunist als Anwalt der „freien Liebe“
USA, Thomas Nast 1978

Weitere wichtige Rollen spielt die Frau in der Symbolik, mit der Krieg geheiligt wird. Traditionell ist sie die Muse, die hinter dem Krieger steht, und die Krankenschwester, die ihn pflegt, wenn er verwundet ist. Sie ermutigt Männer im Krieg und stachelt sie an. Sie ist die Zuschauerin, die der Tapferkeit applaudiert, das unsichtbare Geisterpublikum, vor dem heldenhafte Taten vollbracht werden. Und die Mutter, die auf die Rückkehr ihres Sohnes wartet und darum betet. Als solche ist sie gewöhnlich ein Geistwesen, rein und ätherisch. Zuweilen scheint sie dem Krieger sexuelle Belohnungen zu versprechen: „Sie will Dich – Deinen Dienst für Dein Land.“ In der merkwürdigen Dialektik der Geschlechtertrennung, die erforderlich ist, um Männer auf das Töten und Frauen auf das Nähren zu konditionieren, sind Frauen selten die Anwälte des Krieges, aber sie bleiben erregt vom Duft der Gewalt. Bis vor kurzem war der Soldat in Uniform, der männlich harte Kämpfer ein Sexobjekt. Machismus und das kriegerische Vorbild von Männlichkeit haben sich als anziehend genug für Frauen erwiesen, um viele Männer zum Militärdienst zu bewegen. Das Gefühl des Betrogenseins, das Vietnamveteranen erlebten, entstand teilweise aus der weiblichen Wut, der sie begegneten. Statt als Helden empfangen zu werden, waren sie „Babymörder“ und besudelte Kämpfer.

Jude als Ratte
Deutschland, Zweiter Weltkrieg

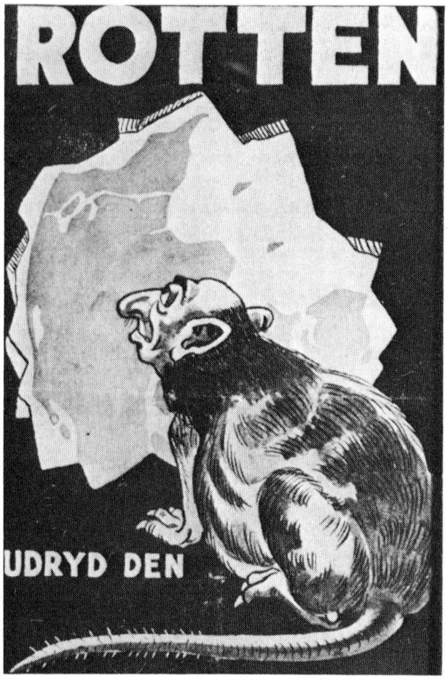

Der Feind als Bestie, Kriechtier, Insekt und Krankheitserreger

Rechtfertigungen für die Ausrottung

Auf der Skala der Entmenschlichung bewegen wir uns vom Mittelwert des barbarischen Untermenschen zum Unmenschen, vom Wilden zum Tier. „Ein tollwütiger Hund des Kapitalismus“, „ein Nazischwein“, eine „japanische Ratte“, ein „roter Bär“ sind eindeutig gefährliche, unberechenbare, heimtückische Tiere, die gnadenlos zu töten wir moralisch berechtigt sind. Je weiter die Bilder auf dem Stammbaum des Tierreichs herabsteigen, um so größer wird die Rechtfertigung für den Soldaten, ein bloßer Schädlingsbekämpfer zu werden. Die antisemitische Propaganda, die Juden zu Läusen oder Ratten herabsetzte, war ein integraler Bestandteil der Schaffung von Vernichtungslagern. Als Franz Stangl, der

Chinese als geflügelter Drache
USA, 1893

Zwei Übel: Der Deutsche und die Tuberkulose. Der Deutsche Adler wird besiegt werden, die Tuberkulose ebenfalls
Frankreich, Erster Weltkrieg

Kommandant von Treblinka, gefragt wurde, warum der Mord an den Juden so organisiert war, daß man ein Maximum an Erniedrigung und Entmenschlichung der Opfer erreichte, antwortete er: „Um alle jene vorzubereiten, die diese Aufträge tatsächlich auszuführen hatten. Um ihnen möglich zu machen, das zu tun, was sie taten.“[19] Die Juden wurden zu „Frachtgut“ reduziert, das man in Viehtransportern beförderte, zu pestverseuchten Schädlingen, die mit Giftgasen ausgerottet werden sollten, welche ursprünglich als Pestizide gedacht waren.

Die Verwendung bestialischer Bilder erscheint auf den ersten Blick als eine der besseren Methoden, den Feind zu entmenschlichen, weil sie den Soldaten zu töten erlaubt, ohne Schuld auf sich zu laden. Das Problem ist jedoch, daß sie dem Krieger als Schädlingsbekämpfer kaum ein Gefühl von Würde oder Stolz auf seine Schlacht-Fertigkeiten einräumt. Man erlangt wenig emotionale Läuterung durch das Nieder-

Frage: Was ist der Unterschied zwischen einer Ratte und Arafat?
Antwort: Die Ratte hat mehr Freunde
Scrawls, Atlanta Constitution

Schwarzer als Affe
USA, 1970. Amerikanische Eugeniker-Vereinigung

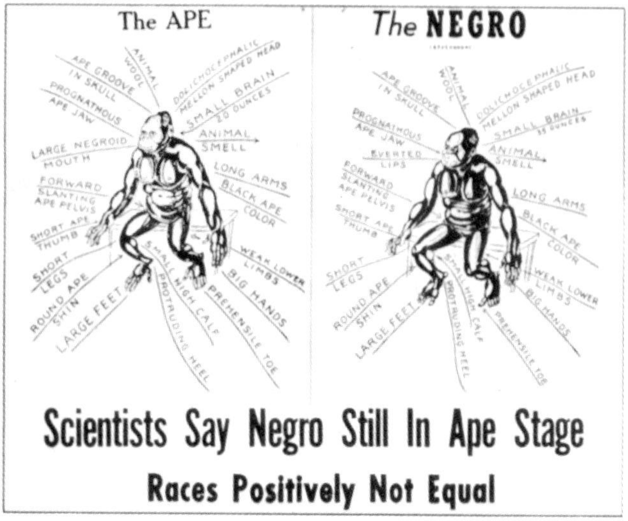

Tito
UdSSR

Schotte als Gorilla
Deutschland, Erster Weltkrieg

metzeln eines solchen Feindes – kein heroisches Duell mit einem gleichwertigen Gegner, kein kosmisches Drama einer Schlacht gegen die Feinde Gottes, kein Ringen mit barbarischen Giganten. Nur eine Eskalation von Brutalität und Gefühllosigkeit zu Leid und Tod.

Glenn Gray zeichnet einen Vorfall aus dem Zweiten Weltkrieg nach:

„Als ein japanischer Soldat aus seinem Versteck ein gutes Stück hinter den Kampflinen ‚aufgescheucht' wurde, ‚war die Einheit, die sich aus relativ unerfahrenen Truppen zusammensetzte, gerade beim Ausruhen und Scherzen. Aber sie erhoben ihre Gewehre und begannen ihn als lebende Zielscheibe zu benutzen, während er wie ein Verrückter auf dem Platz umherrannte, um sich in Sicherheit zu bringen. Die Soldaten fanden seine Bewegungen rasend komisch und wurden durch ihr Gelächter daran gehindert, dem unglücklichen Mann ein schnelles Ende zu bereiten. Schließlich gelang es ihnen jedoch, ihn zu töten, und der Vorfall brachte den ganzen Zug in Stimmung, indem er ihnen etwas gab, worüber sie noch tagelang reden und ihre Witze reißen konnten'. Unter Bezug auf diese Geschichte ... hob der Veteran die Ähnlichkeit des feindlichen Soldaten mit einem Tier hervor. Keiner der amerikanischen Soldaten schien je in Betracht zu ziehen, daß er menschliche Angstgefühle und den Wunsch, verschont zu werden, gehabt haben könnte."[20]

Solche Vorfälle waren in Vietnam an der Tagesordnung:

„Wir hatten da diesen Heini, der losging, Leute abzuschießen, und dann ‚Schlange' schrie. Als wollte er sagen: ‚Keine Sorge, ich habe bloß eben eine Schlange am Wegesrand umgebracht.' Wir kamen an diesem alten Opa vorbei, der in einer Hütte im Dreck lag und starb. Seine Oma war

China als Hai
Taiwan. Coco. © Cartoonists and Writers Syndicate

über ihn gebeugt. Der Typ geht hin, zieht seine Kanone und pustet dem Arschloch sein Gehirn raus. Sagt er zu mir: ‚Ich hab dem Arschloch nur beim Krepieren geholfen.‘ Dann dreht er sich um und erschießt die Mutter und ihr Baby. Tritt aus der Hütte raus und sagt: ‚Schlange‘.“[21]

Am äußersten Ende der Skala natürlichen Ungeziefers wird der Feind zu einem Bazillus. Im Ersten Weltkrieg, als die Tuberkulose noch eine weit verbreitete Krankheit war, wurden das Gebot, die TB und die Hunnen zu bekämpfen, oft auf einem einzigen Plakat kombiniert. Neuerdings, seit der Krebs als Symbol des Bösen *par excellence* an die Oberfläche unseres Bewußtseins gedrungen ist, erzählt man uns, der Kommunismus sei eine „schleichende Krebsgeschwulst“.

Nebenbei sollten wir festhalten, daß die Art, in der die moderne allopathische Medizin über Krankheit denkt, und die Art, in der Propagandisten über den Krieg denken, eine systematische Ähnlichkeit aufweisen. Krankheit wird weithin als etwas betrachtet, das uns von außen trifft. Der Erreger ist wie der Feind ein äußerer Angreifer, der uns überwältigen wird, wenn wir zulassen, daß unsere Abwehr schwindet. Der Krebs ist wie der Kommunismus eine irrationale Macht, gegen die wir Kreuzzüge und Kriege starten. Das Übel kommt von draußen.

Nazi-Schlange
UdSSR, Zweiter Weltkrieg

General Ortega (Nicaragua) als Wespe
Niederlande. Behrendt, Het Parol. © Cartoonists and Writers Syndicate

Indira Gandhi
Ägypten. Farhad. © Cartoonists and Writers Syndicate

General Franco, ein Schausteller des Todes
Die Plakat-Inschrift spielt auf den Tod des Admirals Carrero Blanco an, nach Franco wichtigster Mann des spanischen Faschismus nach dem Ersten Weltkrieg. Blanco, genannt der „Menschenfresser", wurde von der baskischen Separatistenbewegung ETA im Dezember 1973 mitten in Madrid durch eine Bombe während einer Autofahrt „in die Luft gejagt"
Deutschland, siebziger Jahre

Der Feind als Tod

Die äußere Bedrohung

Krieg wird immer als ein kosmisches Drama dargestellt, eine Schlacht zwischen Leben und Tod, Licht und Finsternis. Propaganda verweist den Feind in die Rolle eines Agenten des Todes. Er ist der alte Sensenmann, der junges Leben in seiner Blüte abschneidet, der verheerend über das Land zieht und die Bevölkerung niedermäht. Oder er ist einer der vier apokalyptischen Reiter, die in jüngerer Zeit rittlings auf einem Luftschlachtroß sitzend abgebildet werden – einem nazideutschen oder britischen Bomber. Sein Gesicht ist auf einen Totenschädel reduziert, sein Körper auf ein klapperndes Skelett. Wir, die Träger des „unbezähmbaren Geistes", sind die Engel des Lebens.

Da Krieg ein Handel mit dem Tod ist und der Tod dem rationalen Denken als unausweichliche Folge der Sterblichkeit erscheint, wirkt die Darstellung des Feindes als Todesbringer zu selbstverständlich, um gesondert erwähnt zu werden. Im einfachsten Fall muß Propaganda die Schuld für massives Leiden und Tod von uns auf „die" abwälzen. Obwohl auch wir mit dem Tod unser Geschäft machen, trifft uns keine Schuld, weil wir bloß gezwungen wurden, uns gegen einen Feind zu verteidigen, der die Inkarnation des Todes ist. Aber es gibt eine viel tieferreichende, unbewußte Bedeutung des Todesbildes, die wir nur dann genauer erkunden können, wenn wir uns mit der Psychologie der Feindschaft auseinandersetzen. Jemand, der die menschliche Szene vom Mars aus beobachtet, würde zweifellos berichten, daß die Erdlinge in jeder Generation Todesfestivals veranstalten, rituelle Potlatch-Opfer, bei denen die vitalsten jungen Leute wenigstens

Der unbezähmbare Geist
England, Zweiter Weltkrieg. Low, 1940

zweier Nationen in Schlachten geopfert werden aus einem zwanghaften Bemühen, den Tod zu besiegen. Jede Partei in dem Konflikt stellt die andere als inkarnierten Tod dar und scheint unter dem Bann einer Illusion zu handeln, wenn es ihr gelänge, ihren gegenwärtigen Gegner zu töten, könne sie auf irgendeine magische Weise den Tod vernichten. Im Augenblick wollen wir nur dieses grausame Paradox menschlichen Verhaltens konstatieren – unsere Neigung, für den Frieden zu kämpfen, für Liebe zu hassen und für das Leben zu töten.

Der Tod auf einem schwarzen Pferd
Mexiko, 1910. José Guadalupe Posada

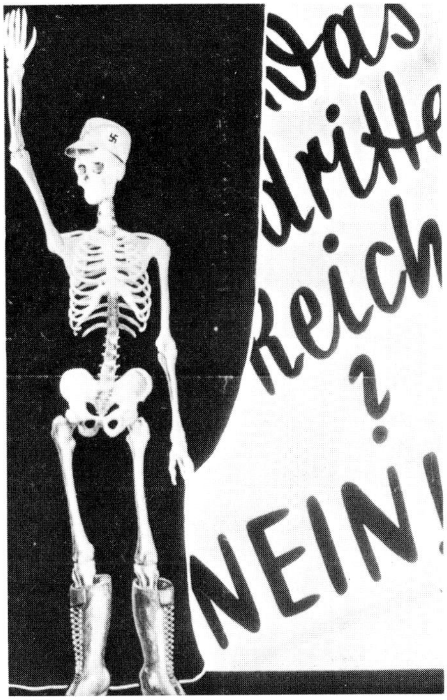

Deutscher Widerstand, dreißiger Jahre

Die USA halten den Tod Hitlers schriftlich fest
China

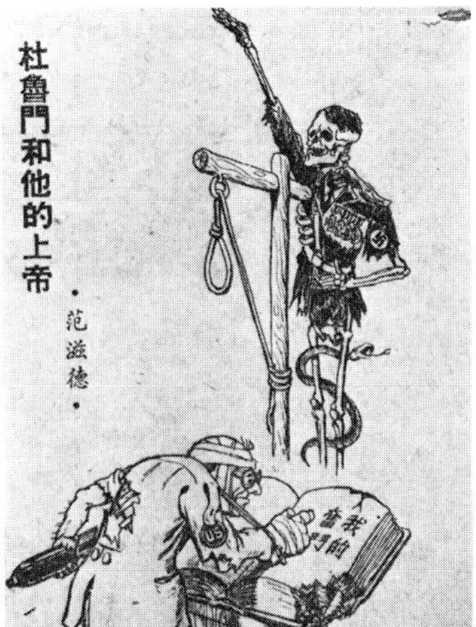

Der Feind als gleichwertiger Gegner

Krieg ist so notwendig wie der Kampf der Elemente in der Natur ... Er trifft eine biologisch gerechte Entscheidung, denn seine Entscheidungen beruhen auf dem wahren Wesen der Dinge.

General van Bernhardi, 1912

Heldenhafter Krieg

Die Geschichtsschreibung des Krieges kennt seit ihren Anfängen eine Tradition, die danach ausgerichtet ist, den Feind nicht zu entmenschlichen, sondern ihn zu ehren. In der heroischen oder ritterlichen Tradition wurde der Krieg als die edelste aller menschlichen Aktivitäten und der Krieger als erhabenster Menschentypus angesehen.

Das Ideal der heldenhaften Kriegführung ist in einer Metaphysik des Streits verwurzelt. Die Wirklichkeit selbst ist ein *Agon* – ein Wettstreit oder Spiel –, ein existentielles Ringen zwischen Licht und Dunkel, Gut und Böse, Yin und Yang. In der griechischen Mythologie werden die Götter selbst als miteinander im Krieg stehend dargestellt. Wenn also im göttlichen Schema der Dinge Zeus mit Poseidon kämpfen muß und die Grundelemente Luft, Feuer, Erde und Wasser untereinander ständig im Kampf liegen, um ihr Gleichgewicht aufrechtzuerhalten, dann müssen die Menschen ebenfalls bereit sein, in die Schlacht zu ziehen. Unter dem Einfluß des Sozialdarwinismus hielten Denker wie Oswald Spengler und Friedrich Nietzsche den Menschen seiner Natur nach für ein „Raubtier", dessen kriegerische Instinkte das Überleben der Stärksten, oder zumindest der Wildesten, sicherstellten. Leben nährt sich von Leben. Deshalb ist der Krieger die menschliche Verkörperung eines kosmischen Prinzips, und Kriegführung ist eine Art von Sakrament, bei der Menschen den Streit zwischen den Mächten der Ordnung und des Chaos wiederaufführen. Kampf ist ein Reinigungsritual, ein Mittel, durch das wir uns zu einer höheren Lebensform fortentwickeln.

Die Idee der heroischen Kriegführung reicht mindestens bis zu den Trojanischen Kriegen zurück und den Berichten in der Ilias über die epischen Schlachten von Achilles und Agamemnon. In Japan entwickelten die Samurai einen Kodex des ehrbaren Kampfes und eine Vielzahl kriegerischer Künste wie Jiu-Jitsu, das Respekt für den Gegner verlangt. Im Westen erlebten wir die Blüte des Heldenideals im Zeitalter des Rittertums, als König Artus' Gesellen und die Ritter der Tafelrunde zum eigenen Ruhm und zur Bewunderung hochgeborener Damen Turniere ausfochten. In der Neuzeit führten das Berufsmilitär der preußischen Armee, das englische Regiment, die *Royal Air Force* und andere die Tradition fort, Kampf als tödliches Spiel zwischen gleichwertigen Gegnern zu betrachten.

Wenn Krieg als ein göttliches oder weltliches Spiel angesehen wird, ist ein guter Feind so nötig wie ein Freund. Es ist

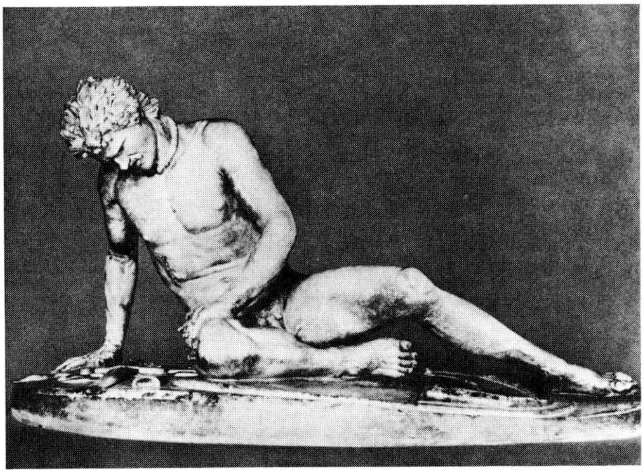

„Sterbender Gallier“
Man beachte den Ausdruck von Würde, den der Künstler dem sterbenden feindlichen Soldaten verleiht

kein Ruhm zu gewinnen, wenn man eine Ratte ausmerzt oder eine minderwertige Gattung von Untermenschen abschlachtet. Deshalb bilden Krieger und Feind in der Heldentradition eine Beziehung von wechselseitigem Respekt, Anteilnahme und sogar Bewunderung. Da das Motiv des heroischen Kämpfers darin besteht, Ruhm und Ehre zu erlangen und seinen Mut zu beweisen, bedarf er eines guten Feindes. Der heldenhafte Kampf ist seinem Wesen nach aristokratisch, individuell und von Regeln geleitet. Ehrenwerte Krieger treten einander von gleich zu gleich gegenüber, einig über die Regeln: die Wahl der Waffen, die Bedingungen des Waffenstillstands, Anfang und Ende des Krieges, die Behandlung von Kriegsgefangenen und so weiter. Diese Bedingungen mögen jenseits all dessen, was moderne Pragmatiker verstehen können, überzeugend sein. Es gab zum Beispiel eine Konvention, daß eine Belagerung nicht ohne eine formelle Zeremonie beginnen konnte. Die Franzosen haben sich einst in aller Form darüber beschwert, daß die englische Belagerungskapelle Geigen einsetzte und solche Instrumente nicht zugelassen seien. (Die einzige Entsprechung in der modernen Kriegfüh-

Die Vergeistigung der Sinnlichkeit heißt Liebe: sie ist ein großer Triumph über das Christentum. Ein anderer Triumph ist unsere Vergeistigung der Feindschaft. Sie besteht darin, daß man tief den Wert begreift, den es hat, Feinde zu haben ... Eine neue Schöpfung zumal, etwa das neue Reich, hat Feinde nötiger als Freunde: im Gegensatz erst fühlt es sich notwendig, im Gegensatz wird es erst notwendig ... Nicht anders verhalten wir uns gegen den „inneren Feind“: auch da haben wir die Feindschaft vergeistigt ...
Man ist nur fruchtbar um den Preis, an Gegensätzen reich zu sein; man bleibt nur jung unter der Voraussetzung, daß die Seele nicht sich streckt, nicht nach Frieden begehrt ...

Friedrich Nietzsche

Ritter im Kampf von Mann zu Mann
13. Jahrhundert

Kuniyoshis Drucke trugen wesentlich dazu bei, den Samurai-Krieger populär zu machen und zu romantisieren

rung ist das Verbot von Dudelsäcken durch die Genfer Konvention.)

In unseren heutigen Augen scheint der heldenhafte Krieg mehr Spiel als Ernst zu sein. Für uns ist schwer zu verstehen, warum ein so großer Teil der Kriegsgeschichte festgesetzte Schlachten umfaßte, bei denen Armeen übereinkamen, sich auf bestimmten Feldern zu treffen und mit einem begrenzten Repertoire von Waffen zu kämpfen. Ebenso ist kaum zu glauben, daß der Erste Weltkrieg auf den Schulhöfen von Eton gewonnen wurde, wo die Briten Offiziere antreten ließen, die ihre Männer mit einem Kommandostab in die Schlacht führten und sich weigerten, Waffen zu tragen, weil Töten nicht *gentlemanlike* sei. Auch können wir in einem Zeitalter, in dem allein der technische „Fortschritt" die Wahl der Waffen bestimmt hat, nicht die Entscheidung gewisser Samurai verstehen, Schießpulver und Gewehre aus dem ehrenvollen Kampf zu verbannen, weil sie dem Pöbel und den Undisziplinierten ein wirksameres Töten erlaubten als den heldenhaftesten Schwertfechtern. Es ist hilfreich, sich daran zu erinnern, daß die vormodernen Kriege nicht so total blutig waren wie unsere. Nicht alle Völker zeigten das Feingefühl jener Stämme auf Neu-Guinea, die jede Schlacht abbliesen, wenn Regen ihren vollendeten Feder-Kopfschmuck zu ruinieren drohte. Die Kriege zwischen griechischen Stadt-Staaten waren, wie Arthur Darby Nock von der Universität Harvard gerne sagte, „nur wenig gefährlicher als American Football".

Das „Spiel" des Krieges, von den Griechen eine Zeitlang formalisiert im regelmäßigen *Agon* der Olympischen Spiele, ist von bestimmten Männern stets hoch geschätzt worden. Es wurde genauso überschwenglich als höchste menschliche Erfahrung gepriesen wie Sex oder Liebe – und aus ähnlichen Gründen. Im Eifer des Gefechts vergessen Männer sich selbst, geben sie sich ihren Leidenschaften hin, überschreiten ihre kleinen Egos und opfern sich oft selbst für die, die sie lieben. Die meisten, die an Schlachten teilgenommen haben, sprechen von der Kampfes„lust", in der Männer ihre berechnenden Egos verlieren und sich mit vorher nie gekannter Leichtigkeit bewegen. „Die intensivste Erfahrung meines Lebens", „Die Zeit, in der ich mich am lebendigsten fühlte": Dies ist gängiger Tribut, der dem Krieg gezollt wird.

Der heldenhafte Krieg zeigt uns das menschenähnlichste Antlitz des Feindes. Zuallererst muß der Heldenkrieger seinen Feind kennen. Ein Schwertkämpfer oder Ritter, der mit einem Vorurteil in das Gefecht zieht, wäre schlecht auf den Kampf vorbereitet. Professionelle Krieger analysieren bis ins letzte die Taktiken und den Stil jener, auf die sie im Kampf zu treffen beabsichtigen. Sie versuchen, sich in deren Lage zu versetzen, herauszubekommen, wie sie denken. Das verlangt Einfühlung und Vorstellungskraft. Selbst bei der modernen Kriegführung verbringen Berufssoldaten einen Großteil ihrer Zeit in Militärakademien, um das Denken des Feindes zu studieren. Feldhandbuch Nr. 100–5, *Operations,* erläutert detailliert, wie die US-Armee Feldzüge und Schlachten durchführen muß, um zu gewinnen. Es beschreibt

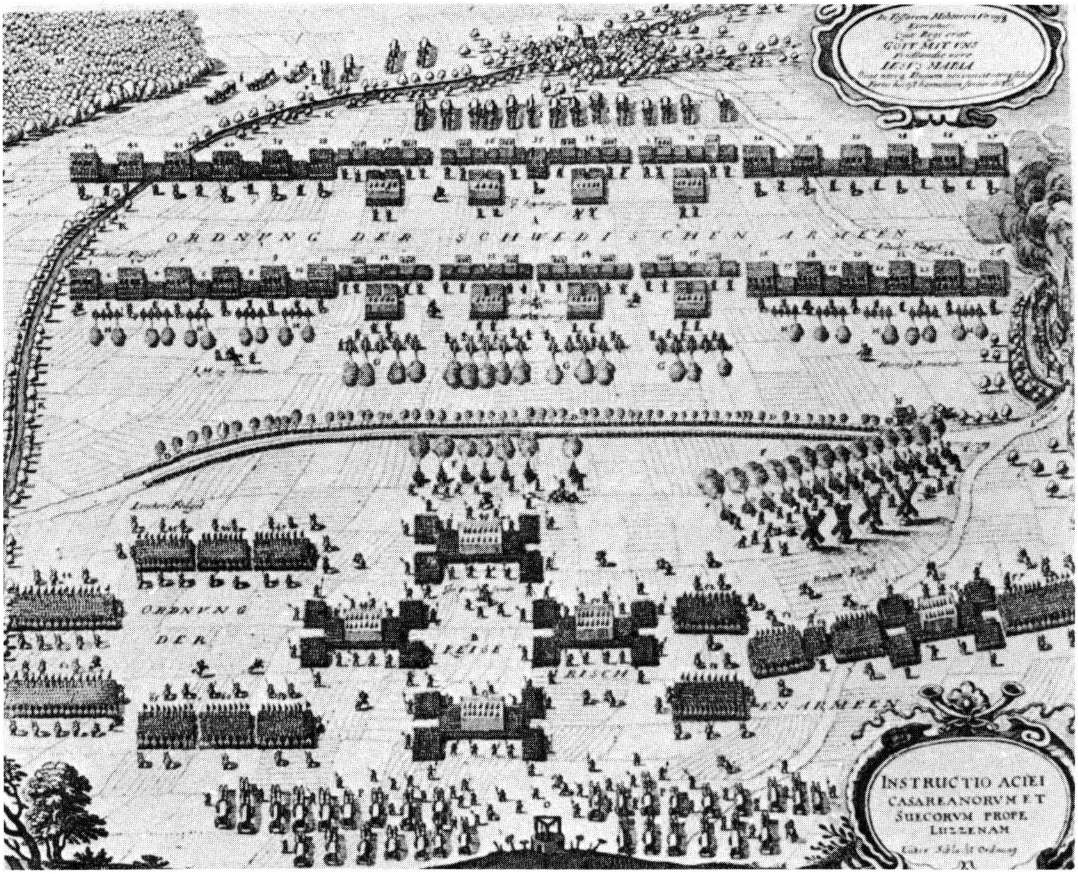

Analytisches Schlachtbild, das die Aufstellung der Armeen zeigt
Schlacht von Lützen, 1632

die Operationsdoktrin und wird zweifellos von Sowjetstrategen ebenso sorgfältig zur Kenntnis genommen, wie wir die sowjetische Militärenzyklopädie studieren. Amerikanische Piloten analysierten die Taktiken des „Roten Barons“ (das Flieger-Idol der Deutschen, Manfred von Richthofen) mindestens so eingehend wie Fußballtrainer die Spielaufstellung einer gegnerischen Mannschaft. Krieg ist wohl nicht die engste menschliche Beziehungssituation, wie ein Film über den Zweiten Weltkrieg behauptet, aber außer der Liebe bewegt nichts uns so sehr wie der Krieg dazu, andere ernst zu nehmen, ihr Denken und ihre Motive zu erforschen und ihnen derart intensive Aufmerksamkeit zu widmen. Krieger und Liebende haben viel gemeinsam. Tatsächlich könnte man den Krieg als eine Art von homosexuellem Ritual ansehen, eine Art perverser Liebesaffäre für Männer, die nicht lieben können, ohne zu schlagen.

Aus Einfühlung erwächst ein gewisses Maß an Anteilnahme. Einander genau zu kennen, bedeutet, Haß zu begrenzen, vielleicht sogar aufzuheben. Ein Haß-Training mag notwendig sein, um Zivilbevölkerungen zu den nötigen Opfern für den Krieg zu veranlassen und um Zivilisten militärisch in Soldaten zu verwandeln, aber für den Helden

Aikido, eine kriegerische Kunst
Jean Maggrett

Jeder Fortschritt in der Militärtechnik markierte einen Rückzug von der Ehre.

Sandor McNab

Deutsche Duellanten – ehrbare Feinde

oder Berufssoldaten spielt es eine sehr viel weniger entscheidende Rolle. Der professionelle Soldat, der sich in der Tradition des Helden- und Rittertums sieht, betrachtet seinen Feind als Berufskollegen, als Waffenkameraden, den man überlistet und besiegt, aber nicht demütigt. Im Zweiten Weltkrieg bestand Feldmarschall Rommel auf ordentlicher Behandlung von Gefangenen und Anerkennung der Genfer Konvention. Solange der Feind kämpft, darf er gnadenlos vernichtet werden. Aber sobald er besiegt ist, muß er menschlich behandelt werden. Möglicherweise versteht der professionelle Soldat instinktiv eher die Motive seines Gegners als die seiner eigenen politischen Vorgesetzten oder zivilen Mitbürger.

Betrachtet man die Bedingungen für einen erfolgreichen Krieg etwas genauer, stößt man auf einen Widerspruch, der in die Art unseres Denkens über den Feind eingesponnen ist. Um zu kämpfen und zu töten, benötigen wir sowohl Information als auch Desinformation, sowohl Respekt als auch Abscheu, Wahrheit wie Falschheit, Ehre wie Ehrlosigkeit, sowohl ein einfühlsames als auch ein herabwürdigendes Bild des Feindes. Um wirkungsvolle Strategen zu sein, müssen wir das Denken und die Persönlichkeit des Feindes ebenso kennen wie seine taktischen Fähigkeiten. Um erfolgreiche Killer zu sein, müssen wir den Feind so entmenschlichen, daß wir nicht von Schuld belastet oder von Mitleid gelähmt werden. Hitler wurde an der Ostfront nicht zuletzt deshalb geschlagen, weil es ihm an Verständnis für die russische Psyche fehlte. Sein aufgeblasenes Bild von den Ariern und sein abschätziges Bild der Slawen machten ihn für die Erkenntnis blind, daß Mutter Rußland stets ihre Feinde umarmte, wartete, erdultete, litt und diese schließlich an ihrem weiten, winterlichen Busen frieren ließ und besiegte. Ähnlich kostete sein Ekel vor den Juden ihn das Genie von Einstein und möglicherweise die Atomwaffen, die es ihm erlaubt haben könnten, den Krieg zu gewinnen. Kurz, er brach die erste Regel des Krieges: Kenne deinen Feind.

Das Wesen der Heldentradition besteht im ehrenvollen Gehorsam gegenüber Regeln, die das Ausmaß und die Methoden des Kriegs begrenzen. In der einen Epoche mögen dazu arrangierte Schlachten auf Feldern gehören, über die man sich vorher geeinigt hat und auf denen sich Armeen wie Zinnsoldaten gegenüberstehen, ordentlich aufgereiht von zwanghaft netten Generälen. In einer anderen Zeit könnte es nur die Übereinkunft bedeuten, den Einsatz von Giftgas und chemischen Kampfstoffen zu verbieten oder Waffenstillstände zu respektieren. Bis vor kurzem beschränkte der soldatische Moralkodex Kriegführung auf die Kämpfenden. Ehrbare Krieger töteten keine Frauen, Kinder und andere Zivilisten. Natürlich haben Greueltaten immer den Krieg begleitet, aber sie galten als unter der Würde des disziplinierten, heldenhaften Kämpfers.

Mit dem systematischen Bombardement von Zivilbevölkerungen, das während des spanischen Bürgerkriegs in Guernica begann, sind die Unterscheidungen zwischen Kombattanten und Nicht-Kombattanten sowie die Tradition der Ritterlichkeit aus dem Krieg verschwunden; zurück blieb lediglich die abstrakte Tugend gehorsamer Pflichterfüllung. Die Kriegerklasse im modernen Staat wurde zunehmend von einer Ethik geleitet, die jede Grausamkeit im Namen der „Verteidigung" erlaubt, eine Ethik, die in klassischer Form von Leutnant Calley (dem Verantwortlichen für das Massaker in My Lai) ausgesprochen wurde: „Ich werde immer meine Pflicht gegenüber dem amerikanischen Volk über mein persönliches Gewissen stellen."

Teilweise ist Ritterlichkeit aus der modernen Kriegführung verschwunden, weil neue Waffenentwicklungen sie schwierig oder unmöglich machen. Ein Soldat mit einem Bogen oder einem Gewehr kann eindeutig zwischen einem militärischen und einem zivilen Ziel unterscheiden. Ein Bomber- oder Kampfpilot, der bei hohen Geschwindigkeiten Bomben abwirft, kann vielleicht gerade noch eine verschwommene Unterscheidung zwischen Schuldigen und Unschuldigen treffen. Doch Nuklearwaffen äschern demokratisch alle Feinde innerhalb eines gegebenen Gebiets ein. Wie General S.L.A. Marshall bemerkte:

> „Das wahre Ziel, nicht nur von Atomwaffen, sondern von Raketen und modernen Bomberflotten, ist die physische Zerstörung einer Gesellschaft. Vorzuschlagen, daß diese Superwaffen nur auf militärische Einrichtungen gerichtet werden sollen, entspräche der Aufstellung von schwerer Artillerie, um auf Tonpfeifen zu schießen; sie sind nicht in erster Linie für solch begrenzte Ziele geschaffen ... Wir erleben hier ... eine merkwürdige Verkehrung, bei der die zivile Masse zum Schutzschild für die Militärverbände wird."[22]

Mit dem Aufkommen der Nuklearraketen wurde die Tiefe des Schlachtfelds so weit ausgedehnt, daß es die ganze Erde und das Weltall gleichermaßen umfaßt.

Politiker und einige Berufsmilitärs geben noch immer gern vor, ein nuklearer Schlagabtausch könne auf mannhaftes Beschießen zwischen gepanzerten Raketenstellungen im entlegenen Wyoming oder Sibirien begrenzt werden. Doch die Vorstellung nuklearen Rittertums ist Unsinn. Statt die Zivilbevölkerung zu schützen, versteckt das Militär sich jetzt unter den Röcken von Frauen und Kindern.

Ohne konventionelle Waffen und konventionelle Kriege kann der Berufssoldat nicht die Art von Gefechten führen, für die er ausgebildet wurde. Einige erkannten das früh. Den Krieg durch Menschheitsmord zu ersetzen, bedeutet, daß der Kämpfer im Geiste arbeitslos wird. Er kann nicht länger Tapferkeit beweisen, kann nicht mehr sein Volk vom Feind befreien, kann nicht mehr die Unschuldigen hinter sich schützen, kann nicht länger die Unsterblichkeit des Helden erlangen. Die Kernwaffen haben den heldenhaften Krieger kastriert, ihm seine Waffen, sein Schlachtfeld und seine Ehre genommen.

Lawrence von Arabien
Der romantische Held des Ersten Weltkriegs
James Bey, 1918

Selbstbildnis: Der Nazi als Held
Zweiter Weltkrieg

Der Feind als Abstraktum

Die Ausführung der Air-Land *Battle-Doktrin wird von unserer Fähigkeit abhängen, die Informationen weiterzuleiten, die wir aus Mikroprozessoren, Computernetzen und Datenverarbeitungsanlagen erhalten, welche für das neue System unverzichtbar sind. Der Chip ist der technologische Schlüssel zur neuen Doktrin – das Gegenstück zum Einsatz des Benzinmotors im Blitzkrieg.*

Generalmajor John Woodmansee, jr.

Der Gipfel der Beleidigung

Die moderne Kriegstechnologie verändert schrittweise unser Denken über den Feind. Sowohl die heroischen als auch die schmähenden Bilder werden in dem Maß von sterilen Konzepten ersetzt, in dem die Reichweite unserer Waffen von uns nicht mehr verlangt, jene zu achten oder zu hassen, die wir umbringen wollen. Der Raketentechniker oder Bomberpilot sind so weit von ihrem „Zielobjekt" entfernt, daß sie sich nicht dem Blutbad konfrontieren müssen, das sie anrichten. So erzählte mir ein Pilot, der in Vietnam diente: „Mir ging es solange gut, wie ich Missionen in großer Höhe ausführte, aber wenn ich heruntergehen und mit Bordwaffen schießen mußte und die Gesichter der Leute sehen konnte, die ich tötete, wurde ich sehr verstört." Der Krieger alten Schlages brauchte große körperliche Kraft und Beweglichkeit, einen leidenschaftlichen Haß und die Fähigkeit, Geschmack am Töten zu finden. Er war entweder ungestüm, stolz, arrogant, dominierend, angeberisch, ein Freund von Grausamkeit oder tot. Der moderne Krieger muß im Gegensatz dazu ein Spezialist sein, mit kühlem Kopf und emotional unvoreingenommen. Er gewinnt nur die Oberhand, wenn seine Berechnungen richtig sind und sein Verstand, von Leidenschaften ungetrübt, sich die Gunst der Effizienz bewahrt. Es ist der Aufmerksamkeit der Militärführung nicht entgangen, daß der heutige und zukünftige Krieger alle Tugenden eines Computerexperten und Video-Spielers aufweisen wird.

Der Wandel von der Heldentradition zum modernen Soldaten ist der von

Nähe	zu	Distanz
Heiß	zu	Kalt
Mut	zu	Berechnung
Haß	zu	Gefühllosigkeit
Körperlichem Ungestüm	zu	Intellektueller Genauigkeit
Persönlicher Initiative	zu	Bürokratischer Kooperation
Kühnheit	zu	Gehorsam.

Früher, als es um den Sieg in der Entscheidungsschlacht ging, mußte ein Krieger aggressiv, ungeduldig und zu spontaner Aktion bereit sein. Heute sind die wesentlichen Merkmale der Kriegführung, Stellungen einzunehmen und zu halten, die Bedrohung der nuklearen Auslöschung glaubwürdig zu vertreten und Pattsituationen zu schaffen. Deshalb wird ein

Die Uniform ist ein Erkennungszeichen der Mechanisierung des Lebens, des Aufkommens von Massenbewußtsein, der Unterwerfung unter Autoritäten, der Unterdrückung des Gewissens, des Triumphs der Anonymität, der Seuche der Abstraktion

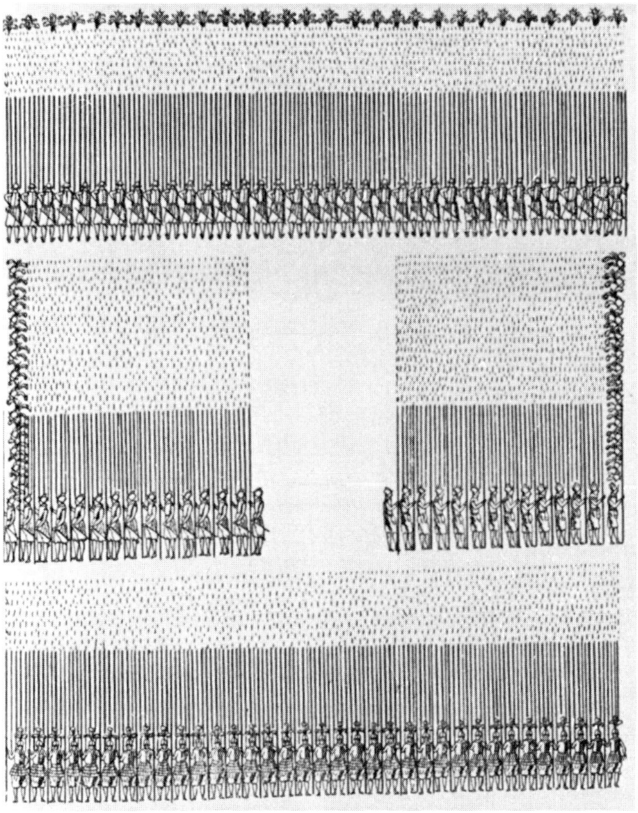

Englische Idealisierung alt-griechischer Kriegführung

anderer militärischer Persönlichkeitstyp gebraucht. Die nationale Militärakademie bietet einen Kurs mit dem Titel „Entwicklung von Managementfertigkeiten" an, der auf die Herausbildung einer Persönlichkeit gerichtet ist, die ISTJ genannt wird – eine Abkürzung für introvertiert (I), analytisch *(Sensing)*, denkbetont *(Thinking)* und beurteilend *(Judging)*. Die Studenten werden mit dem Typenindikator von Myers-Briggs untersucht, einem Test, der auf der Theorie von C. G. Jung basiert und mißt, ob jemand introvertiert oder extravertiert ist, intuitiv oder analytisch, denk- oder gefühlsbetont und beurteilend oder unmittelbar wahrnehmungsorientiert *(perceptive)*. Die ISTJs suchen gern nach fertigen Antworten, sie wollen die richtige Antwort wissen. Dieser Persönlichkeitstyp ist der gleiche wie beim Unternehmensmanager – er trifft objektive Entscheidungen. Nach Ansicht des Psychologen Otto Kroeger, einem Berater der US-Armee, ist

> „diese Unternehmenspersönlichkeit etwas ziemlich Neues beim Militär, und sie hilft zu erklären, warum die Studenten bei Kriegs-Planspielen Abschreckung der Vernichtung vorziehen. Die Armee der Friedenszeit hat nicht den George-Patton-Typ. Die wurden ausgemustert. Ich kenne eine Reihe, die in den letzten zehn Jahren vorzeitig aus dem Dienst ausgeschieden sind. Die Aktionstypen, die hartge-

Eine gefährliche Form des Technizismus hat von unserem Denken Besitz ergriffen, die Amerikaner dazu führt, in Vietnam nicht mehr zu sehen als einen „Job, der erledigt werden muß" – durch die Anwendung von „amerikanischem Know-how".

Robert Jay Lifton

Die Logik der Feindschaft
Spanien. Maximo. © Cartoonists and Writers Syndicate

sottenen, risikobereiten, wagemutigen Teufel sagten: ‚Ich bin nicht gekommen, um Papiere hin und her zu schieben. Ich ging zur *Action Army,* und hier gibt es keine *Action*'".[23]

In dem Maß, wie der moderne Krieger sich zusehends auflöste und der Krieg zu einer intellektuellen und technischen Angelegenheit wurde, ist der Feind mehr und mehr auf eine Abstraktion reduziert worden.

Diese Entwicklung begann mit der Einführung der Trommel und der Uniform. Männer zu zwingen, im Gleichschritt zu marschieren und sich in einer Weise zu kleiden, die alle Unterscheidungen auslöschte, nahm ihnen das Element von Individualität, das in der heroischen Kriegführung entscheidend war. Feinde und Verbündete sind alle gleichermaßen ziemlich düster oliv oder eintönig grau. Wie eine „Einheit" in einer Gesellschaft, die von Massenproduktion regiert wird, wurde der Soldat zu einem Standardfunktionär herabgesetzt. Er ist Teil einer gutgeölten Kriegsmaschine, und seine höchste Tugend ist es, effizient zu funktionieren, und dazu gehört, den Befehlen seiner Vorgesetzten zu gehorchen. Der Feind ist nur ein Hindernis, eine Störgröße, die man beseitigen muß.

Gelegentlich benutzen wir Maschinen-Bilder, um den Feind zu entmenschlichen. Wir unterstellen, er sei ein Automat, ein geistloses Geschöpf, das von einer höheren, aber dämonischen Intelligenz programmiert wird. Der Feind als Automat ist eine aktualisierte Version des Feindes als Marionette. In beiden Fällen steht die Vorstellung im Mittelpunkt, er habe keinen unabhängigen Willen und werde von etwas außerhalb seiner selbst beherrscht. Deshalb sollten wir, wenn wir ihn erledigen, nicht mehr Gewissensbisse haben, als wir es bei der Zerstörung eines Roboters hätten. Die Maschine hat keine Seele.

Der Feind als Ausbeuter

1

2

3

4

5

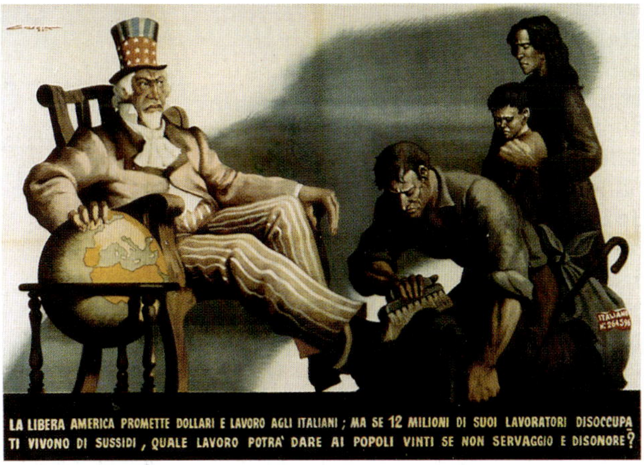

6

1. Nazi-Wahlplakat, 1930 **2.** Italien, II. Weltkrieg **3.** Die USA „melken" Südamerika aus, UdSSR **4.** Deutschland, 30er Jahre **5.** Der fette Kapitalist, UdSSR, 30er Jahre **6.** „Die USA versprechen den Italienern Dollars und Arbeit, aber wenn sie im eigenen Land 12 Millionen Arbeitslose haben, die von der Wohlfahrt leben – was wollen sie da den eroberten Ländern geben außer Knechtschaft und Schande?", Italien, II. Weltkrieg

Der Feind als Krimineller, Folterer, Sadist

1

2

3

4

5

1. Die Gangster, Italien, II. Weltkrieg **2.** Kapitalist und Militarist foltern den patriotischen Genossen, China, 20er Jahre **3.** „Gesucht: Der Feind der Menschlichkeit. Belohnung: Frieden, Souveränität, Freiheit", Nicaragua, 1983 **4.** Während des I. Weltkrieges brachte die britische Presse häufig Berichte über Greueltaten deutscher Soldaten, die Frauen und Kindern die Hände abgeschnitten haben sollen. Spätere Untersuchungen zeigten, daß die Anschuldigungen grundlos waren **5.** Ein (Süd-)Vietnamese eifert Hitler nach, UdSSR **6.** „Einmal ein Deutscher, immer ein Deutscher". Das britische Plakat „erinnert" daran, daß der Nachkriegs-Kaufmann (rechts) derselbe ist, der im Krieg Kirchen, Krankenhäuser und Schiffe zerbombt und sich als Mörder, Vergewaltiger und Räuber aufgeführt hat

6

1

2

3

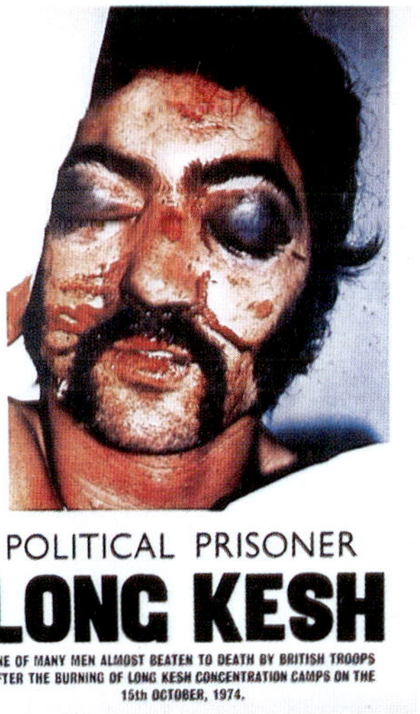

4

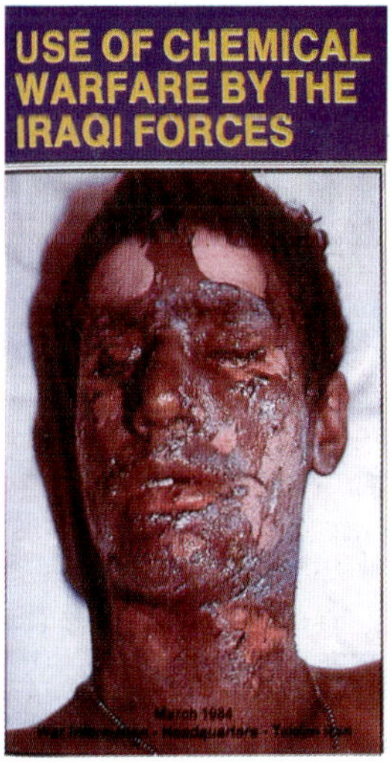

5

1. Die USA verletzen die Menschenrechte (und schänden ihren eigenen Vorkämpfer für die Sklavenbefreiung, Abraham Lincoln), UdSSR **2.** England, in der Gestalt der Lady Macbeth, versucht vergeblich das Blut von den Händen zu waschen, das nach den Bombenangriffen auf deutsche Städte an ihnen klebt, Deutschland, II. Weltkrieg **3.** Katyn. Russen und Deutsche haben bis heute versucht, sich das Massaker an polnischen Offizieren anzulasten, Frankreich, II. Weltkrieg **4.** Ein Plakat der IRA, das an die Behandlung irischer Gefangener durch die Engländer nach der Zerstörung des Lagers Long Kesh (Nordirland) erinnert **5.** Die irakischen Streitkräfte benutzen chemische Waffen, Iran, 1985

Der Feind als Vergewaltiger, als Schänder von Frauen und Kindern

1

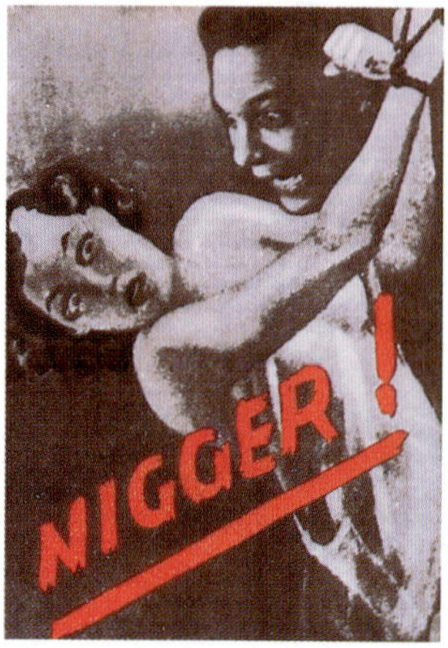

2

3

4

1. In einem Bild vereint sind die Klischees vom Untier, vom Barbaren und Vergewaltiger: „Zerstört dieses verrückte Vieh – tretet in die Armee ein“, USA, I. Weltkrieg **2.** Italien, II. Weltkrieg **3.** Das ist der Feind, USA, II. Weltkrieg **4.** „Erlöse uns von dem Übel“. Pornografische Reize sollen den Betrachter auf die Schandtaten des Feindes aufmerksam machen, USA, II. Weltkrieg

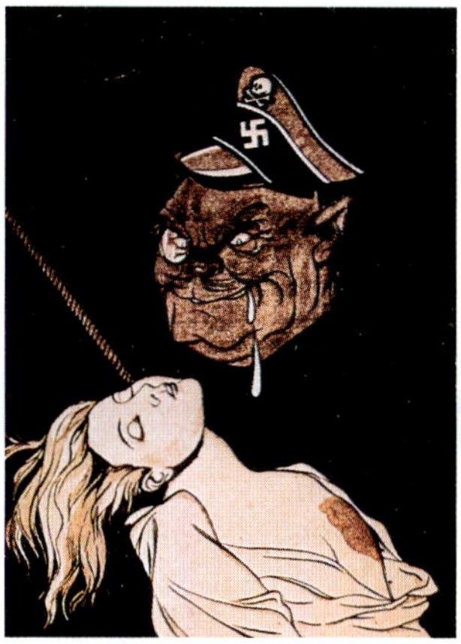

1

2

3

4

1. UdSSR, II. Weltkrieg **2.** Die ertrunkene Mutter mit ihrem Kind spielt auf die Versenkung der „Lusitania" durch die Deutschen an – Auslöser für den Kriegseintritt der Amerikaner, USA, I. Weltkrieg **3.** „Rettet mich, Brüder!", Italien, I. Weltkrieg **4.** Heimkehr des Bomberpiloten: Wieviele Kinder und Kirchen hast Du heute zerstört, Liebling?", Deutschland, II. Weltkrieg **5.** Der Bolschewismus zerstört die Familie, Italien, II. Weltkrieg **6.** Das ist der Feind, USA, II. Weltkrieg

5

6

Sex und Krieg

„Unsere" Soldaten achten die Frauen, und die wiederum werden in heroischen weiblichen Rollen gezeigt: Als Krankenschwester, Mutter, Helferin, Muse, Kameradin des kämpfenden Mannes. „Ihre" Soldaten dagegen sind Vergewaltiger und Kinderschänder. Die Frauen des Feindes sind entweder selbst Opfer oder aber Verführerinnen, die durch Brutalität sexuell erregt werden.

1

2

3

4

1. Die unschuldige Schwester als „Guter Geist Amerikas" **2.** Die Verführerin: „Ich will Dich (für die Marine)" **3.** Der „Gute Geist Frankreichs", II. Weltkrieg **4.** Hitlers Muse

1

2

3

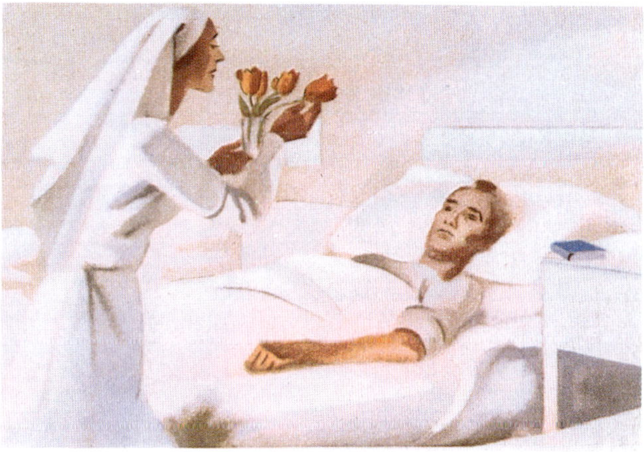

4

5

6

1. Die Helferin, Italien, II. Weltkrieg
2. Die Heldenmutter: „Verratet meinen Sohn nicht!“, Italien, II. Weltkrieg
3. Der Schutzengel des Kämpfers, Italien, II. Weltkrieg **4.** Die reine Krankenschwester pflegt den Krieger, Italien, II. Weltkrieg **5.** Waffen-Kameraden, Italien, II. Weltkrieg **6.** „Vietnam muß gerettet werden“, China

Der Feind als Tod

1

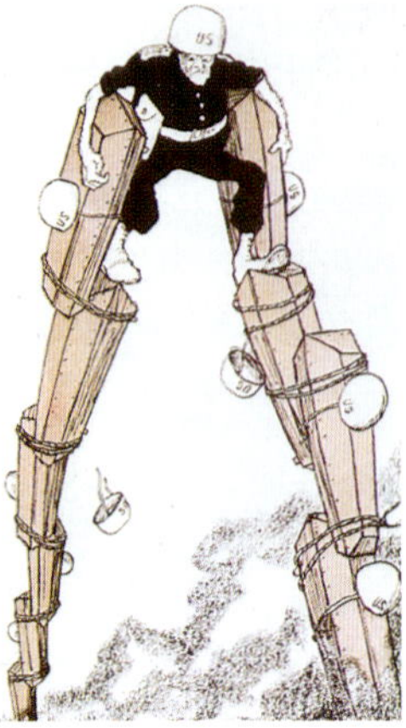

2

3

4

5

1. Die USA als maskierter Tod, UdSSR **2.** Die USA stelzen über Leichen – auch ihre eigenen (in Vietnam), UdSSR **3.** Deutschland, II. Weltkrieg **4.** „Die ausländischen faschistischen Horden wollen in unser Land eindringen. Antifaschisten! Versperren wir ihnen den Weg. Begraben wir sie in unserer Erde", Spanischer Bürgerkrieg, 1936 **5.** Der Feind als hühnerfüßiger Tod, Nicaraguanische Wandmalerei

Häufiger, als dem Feind wenigstens das Mindestmaß an Würde einzuräumen, das wir Maschinen zugestehen, blenden wir ihn einfach aus unserem Blickfeld aus und tun so, als gebe es ihn gar nicht. Robert Bathurst berichtet, daß in den siebziger Jahren das US-Marinecollege auf die Idee kam, die Erforschung des Krieges könne von den Menschen losgelöst werden. Nach Vietnam herrschte ein Gefühl, daß das Reden von Krieg und Feinden unmoralisch und überholt sei und daß man diese Themen zustimmungsfähiger machen könne, indem man sie entnationalisiere und universalisiere. Daher wurden alle spezifischen Bezüge auf die Sowjets als Feinde aus Lehrbüchern getilgt, und man erzählte den Männern, sie würden kämpfen, um „Landstriche“ zu verteidigen. „Durch solche Planungen werden Streitkräfte tendenziell in gewaltige Überfallkommandos verwandelt, die in eine benachbarte Gegend gesandt werden, die sie nicht kennen, um einen schwer identifizierbaren Feind zu bekämpfen, einen Feind mit technischen Merkmalen, aber ohne menschliches Gesicht.“[24]

Nirgends wurde das statistische, abstrakte Feindkonzept offenkundiger als bei der amerikanischen Praxis in Vietnam, Kriegs„fortschritte“ durch die tägliche Bekanntgabe von „Leichenzählungen“ zu bestimmen. Unter diesen Bedingungen war alles, was man brauchte, um einen Feind zu definieren, ein Leichnam. So lautete ein beliebter Spruch: „Wenn er tot ist, ist es ein Vietkong.“ Der Feind ist nur eine Zahl in unseren mathematischen Berechnungen. Er ist einer von sechs Millionen getöteten Juden, 20 Millionen Russen, 8000 Sandinisten, 36 arabischen Terroristen, 250000 Hindus und so weiter.

Ein Berufssoldat mit viel Kampferfahrung, Oberst Anthony Herbert, übersetzt die pathetische Sprache der Abstraktion in die tragische Wirklichkeit:

„Zu sagen, es sei kein sehr wichtiger Tag gewesen, weil das Zweite Bataillon bloß zwei NVA-Tote hatte, erscheint lächerlich; es war ein verdammt wichtiger Tag für diese

„Die Bedrohung: Ihre ist größer als unsere“
USA, Verteidigungsministerium, 1985

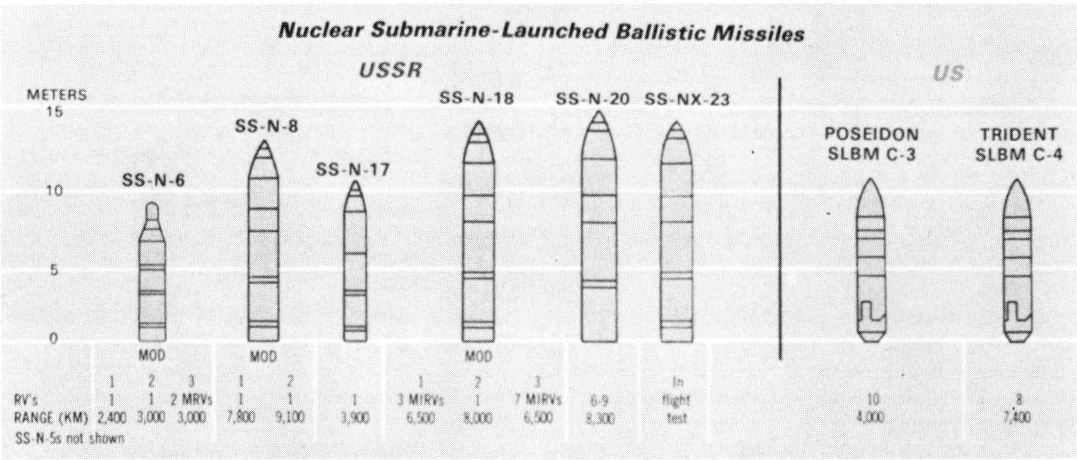

beiden toten Männer. Wenn auch nur ein einziger Mann starb oder seine Finger abgeschossen bekam oder seine Beine zerschmettert wurden oder er sein Gehör oder sein Augenlicht verlor, dann war das eine höllisch verlustreiche Schlacht – besonders, wenn man zufällig selbst derjenige war, den es an diesem Tag traf. Das ist etwas, was Generäle und Präsidenten nie verstehen können – nur Mütter, Väter, Söhne, Töchter und Frauen ... Wenn in unserem Land irgend etwas als Folge des Vietnamkrieges geschehen ist, dann ist es unsere nationale Infektion mit der Krankheit der Zahlenspiele. Wir reduzierten das Blut und das Leiden, den Tod und die Vernichtung auf bloße Ziffern, und indem wir das taten, reduzierten wir unsere eigenen Seelen. Zahlen sterben nicht; Menschen tun es. Spalten von Graphiken fallen bei der Explosion einer Bombe nicht in Stücke; Menschen tun es. Statistiken bluten nicht, und wer seinen Krieg zu einem Krieg der Zahlen machen kann, kann unbesorgt schlafen. Die meisten Generäle und Präsidenten schlafen gut.“[25]

Die alten Metaphern von Teufel und Bestie hausen noch immer in unserer politischen Sprache, vor allem, wenn wir „primitivere“ Feinde in der „Dritten Welt“ wie Ghadafi oder Khomeini charakterisieren. Doch im Hauptkonflikt zwischen den Vereinigten Staaten und der Sowjetunion stellen die visuellen Bilder, die wir am häufigsten verwenden, keine Person, keinen Dämon, keine Bestie dar, sondern das augenblickliche Waffensystem des Feindes. Die Feindvorstellung ist modernisiert worden. So wie das Magazin TIME vor einigen Jahren einen Computer zum „Mann des Jahres“ kürte, so ist der Feind des Jahres die aktuelle Militärtechnologie der anderen Seite. Die amerikanische ist die Pershing-Rakete, die sowjetische die SS 20. Um auszumalen, was

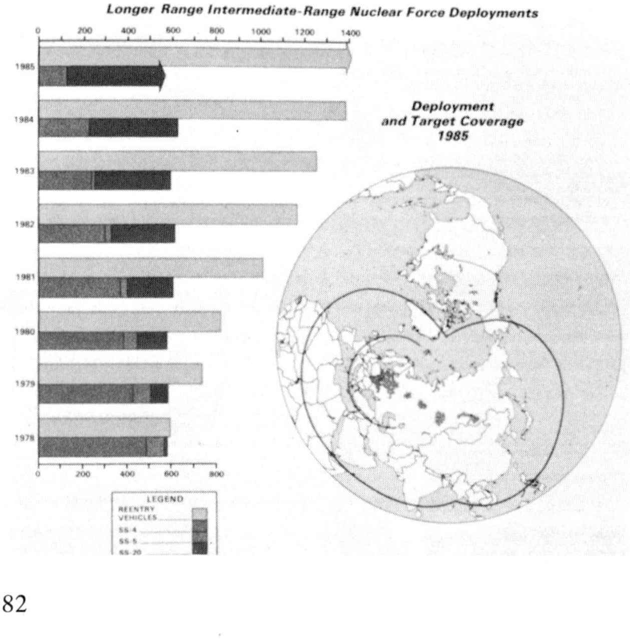

Die Welt als Zielobjekt
USA, Verteidigungsministerium, 1985

beide „*die* Bedrohung" nennen, bilden sowohl die USA als auch die Sowjetunion das gegenseitige Militärmaterial ab – Panzer, Geschütze, Bomber, Jagdflugzeuge, Raketen. Wir bieten ausgefeilte Graphiken dar, zitieren Vergleichsstatistiken über Feuerkraft und Vernichtungskapazität und streiten darüber, wessen Waffen für den Erstschlag und wessen zur Verteidigung bestimmt sind. Es ist, als seien Menschen von der Bildfläche verschwunden und erwarteten wir, daß der nächste Krieg zwischen Waffensystemen ausgetragen wird, die durch vorprogrammierte Computerszenarios gelenkt werden. Tatsächlich wird diese Schreckensversion eines automatisierten, unpersönlichen Krieges zunehmend wahrscheinlich, weil unsere Computer immer empfindlicher und unsere Waffen immer schneller werden. Wir stehen vor der Gefahr eines zufälligen Weltuntergangs, ausgelöst von Computern, die so programmiert sind, daß sie auf ein Warnsignal hin gleich die Raketen losschicken.

In kleinerem Maßstab ist das „automatisierte Gefechtsfeld" der Zukunft, auf dem Maschinen (für die technisch führenden Nationen) die Menschen ersetzen, bereits Wirklichkeit. Gegen Ende des Vietnamkrieges gab es

Amtsdeutsch ist meine einzige Sprache.

Adolf Eichmann

„auf dem Ho-Chi-Minh-Pfad in Laos ein Projekt, bekannt als *Igloo White*, bei dem man akustische und seismische Sensoren – Geräte, die hochempfindlich auf Geräusche und Erschütterungen reagieren – an langen Lanzen angebracht hatte, die aus Hochgeschwindigkeitsflugzeugen abgeworfen wurden und in einer Reihe im Boden steckten. Mit Sendern ausgestattete Mikrophone, die per Fallschirm in die Nähe der Lanzen plaziert werden, zeichnen Informationen von den Sensoren auf und übertragen sie an ein Aufklärungsflugzeug, das über dem Gebiet kreist. ... Nach Eingabe in einen Computer werden die Informationen von ‚erfahrenen Zielanalytikern' ausgewertet, die entscheiden, ob sie auf feindliche Streitkräfte, befreundete Truppen, Lastwagen, Tiere oder sonst etwas schließen lassen. Wenn die Entscheidung ‚Feindverbände' lautet, wird ein Luftangriff in Gang gesetzt. ... Die Wahrnehmung ‚des Feindes' geht einzig und allein auf elektronische Rückmeldung in Form von Leuchtpunkten auf einem Bildschirm zurück" (Robert Lifton).[26]

Lifton fährt fort zu kommentieren, diese endgültige Reduktion des Feindes auf ein Radarzeichen erfordere nicht einmal, daß der elektronische Krieger den psychologischen Prozeß der Herabwürdigung des Feindes zu einem „*Gook*" durchläuft – einem schmutzigen, schleimigen, totenblassen Objekt, das ohne Schuldgefühle brutal mißhandelt und umgebracht werden kann. Die Greuel, die Bomberbesatzungen aus großer Höhe begehen, von weit her durch Techniker gelenkt, sind nicht so sehr in-human als vielmehr a-human. Der gefühlstaube Soldat muß seinen Feind nicht entmenschlichen, weil er nie irgendeine emotionale Berührung mit seinen Opfern hatte.

Robert McNamara definierte die Fähigkeit, 20 bis 33 Prozent der Bevölkerung eines Gegners und 50 bis 67 Prozent seiner Industrie zu vernichten, als „einen unakzeptablen Grad der Beschädigung“, als er versuchte, genau festzulegen, was die strategischen Streitkräfte der USA für eine wirkungsvolle Kriegsabschreckung leisten müßten.

Robert Woito

Um zu erkennen, wie vollständig wir den Feind entmenschlicht und eliminiert haben – sogar bis dahin, ihn nicht mehr eines Bildes zu würdigen, das wir hassen können –, müssen wir die beschönigende Sprache der modernen Kriegführung betrachten. Unsere Waffen sind so unterschiedslos allesvernichtend geworden, daß wir uns den Feind gar nicht genau anschauen dürfen, auf den sie niedergehen werden. Sich vorzustellen, was Nuklearwaffen anrichten werden, würde vom „Nike“-Techniker, vom Computerspezialisten, Spieltheoretiker und modernen General verlangen, sich einzugestehen, daß er ein Verbrechen gegen die Menschlichkeit in Erwägung zieht, demgegenüber Hitlers Vernichtungslager ein Klacks waren. Sich die Millionen sowjetischer oder amerikanischer Männer, Frauen und Kinder vor Augen zu führen, die schon durch eine kleine atomare Explosion zu Asche würden, könnte uns den Appetit verderben. Solange wir aus sicherem Abstand töten wollen, ohne uns die Hände schmutzig zu machen, müssen wir uns die Vorstellung der Wirkungen unserer Waffen verkneifen und jegliches Bewußtsein vom Feind als Menschen restlos beseitigen. Unsere neue Sprache des Krieges ist kein Zufall. Der Luftwaffenoberst, der die Titan-II-Rakete mit einem Neun-Megatonnen-Gefechtskopf als „potentiell als Boden-Boden-Rakete verwendbares System mit einer gewissen Durchschlagskraft“ bezeichnete (und 1983 von der Nationalen Vereinigung der Englischlehrer mit dem amerikanischen Preis für „Doppelsprache“ ausgezeichnet wurde), hätte auch den Adolf-Eichmann-Gedächtnis-Preis verdient. Wenn ein Raketensprengkopf so verharmlost wird, die Ermordung von Zivilisten zu einem „Nebenverlust“, die Zerstörung von Städten zu einem „Gegenwert“, eine MX-Rakete zum „Friedensstifter“, eine Schlacht zur „Kampfhandlung“, die Verseuchung ganzer Gebiete mit *Agent Orange* zu einer „Umwelt-Anpassung“ und der Frieden zum „permanenten Vorkriegszustand“, dann haben wir das Ende der Entmenschlichungs-Skala erreicht: Punkt 100 auf einer Skala mit hundert Punkten. (Übrigens wurde die „Invasion“ auf Grenada vom US-Verteidigungsministerium zuerst in eine „Befreiungsaktion“ und dann in einen „Luftlandeeinsatz vor Tagesanbruch“ umdefiniert.) Wenn der Soldat nur noch technische Entscheidungen losgelöst von moralischen

Erwägungen trifft, wird der Feind zu einer Ziffer, einer statistischen Einheit reduziert. Sowohl der Kämpfer als auch der Feind sind verschwunden. Keine lebendige, fühlende, mit sich ringende, tragische, grausame, mitleidsvolle, mutige, furchtsame, angsterfüllte Person ist übriggeblieben auf dem Schlachtfeld, das nun die ganze Welt geworden ist. Nur Maschinen kämpfen gegen andere Maschinen. Kein Wunder, daß Militärfuturisten, wenn sie über die menschlichen Aspekte der Luft-Boden-Schlacht 2000 spekulieren, uns den höchsten Triumph und das verdiente Schicksal der historischen Einheit von *Homo faber* und *Homo hostilis* präsentieren:

> „Die menschlichen Aspekte von *Airland Battle 2000* sind von elementarer Bedeutung, und wir haben dazu weit mehr Fragen als Antworten. Werden Soldaten auf dem Schlachtfeld des Jahres 2000 existieren können? Oder malen wir uns eine derart technisierte feindliche Umgebung aus, daß Soldaten darin nicht unterzubringen sind? Wir erwarten, zusätzlich zu zahlreicheren und schlimmeren körperlichen Verwundungen, mehr Versehrte durch psychischen Streß. Ganze Gefechtsmannschaften aus Berufssoldaten könnten zusammenbrechen; Kommandeure müssen möglicherweise ausgetauscht oder Doppelkommandos eingerichtet werden. Psychotechnische Maßnahmen könnten erforderlich sein, um unsere Soldaten genauso gegen Streß zu immunisieren, wie wir sie heute gegen Krankheiten immunisieren.“[27]

Wenn der Krieg so schrecklich geworden ist, daß wir nicht mehr den Gedanken an jene ertragen können, die wir vernichten, und wenn wir darüber nachdenken müssen, eine neue Sorte von Menschen „heranzuzüchten“, die dem

In Präsident Johnsons diensttäglicher Mittagsruhe diskutierten Politikplaner, wieviel Bombardement und Beschuß man gegen vietnamesische Dörfer einsetzen sollte. Die Streitfrage war geklärt, als ein stellvertretender Staatssekretär freimütig äußerte: „Mir scheint, unsere Orchestrierung sollte in diesem Fall hauptsächlich aus Violinen bestehen, aber mit gelegentlichen Trompetenstößen hier und da.“

Irving Janis

Hiroshima: Der vernichtete Feind; der Triumph der Abstraktion

Grauen standzuhalten vermag, dann sollte klar sein, daß *Homo hostilis* das Ende der Fahnenstange erreicht hat.

Wir stehen vor derart grundlegenden Entscheidungen, daß jede von ihnen unser Denken über uns selbst völlig verändern wird. Vielleicht werden wir alle Hoffnung, Menschen und am Leben zu bleiben, aufgeben und unser Schicksal als anonyme Opfer von „Raketensystemen mit gewisser Durchschlagskraft" hinnehmen. Wenn wir uns diesem Weg ohnmächtiger Verzweiflung verweigern, werden wir vielleicht unsere Technik unter Kontrolle bekommen, den Rüstungswettlauf umkehren und lernen, begrenzte Kriege mit minimaler Bewaffnung auszufechten. Oder wir nehmen möglicherweise die heldenhafte psychische, politische und geistige Aufgabe auf uns, unsere uralte Gewohnheit der Feindschaft zu ändern.

Der totale Krieg
Deutschland, Zweiter Weltkrieg

TEIL 2

Die Psychologie der Feindschaft

Wir sind dem Feind begegnet, und er ist – wir.

Pogo (Walt Kelly)

Die Ära des modernen, totalen Krieges ist fast zu Ende. Wir leben gegenwärtig in den letzten Tagen, in denen Menschen mit dem Schwert existieren können, ohne daß die Menschheit durch die Bombe unterzugehen droht. Die kriegerische Psyche, die lange genug all das beherrschte, was wir beharrlich die Geschichte der Zivilisation zu nennen pflegen, hat uns an den Rand des Selbstmords geführt – wenn nicht gar des „Weltmords". Entweder erwachen wir aus dem Alptraum der Gewalt, oder wir schlafwandeln in die Vergessenheit. Wahrscheinlich wird es während des langen nuklearen Winters kein Feuer geben, und kein Geschichtenerzähler wird übriggeblieben sein, um die Erinnerung zu bewahren, daß unsere Generäle und Staatsmänner die Führer einer Rasse von Lemmingen waren, die mit der Gabe der Vernunft und der Fähigkeit zum Mitgefühl ausgestattet waren, was uns zu menschlichen Wesen hätte machen können.

Immer deutlicher wird offenkundig, daß unsere „realistischen" Denkweisen über Kriegführung und Feinde moralisch und intellektuell bankrott, eine Täuschung und selbstzerstörerisch sind. Bis heute ist Krieg, gemäß der Formel von Clausewitz, als „eine Fortsetzung der Politik mit anderen Mitteln" betrachtet worden. Und der Frieden war meistenteils ein höflicher Krieg auf Raten. Politik und Kriegführung dienten einem gemeinsamen Eroberungsziel von Stämmen und Nationen. Und die Kriegerseele hat ihre Herrschaft nicht nur durch Waffen und die Androhung von Gewalt aufrechterhalten, sondern auch, indem sie unerschütterlich die Illusion kultivierte, „der Feind" sei ein objektives Faktum der äußeren Welt.

Neben unserer lebensbejahenden, „bio-philen" Seite haben wir auch eine lebensfeindliche, „nekro-phile" Seite
Robert Osborn: *Mankind may never make it!*, New York Graphic Society

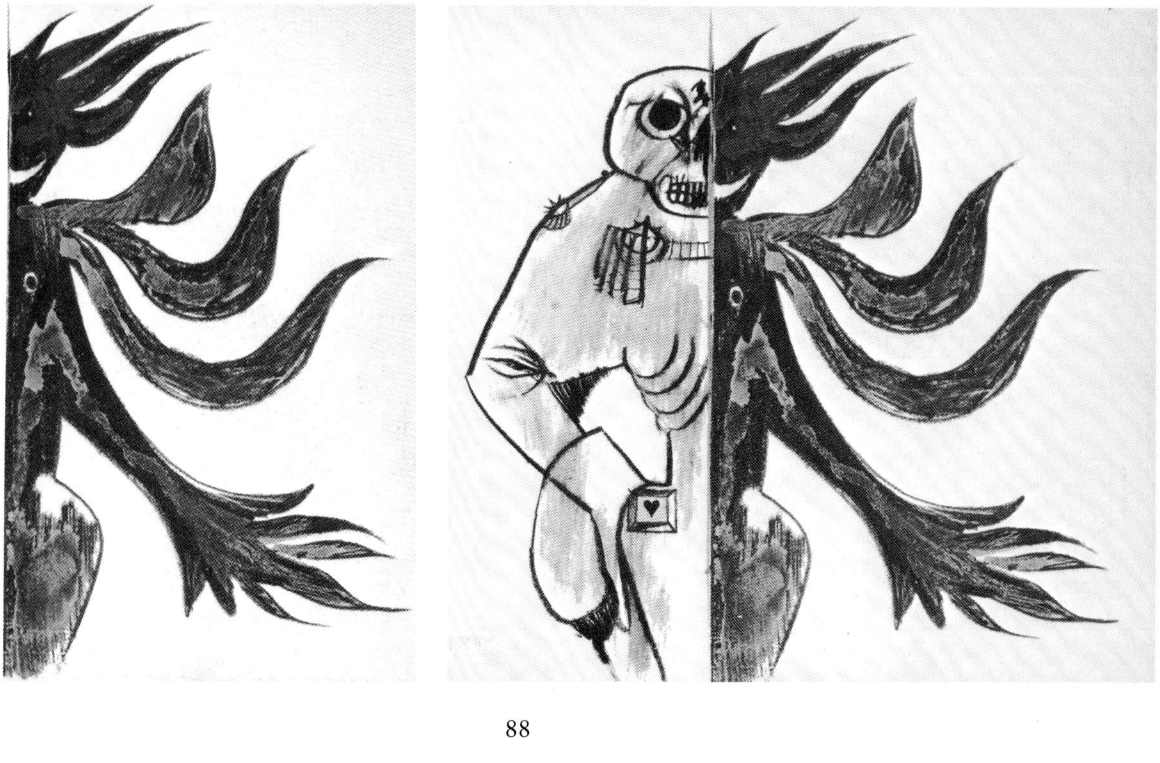

Wahnsinn ist etwas, das bei einzelnen selten vorkommt – aber in Gruppen, Parteien, Völkern, Zeitaltern ist er die Regel.

Friedrich Nietzsche

In Wirklichkeit war das meiste von dem, was sich als praktische Politik und rationale Kriegsführung gebärdete, ein Massenwahn, eine kollektive Schizophrenie. Selten ist Krieg eine wirkungsvolle Lösung für Konflikte. Deshalb greift unsere Suche nach erfolgversprechenden Lösungen für das Problem des Krieges viel zu kurz, wenn wir uns darauf beschränken, nach rationalen, äußeren, politischen Mitteln für das Beilegen von Konflikten Ausschau zu halten. Zweifellos wird die Gewohnheit des Kriegführens kein Ende finden ohne eine wirksame internationale Rechts- und Durchsetzungsinstanz und die Schaffung neuer politischer Institutionen sowohl innerhalb von als auch zwischen Nationen. Aber noch weniger wird sie beendet werden ohne den psychischen Wandel einer großen Zahl von Menschen.

Im Schlußteil dieses Buches – „Die Zukunft der Feindschaft“ – werde ich einige institutionelle Veränderungen vorschlagen, die wir verwirklichen müssen, wenn wir die Ära von *Homo hostilis* beenden und uns aus dem Kriegssystem lösen wollen. In diesem Teil werde ich die Psychologie der Feindschaft betrachten und die Aufgabe in Angriff nehmen, den Feind zu entmythologisieren, unsere Projektionen zu durchbrechen, das Unbewußte der Politik bewußt zu machen und der Tyrannei der Extravertierten ein Ende zu bereiten, einer Tyrannei, in der psychische Vorgänge politisiert wurden und die uneingestandenen Ängste machtbesessener Männer die verborgene treibende Kraft dessen waren, was als die „reale“ Welt der Politik daherkam.

Vom Opfer zum Handelnden

Über die Wiederaneignung von Verantwortung

Heilung setzt ein, wenn wir das Schuld-Spiel beenden, wenn wir aufhören, die Verantwortung für Krieg irgendeiner mysteriösen äußeren Instanz zuzuschreiben, und es wagen, uns unseres Kurses der Gewalt bewußt zu werden.

Die Hauptverantwortung für den Krieg liegt nicht bei Schurken und bösen Männern, sondern bei mehr oder weniger anständigen Bürgern. Jedes tiefere Verständnis der sozialen Funktion von Kriegen führt zu dem Schluß, daß es die „guten“ Deutschen waren, die das soziale Umfeld schufen, auf dem die Nazis gediehen, ebenso wie es die „guten" Amerikaner, in Gestalt ihrer Soldatenpriester vom Schlage General Westmorelands, waren, die Leutnant Calley nach My Lai schickten. Lincoln sagte: „Der Krieg ist zu wichtig, um ihn den Generälen zu überlassen." Aber die psychologische Wahrheit ist noch sehr viel beunruhigender. Die Generäle sind die (bewußtlosen) Agenten einer (bewußtlosen) Zivilbevölkerung. Die anständigen Leute senden Armeen als symbolische Repräsentanten aus, die ihre verdrängten Schatten, ihre verborgene Feindseligkeit, unausgesprochene Grausamkeit, unannehmbare Habgier, ihre uneingestandene Rachsucht gegen strafende Eltern und Autoritäten, ihren unzivilisierten sexuellen Sadismus und ihre verleugnete Tierhaftigkeit in einem reinigenden Blutritual ausagieren sollen, das ihren Anspruch auf Rechtschaffenheit vor den beifälligen Blicken der Geschichte oder Gottes bestätigt. Kriegführung ist das politische Äquivalent zum individuellen Vorgang, den „Triumph der Rache" zu suchen, den Karen Horney als Wesensmerkmal der Neurose beschrieben hat.

Wir werden, was wir hassen.

Die beharrlichen Anstrengungen von Liberalen, Friedensfreaks und diversen Gruppen netter Menschen, die die Schuld für Kriege dem Pentagon, dem militärisch-industriellen Komplex oder irgendeinem anderen Ersatz für den Teufel zuweisen, sind nicht weniger ein Leugnen von Verantwortung, als die Schuld auf einen äußeren Feind zu verlagern. Das sentimentale Klischee „Die Menschen wollen keinen Krieg, nur ihre Führer" ist ein frommer Selbstbetrug, um ein ernsthaftes Nachdenken über das Problem zu vermeiden. Wir werden keinen Fortschritt dabei erzielen, die Wurzeln des Krieges freizulegen, wenn wir nicht unsere gemeinschaftliche Paranoia und die gemeinsame Verantwortung für das Übel annehmen. Die Politik wird sich nur ändern, wenn es eine Demokratisierung von Schuld, Verantwortung, Macht und Autorität gibt. Wir gewinnen politische Macht, indem wir, im Guten wie im Schlechten, Verantwortung für das Handeln unserer Führer annehmen. Auf lange Sicht haben Nationen die Führer, die sie verdienen.

Nötig ist kein leichtfertiges Bekenntnis, sondern eine politische Arbeit, ein Weg, eine Bewußtseinsbildung, der sich

Amerika als Polizist
Louis Dalrymple, 1905

Amerika als Heuchler
Joseph Keppler, 1891

eine Gemeinschaft solitärer Individuen verpflichtet fühlt. Reue läßt sich nicht in Massen üben. Die Last gemeinsamer Schuld kann nur von Individuen getragen werden, die empfindsam genug sind, ihr eigenes Bewußtsein und Gewissen zu prüfen. Dies ist der Weg der *Metanoia,* der Umkehr, der Veränderung des Denkens, des Umdrehens unserer Perspektiven, der Bewußtmachung der Projektion unserer Schatten auf den Feind.

Wenn wir Frieden wollen, muß jeder von uns beginnen, den Feind zu entmythologisieren; aufhören, psychische Vorgänge zu politisieren; müssen wir uns zu unseren Schatten bekennen; eingehend die Tausende von Arten studieren, wie wir unsere Selbstsüchtigkeit, Grausamkeit, Habgier und so weiter verleugnen und auf andere projizieren; uns bewußt werden, wie wir unbewußt eine Kriegerseele geschaffen und den Krieg in seinen vielen Erscheinungsformen verewigt haben:

1. *den Bürgerkrieg innerhalb des Selbst* – den inneren Feind, die Lähmung des Selbst-Bewußtseins, den Kampf zwischen „Ich sollte" und „Ich will", die Schlacht zwischen „guten" und „bösen" Teilen des Selbst;
2. *den Krieg zwischen den Geschlechtern* – Nahkampf in den erogenen Zonen, die Erzeugung von intimen Feinden, die Praxis der Verführung, Vergewaltigung und des Mackertums; das sadomasochistische Element in Sexual- und Familienbeziehungen, die Praxis von Überlegenheit–Unterlegenheit, Siegern und Verlierern;
3. *den politischen Krieg zwischen „uns" und „denen"* – wie unsere Psyche durch die gemeinschaftliche Paranoia, die Standardpropaganda unserer Gesellschaft und durch das Bollwerk unserer Feindbilder geformt wurde;
4. *die Schlacht gegen Natur und Leben* – das Maß, in dem wir geneigt sind, uns „gegen" etwas zu identifizieren, anzunehmen, wir müßten kämpfen, kontrollieren und beherrschen, um sicher zu sein; das Mißtrauen gegenüber uns selbst, anderen und dem Leben.

Natürlich werden Menschen, die sich mit ihrer persönlichen Feindschaft auseinandersetzen, nicht automatisch das Pro-

Unsere Feinde
Ed Stein, Rocky Mountains News

DENAZIFICATION–ANGLO-AMERICAN STYLE

"We'll dress him up differently, but his content suits us fine!"

Entnazifizierung – anglo-amerikanische Version
UdSSR, nach dem Zweiten Weltkrieg

blem des Krieges lösen. Ebenso sicher ist aber, daß die Politik des Kriegertums sich nicht ohne eine große Schar von Individuen ändern wird, welche die einsame Entscheidung getroffen haben, dem Weg der Metanoia statt der Paranoia zu folgen; die begonnen haben, Mitmenschlichkeit statt Konkurrenz und Kampf zu praktizieren. Oder, wie die Sache vor langer Zeit formuliert wurde: „Zieh' zuerst den Balken aus deinem Auge; danach sieh zu, wie du den Splitter aus deines Bruders Auge ziehest."

Ich glaube, die Initiative zum Weltfrieden ist an diesem Punkt der Geschichte vor allem den Nordamerikanern überlassen. Unsere Reue wird der Hauptfaktor dabei sein, die Zukunft der Feindschaft zu bestimmen. Zum Vergleich: Jeder Familientherapeut weiß, daß die gesündeste Person in einem kranken Familiensystem die meiste Verantwortung dafür trägt, den Konflikt und die Pathologie des Systems zu verändern. Aus verschiedenen historischen Gründen ist die Sowjetunion eine extrem paranoide Nation. Die Vereinigten Staaten sind ein bißchen weniger paranoid. Deshalb haben wir eine größere Verantwortung, Gesundheit herbeizuführen, zur Reue über unsere Fehler bereit zu sein, unsere Propaganda zu entmythologisieren. Nicht unsere Schuld am Weltkonflikt ist größer, sondern unsere psychologischen Möglichkeiten zu seiner Lösung sind es. Wenn es um die individuelle Aufgabe geht, den Feind anzunehmen, Metanoia zu praktizieren, sind wir alle gleich. Die Reise in den Dschungel des Schattens verlangt von jedem, der sie unternimmt, eine heldenhafte und einsame Anstrengung. Aber die Amerikaner haben zumindest einen breiten Zugang zu den unterschiedlichen Medien, zu Information und zu therapeutischer Hilfe, die notwendig sind, um aufrichtig selbstkritisch zu werden und sich aus dem Gefängnis der Stammes- oder Volksseele zu befreien.

Der Feind als Spiegel

Propaganda als verleugnete Wahrheit

Wenn ich als Kind vorwurfsvoll mit dem Finger auf meine Mutter zeigte, sagte sie immer: „Paß auf, wenn du mit dem Finger auf jemanden zeigst, weisen drei Finger auf dich zurück." Anschuldigen – „Projektionen", wie Psychologen das nennen – wird früh gelernt und bleibt als primitiver Abwehrmechanismus erhalten, als Methode, mit der wir auf magische Weise das Selbst spalten, das Gute für uns selbst beanspruchen und alles von uns wegschieben, was unsere

Eltern als schlecht betrachten. Je stärker die Gewohnheit des Anschuldigens, um so größer ist die Kluft zwischen dem bewußten Bild des „guten“ Selbst und den unbewußten Gefühlen des „bösen“ Selbst, und um so mehr Feinde erzeugen wir, denen wir die Last unseres verleugneten Selbst aufbürden können.

Wenn wir auf der Reise des menschlichen Geistes den Punkt erreichen, an dem wir bewußt werden wollen, müssen wir bereit sein, eher „echt“ als „gut“ zu werden. Unsere größte Kraftquelle besteht dann darin, das psychische Territorium zu erobern, das wir vorher dem Feind überlassen haben. Die Feindbilder sind der Spiegel, in dem wir unser noch unerkanntes Selbst erblicken können. Wenn, wie Freud sagte, der Traum der Königsweg zum Unbewußten ist, dann ist das Bild des Feindes – der Traum der Körperpolitik – der Königsweg zum kollektiven Unbewußten. „Liebe deinen Feind wie dich selbst“ ist nicht so sehr ein moralisches Vollkommenheitsgebot als vielmehr die Offenbarung des einzig möglichen Pfades zu Selbsterkenntnis und Selbstannahme.

Die erste Regel, um den in Feindbildern verborgenen Schatz zu entdecken, lautet: Hör’ zu, was der Feind über dich sagt, und du wirst die Wahrheit erfahren, die du unterdrückt hast. Um dich selbst besser zu verstehen, borge dir die Augen des Fremden, betrachte dich selbst von weit her. Laß’ das Vertraute fremd werden und das Fremde vertraut – die beiden Grundregeln der Kreativität. Höre die Rhetorik deiner Nation mit Mißtrauen und höre mit Anteilnahme den Argumenten des Feindes zu. Schütt’ den Apfelkorb um. Tu’ Buße. Ändere die Perspektive. Gönn’ deinem Auge (deinem Ich) eine Pause. Versuch’s mit einem anderen Kopf. Kehre deine Paranoia von innen nach außen; praktiziere Metanoia.

Wir werden dem Krieg kein Ende zu setzen beginnen, wenn wir bessere Waffen haben, sondern wenn wir wahrere Worte sprechen. Die Verknüpfung zwischen Lüge und Gewalt, Propaganda und Krieg ist seit langem bekannt. Im Zusammenhang mit dem Bürgerkrieg in Korkyra, 427 vor Christus, meinte Thukydides in „Der Peloponnesische Krieg“:

> „Um dem Wandel der Ereignisse gerecht zu werden, mußten auch die Worte ihre gängigen Bedeutungen ändern. Was früher als gedankenloser Akt der Aggression beschrieben zu werden pflegte, wurde jetzt als der Mut betrachtet, den man bei einem Angehörigen der eigenen Seite anzutreffen erwartete; an die Zukunft zu denken und zu warten, war nur eine andere Art zu sagen, daß man ein Feigling sei; jeder Gedanke an Mäßigung war nur ein Versuch, seinen unmännlichen Charakter zu verbergen; die Fähigkeit, eine Frage von allen Seiten her zu verstehen, bedeutete, daß man völlig untauglich zum Handeln war. Fanatische Begeisterung war das Kennzeichen des wirklichen Mannes, und eine Verschwörung gegen einen Feind hinter dessen Rücken anzuzetteln, war völlig berechtigte

Die USA mit den Augen des Vietkong gesehen

Selbstverteidigung. Jedem, der gewalttätige Ansichten vertrat, konnte man stets vertrauen, und jeder, der ihnen widersprach, wurde verdächtig. Erfolgreich Ränke zu schmieden, war ein Zeichen von Intelligenz, aber noch schlauer war es, zu erkennen, daß eine Verschwörung im Anzug war. Wenn jemand sich davor zu bewahren versuchte, daß er dergleichen auch tun müßte, zerstörte er damit die Einheit der eigenen Seite und handelte aus Angst vor den Gegnern. Kurz, es war gleichermaßen rühmenswert, gegen jemanden, der dabei war, etwas Falsches zu tun, seinen Schlag zuerst zu landen und jemanden zu denunzieren, der keine Absicht hatte, irgendetwas Falsches zu tun. Familienbeziehungen waren ein schwächeres Band als Parteizugehörigkeit, weil Parteiangehörige eher bereit waren, bis in jedes Extrem zu gehen, aus welchem Grund auch immer."

Konfuzius behauptete, wir könnten Harmonie in der Gesellschaft erlangen, wenn wir die Dinge richtig benennen. Frieden beginnt mit der Korrektur von Begriffen. Irgendwie

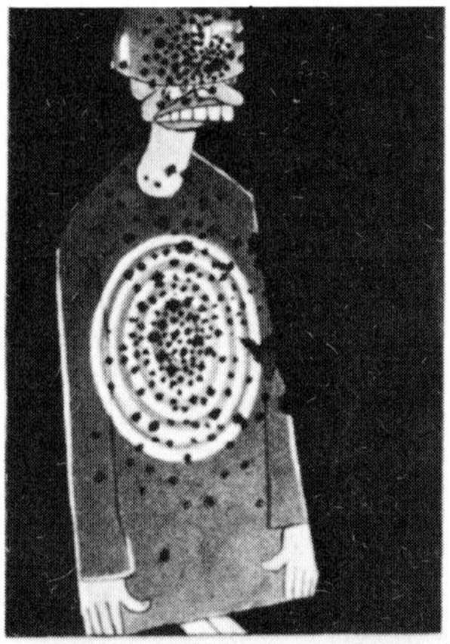

G.I. uniform

G.I. ration

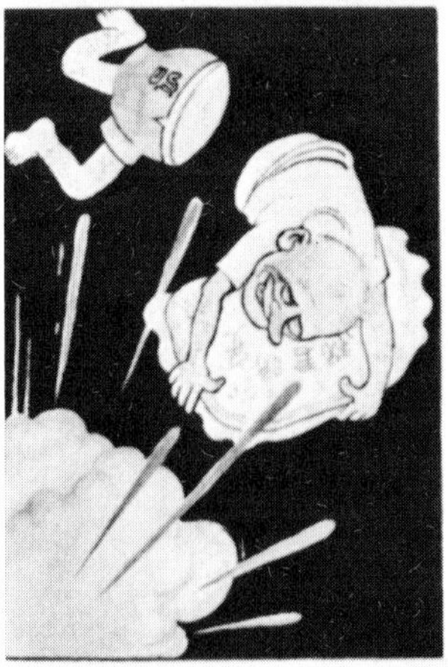

G.I. billet

G.I. feet

Der Feind aus Sicht des Vietkong

Ich bin der Staat. Wir sind der Staat
UdSSR

haben wir die offenkundige Bedeutung des Schöpfungsmythos der Bibel aus den Augen verloren. Als Gott menschliche Würde mit der Aufgabe verknüpfte, den Tieren Namen zu geben, ging es nicht darum, daß die Menschen den Herren über alle Lebewesen spielen sollten. Wir sollten Poeten sein, keine Eroberer. Das Wesen des Menschen, die Seele, das Selbst offenbart sich nicht in der gespaltenen Psyche des Kriegers, sondern in der heilsamen Wortwahl und Sprachmelodie des Dichters. Wir verlieren unser Wesen, wenn wir in Propaganda verfallen – falsches Benennen. Wir vertreiben uns selbst aus dem Garten des Geistes, wenn wir Sprache pervertieren und Akten der Zerstörung eine falsche Heiligkeit verleihen. Wenn wir Laster zu Tugenden erheben, werden wir unmenschlich.

„Über fünf Kontinente ausgedehnt wird in den kommenden Jahren ein endloses Ringen zwischen Gewalt und freundlichem Überzeugen stattfinden ... Deshalb wird der einzig ehrenhafte Kurs sein, alles auf ein riskantes Spiel zu setzen: daß Worte nämlich mächtiger sind als Geschosse."

Albert Camus

Vielleicht beginnen wir unsere kranke Spezies durch eine kleine, aber radikale Bekehrung der Sprache zu heilen, dadurch, daß wir aufhören, blinden Gehorsam gegenüber Autoritäten als ehrenvolle „Pflicht" zu heiligen oder die Bereitschaft, einen unbekannten Feind zu töten oder selbst zu sterben, „Mut" zu nennen oder den Geist der Rache auf den Namen „Ehre" zu taufen. Das Wort „Held" müßte dem Mann oder der Frau vorbehalten sein, die willens sind, die einsame Reise in die Tiefen des Selbst anzutreten, sich zu ihrem Schatten zu bekennen, die uralte Kriegerpsyche auszutreiben sowie die Macht und Autorität der Ganzheit zu entdecken. Das Wort „Mut" sollte dafür reserviert werden, den Mann oder die Frau zu kennzeichnen, die den kindischen Hort des Massendenkens verlassen und in der schöpferischen Angst des meditativen und reflexiven Bewußtseins leben. Und „Pflicht" könnte nichts Geringeres als die Weigerung sein, es einem nationalen Konsens des allgemeinen Narzißmus zu erlauben, das „transmoralische Gewissen" zu ersetzen, welches der wahre menschliche Instinkt für universelles Mitleiden ist.

Ich werde immer schuldig sein, solange ich überhaupt einer Nation angehöre. Doch es gibt kein gutes Leben losgelöst von einer Nation oder der anderen.

Glenn Gray

Die Grammatik der Umkehr

Wie man Reue übt und sein Feind-Selbst liebt

Reue ist etwas für kleine Kinder.

Adolf Eichmann

In der Theorie ist Umkehr einfach, in der Praxis qualvoll. Die Methode der Versöhnung, die Disziplin der Mitmenschlichkeit führt mitten durch die Finsternis: Beginne bei der Projektion, dem Bild des Feindes, und kehre zum Selbst zurück. Wende den Gang der Dinge um 180 Grad. Introjektion statt Projektion. Schuld tragen statt Anschuldigen. Überlaß' den Himmel den Engeln und Politikern und steig' hinab in die Hölle. Schließe Freundschaft mit dem Teufel.

Die Methode: Ändere die Pronomina. In politischen Belangen wechsle von „sie" über „wir" zu „ich", von weggeschobener Schuld und Verantwortlichkeit zu gemeinschaftlicher Ermächtigung-Schuld-Verantwortung, zu persönlicher Macht-Schuld-Verantwortung. In zwischenmenschlichen Angelegenheiten wechsle von „man" zu „ich-du", von der Haltung infantilen Anschuldigens und omnipotenter Erwartungen zu reifer Interdependenz und Wechselseitigkeit. In Belangen der Beziehung zwischen Ich und Selbst wechsle von „es" zu „ich", von der Verleugnung der verachteten entmenschlichenden Teile des Selbst zum Akzeptieren seiner Vielschichtigkeit.

Auf diesem Weg gibt es keine objektiven Experten, nur reuevolle Krieger und verletzte Liebende. Die folgende psy-

© Jules Feiffer, 1981, Universal Press Syndicate

chologische Erkundung der Feindschaft wird im Geist versuchsweiser Analyse und versuchsweisen Bekennens dargeboten. Es ist bestenfalls eine Reihe von Vorschlägen, wie wir den Feind entmythologisieren könnten, ein kleiner Beitrag zu der Aufgabe, die die wichtigste menschliche Berufung unserer Zeit sein muß – die Symbolik, Politik und Psychologie von Feindschaft und Freundschaft zu verstehen.

Wenn ihr nicht werdet wie die Kinder, werdet ihr das Himmelreich nicht erlangen.

Jesus

Paranoia auf dem Prüfstand

Über das Dagegensein

Die allgemeine Paranoia, die politisch gewöhnlich als Krieg ausbricht, ist im ewigen innerpsychischen Streit zwischen Urvertrauen und -mißtrauen verwurzelt. In unterschiedlicher Ausprägung haben wir alle eine natürliche Neigung, paranoid oder vertrauensvoll zu sein. Karen Horney sagt in „Neurose und menschliches Wachstum", prinzipiell könnten wir uns *auf* andere *zu, gegen* sie oder *von* ihnen *weg* bewegen. Gesunde Menschen bewahren die Fähigkeit, alles drei zu tun; Neurotiker spezialisieren sich auf eines. In dem Maß, wie ein Kind von neurotischen Eltern aufgezogen wird, entwickelt es kein Gefühl von Zugehörigkeit, von „wir", sondern statt dessen eine tiefgreifende Unsicherheit und vage Sorge, für die Karen Horney den Begriff „Grundangst" verwendet – ein Gefühl, isoliert und hilflos in einer Welt zu sein, die als potentiell feindselig wahrgenommen wird. Wir müssen lediglich hinzufügen, daß die Kinder der Welt in ihrer Mehrheit von Eltern aufgezogen wurden, deren Liebesfähigkeit verkümmert war, sowohl durch die unbewußte Paranoia ihrer Gesellschaften als auch durch ihre eigenen neurotischen Verletzungen. Was die Psychologie erst seit kurzem Neurose nennt und als nahezu universell bestimmt, haben Theologen einst Sünde oder Entfremdung genannt. Das Wort „Paranoia" ist nur der neueste Name für diese immerwährende menschliche Versuchung, sich einem alles durchdringenden Bedürfnis nach radikalem Mißtrauen, Verteidigungsgebaren und Zynismus hinzugeben.

Als Wahrnehmungsweise, die oft zu einem Lebensstil wird, spinnt die Paranoia um das verletzliche Selbst oder die Gruppe eine luftdichte Metaphysik und Weltsicht. Paranoia ist ein antireligiöser Mystizismus, gegründet auf die Wahr-

Internationale Studentenunion

nehmung oder das Gefühl, die Welt im allgemeinen und andere Menschen im besonderen seien *gegen* mich oder uns. Die Wirklichkeit wird als feindlich wahrgenommen. Im Gegensatz dazu erlebt der religiöse Mystiker den Grund des Seins als fundamental freundlich gegenüber den tiefsten Bedürfnissen des Selbst. Was unbekannt, fremd ist und jenseits unseres Verstehens liegt, ist *mit* und *für* statt *gegen* uns. Das Böse mag bis fast zum Schluß mächtig sein, aber das Gute „wirft den letzten Stein", wie William James sagt. In religiöser Sprache wird dieser Standpunkt durch die Feststellung symbolisiert, daß Gott Liebe ist. Das paranoide Individuum oder die paranoide Gruppe handeln unter der Voraussetzung, daß das, was fremd ist, in eine feindliche Verschwörung gegen uns verwickelt sei: Ein einziges Netz böswilliger Absichten spannt sich über die Welt; „Sie" sind unterwegs, um uns zu kriegen. Wie der religiöse Mystiker sich Gott oder dem Grund des Seins zuwendet und ihm vertraut, so organisiert der paranoide Mystiker sein Leben im Kampf gegen den Feind.

Der beste Weg, unsere verborgene Paranoia ans Tageslicht zu befördern, besteht darin, sorgfältig auf Worte und Metaphern zu achten. Das Vokabular der Paranoia setzt sich aus Worten zusammen wie Krieg, Schlacht, Strategie, Taktik,

Der Dollar-Bazillus verursacht (1) Wutausbrüche bei den Kriegsgewinnlern, (2) Anfälle und Halluzinationen unter den Pressezaren, (3) Bewaffnungsfieber, (4) eine Krise, von welcher der Patient sich nicht mehr erholen wird
UdSSR

Kampf, Wettstreit, Konkurrenz, Gewinn, Feinde, Gegner, Die, Abwehr, Sicherheit, Manöver, Ziel, Macht, Kommando, Kontrolle, Willensstärke, Angriff. Der vorsokratische Philosoph Heraklit verlieh als erster der paranoiden Weltsicht philosophischen Ausdruck: „Der Krieg ist der Vater aller Dinge." Hobbes wandte diese Einsicht später auf das menschliche Verhalten an und kam zu dem Schluß, daß im Naturzustand alle Menschen Feinde füreinander waren – Wölfe. Sartre trieb die Überlegung noch einen Schritt weiter und schloß, wenn zwei Menschen sich in die Augen schauen, komme es unausweichlich zu einem Kampf, in dem jeder sich die Subjektivität des anderen anzueignen versuche: „Die Hölle, das sind die anderen." In heutiger Zeit kleidet sich die Paranoia meist in ökonomische und politische Rhetorik. In der kommunistischen Welt ist es die Redeformel vom „dialektischen Materialismus", die Wahrnehmung der Geschichte als Geschichte des Aufeinanderprallens rivalisierender Klassen. Im Kapitalismus besteht sie im Mythos des Wettbewerbs, bei dem persönlicher Eigennutz sich angeblich irgendwie zum Gemeinwohl aufaddieren soll. Kommunismus wie Kapitalismus stimmen darin überein, daß Krieg die Leitmetapher ist. Sie sind sich bloß uneins darüber, ob der Heilige Krieg (der Krieg zur Beendigung aller Kriege) der internationale Klassenkonflikt ist oder der „friedliche" Wettbewerb zwischen multinationalen Konzernen. In geschäftsorientierten Gesellschaften „schießen" Manager mit „Vollstreckungs"befugnis andere „ab", indem sie die Konkurrenz schlagen, sich an die Spitze der Heerscharen stellen und an der Front bleiben. Neuerdings gehören zu solchen Feldzügen taktische Mittel, die jedem General vertraut sind: Nachrichtendienste, Industriespione, Schmiergelder. Zur beliebtesten Literatur bei denen, die Nr. 1 werden wollen, gehören Hunderte von Büchern, wie man Macht gewinnt und einsetzt: über *Power*kleidung, die Kunst der Macht, über *Power*ernährung (keine *Quiche lorraine*) und so weiter. Selbst wenn wir uns der Auseinandersetzung mit anderen sozialen Problemen zuwenden, denken wir in erster Linie in Kategorien des Krieges: der Krieg gegen die Armut, der Kampf gegen den Hunger, der Feldzug gegen den Krebs. Dem paranoiden Denken geht es nicht ein, daß Krieg, Abwehr und das „Angreifen" von Problemen vielleicht nicht die hoffnungsvollsten Metaphern sind, denkt man über endloses menschliches Leid nach.

Die meisten einigermaßen „guten" Menschen erleben die Paranoia, wenn überhaupt, in schillernder Mannigfaltigkeit. Beten wir alle die normalbürgerliche Version des Schuldbekenntnisses für Paranoiker:

„Ich erkenne, daß ich anderen Menschen nicht sehr vertraue. Wenn ich die Schalen meiner Persönlichkeit abzulösen beginne, treffe ich Schicht um Schicht auf Täuschung, Illusion, Verstellung, Rationalisieren, Posen, abgekartete Dialoge, verdeckte Motive, falsche Bescheidenheit, verkappten Egoismus, Strategien zur Durchsetzung meiner Überlegenheit, Taktiken für die Unterdrückung anderer, Mechanismen der Verleug-

Paranoia, amerikanische Art
Kanada. Dale Cummings © Cartoonists and Writers Syndicate

Die Grundsätze des Krieges – Manöver, Zielvorgabe, Überraschungsangriff, Haushalten mit Kräften, Einheit der Befehlsgewalt, Einfachheit und Sicherheit – sind gute Richtlinien, um im geschäftlichen Wettbewerb zu bestehen.

William Peacock

Die größte Furcht der Sowjets
UdSSR

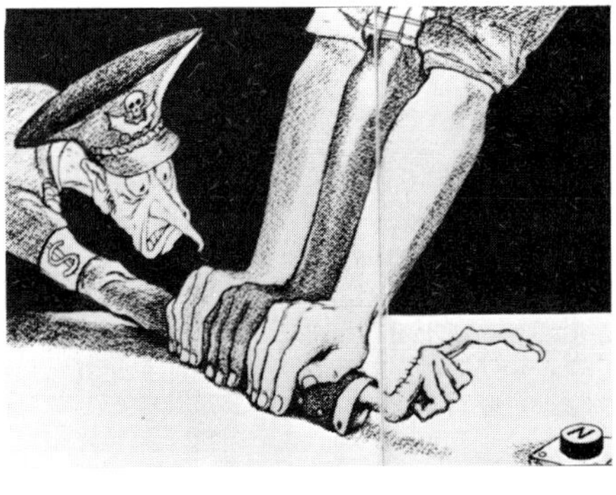

„Wir müssen vor diesen Russen auf der Hut sein: Sie treiben die Kriegshetze buchstäblich auf die Spitze, indem sie ein Friedensangebot nach dem anderen auf unsere Köpfe abfeuern“
Die amerikanische Friedensphobie aus der Sicht der UdSSR

nung, Projektionen, Überkompensation. Mein Bewußtsein erscheint mir zuweilen als ausgefuchste Abwehreinrichtung. Meine Erklärungen, Theorien und Ideen schützen mich vor einem Wirrwarr von Gefühlen. Meine Schlauheit, meine Wortspiele im richtigen Moment, meine Witzchen, treffenden Bemerkungen und meine Schlagfertigkeit gestatten mir, soziale Situationen unter Kontrolle zu behalten, und bewahren mich davor, anderen nahezukommen.

Ich bin voller Vorurteile gegen Menschen, die anders sind als ich. Ich traue dieser fremden Spezies nicht ganz über den Weg, die den halben Planeten bevölkert – den Frauen. Warum würde ich sonst so sehr versuchen, ihnen zu gefallen und zugleich nicht die Kontrolle zu verlieren? Und was das betrifft, traue ich auch den Angehörigen meines eigenen Geschlechts nicht sehr. Ich schütze mich gegen Verletzbarkeit und Selbst-Entblößung, halte sicheren Abstand. Ich kultiviere mein Image, verfeinere mein Rollenverhalten, übe meinen Beruf aus, erwerbe Statussymbole, bewahre mein Selbstwertgefühl mit tausend kleinen Tricks, als versuchten andere Leute ständig, mich kleiner zu machen, als ich bin. Mein Ich ist eine Art Sperrgebiet, dessen Frühwarnsystem ständig in Betrieb ist und das mich bei Gefahren für meine Selbsteinschätzung aufschreckt. Ich habe einen oder zwei Freunde, die ich nah an mich herankommen lasse, aber ich achte sorgfältig darauf, daß ich den Schlüssel zu meiner Festung selbst in der Hand behalte.

Ich arbeite hart, um für meine Sicherheit zu sorgen, und mache mir eine Menge Sorgen über die Zukunft. Wenn ich genauer hinzuschauen wage, entdecke ich unsägliche Furcht, Verdacht, Mißtrauen, ein Lauern auf alles, was sich der Kontrolle über mein Denken und meinen Körper entzieht. Ich lege meiner Phantasie Zügel an, weil ich mich nicht völlig darauf verlassen kann, welche Bilder auftauchen, sobald ich mich nicht selbst zensiere. Manchmal ertappe ich mich unerwartet bei brutalen Gedanken, stelle mir zum Beispiel vor, ich hätte eine Panzerfaust und würde damit das Arschloch umnieten, der mir gerade die Vorfahrt genommen hat. Oder sogar, daß ich jemanden umbringe, der mich bloß beleidigt hat.

Bei den seltenen Gelegenheiten, wenn ich mir erlaube, über den Tod nachzudenken, steigt mir das Grauen aus der Magengrube in die Kehle. Wie kann das Universum nur so geschaffen sein, daß ich eines Tages ausradiert werden soll? Der Gedanke erfüllt mich mit Ärger, Wut und Trotz. Und dann mache ich mich wieder an die Arbeit, treibe ein Projekt voran, das einen Deich gegen die Flut des Todes errichten wird. Stirbt jemand aus meiner Bekanntschaft, empfinde ich insgeheim eine Mischung von Trauer und Erleichterung, weil ich noch am Leben bin. Bislang bin ich dem Tod entronnen; deshalb muß ich etwas Besonderes sein, vielleicht sogar immun gegen die Sterblichkeit. Ich weiß, das ist nicht rational.

Ich habe nicht viele Feinde, glaube nicht der Propaganda über das einzigartig Böse des Kommunismus. Gut, ich weiß, daß sie um einiges schlimmer sind als wir, jedoch haben wir noch genug Fehler, um nicht immer mit Steinen zu werfen. Aber ich habe eine Reihe Feinde um mich herum, meist

Männer, die, so denke ich, im Dienst einer üblen Täuschung stehen. Ich neige dazu, das Pentagon nur etwas weniger als den Kreml zu verachten, nicht den ganz Reichen und ganz Armen zu trauen, den Faulen oder wahnsinnig aufreizenden Frauen. Immer langsam. Ich kämpfe von Zeit zu Zeit mit meinem Ehepartner. Und für jeden vernünftigen Menschen kann es keine Frage sein, daß mir kein Vorwurf zu machen ist. Manchmal geraten wir in einen Teufelskreis von Attacke und Vergeltung; hinterher sind wir beide erschöpft und fragen uns, wie wir in der Enge der Intimität soviel Feindschaft erzeugen konnten. Ich lebe und lasse leben, aber wenn mein Nachbar die Grenze zu meinem Grundstück überschreitet, bin ich auf der Hut und kampfbereit. Ich lasse mir nicht auf der Nase herumtanzen. Tatsächlich wache ich eifersüchtig über alle Macht, allen Besitz und alles Prestige, was mir anzuhäufen gelang, und ich werde dies alles bei drohender Gefahr verteidigen. Ich glaube, daß ich meinen Nächsten lieben sollte, sogar Fremde, und ich praktiziere maßvoll Nächstenliebe, solange mir niemand ins Gehege kommt.

Meine Alpträume sind mit gewalttätigen Männern und Frauen bevölkert, Terroristen, die meine Festung angreifen, aber ich habe niemals einen anderen getötet oder auch nur im Ärger geschlagen. Ein paar Morde am Tag genieße ich im Fernsehen und ein bißchen ritualisierte Gewalt im Fußballstadion. Ich habe eine perverse Neigung, die ich nicht verstehe: Mein Auge erfaßt in der Zeitung zuerst die Meldungen über Vergewaltigung, Mord und Folter. Es ist fast, als würde ich Geschmack an der Gewalt finden, die ich gleichzeitig beklage. Ich zahle Mitgliedsbeiträge an amnesty international und bin ebenso fasziniert wie abgestoßen von den Folterberichten. Aber ich habe nie einen anderen Menschen körperlich verletzt, und ich werde es auch nicht tun, wenn es sich vermeiden läßt.

Ich kenne meine Fehler. Ich klage mich selbst an, bevor du es tun kannst, und entschärfe damit jede mögliche Kritik, die gegen mich erhoben werden kann. Ich halte eine gute Meinung von mir selbst auch dann aufrecht, wenn es viel inneren Dialog erfordert, mich von der Glaubwürdigkeit meiner eigenen Lobeshymnen zu überzeugen. Mein erster Impuls ist, andere zu beurteilen, aber mich selbst verstehen zu wollen. Ich habe ein gutes Gedächtnis für Ausrutscher und Beleidigungen mir gegenüber, und obwohl ich vergeben werde, benötige ich gewöhnlich einige Zeichen der Reue. Sag', du bedauerst es, und ich werde großmütig sein.

Ich weiß, daß es Böses auf der Welt gibt und, mehr noch, unermeßliche Tragik; vom Völkermord in Kambodscha bis zum Hunger in Äthiopien. Und es geht mir ans Herz, wenn ich vom Krieg geschüttelte Länder und hungernde Kinder sehe. Aber in Wahrheit lasse ich mir den Appetit nicht verderben und beruhige mein Gewissen mit geringfügigen Almosen.

Meist meide ich Situationen, in denen Gewalt droht. Für mein Empfinden sind diejenigen, die mit Waffen und Blut zu tun haben, Polizisten und Generäle, irgendwie verseucht, auch wenn sie eine Drecksarbeit erledigen, die meine Sicherheit erhält. Wenn eine derart unzweideutige Inkarnation des Bösen

Neujahrsgeschenk vom Pentagon: Westeuropa
UdSSR

Truman und MacArthur beim Ränkeschmieden
China

wie Hitler wieder erschiene, hätte ich keine moralischen Skrupel, den Feind zu töten. Aber in der modernen Welt moralischer Düsternis ziehe ich es vor, meine Hände von Feindesblut so sauber wie möglich zu halten. Vielleicht kann ich so bequem meine Unschuld wahren, einen Separatfrieden schließen und wenigstens einem Teil der moralischen Agonie in einer Welt entgehen, die an der Atomtechnologie verrückt geworden ist. Amen.“

Wir alle sind größer und kleiner, als wir im normalen Leben zu sein vorgeben. Wie Alice im Wunderland dehnen wir uns ständig aus und schrumpfen. Obwohl unser „realistisches“ Selbstbild mehr oder weniger nach dem zugeschnitten ist, was wir erreicht haben, und nach der Rückmeldung, die wir erhalten, schwankt unser unbewußtes „neurotisches“ Selbstbild zwischen Allmacht und Ohnmacht in den Ansichten, Erwartungen und Gefühlen über uns selbst. Ständig entwickeln wir Strategien, um zu beweisen, daß wir anderen überlegen sind, und sofern uns dies gelingt, finden wir fast augenblicklich einen Weg, für unsere unbewußten Minderwertigkeitsgefühle einen Ausgleich herzustellen. Gestehen wir unsere Minderwertigkeit ein, versagen wir, werden krank, machen uns Sorgen, werden deprimiert. Im gesunden Selbst werden diese beiden Extreme schrittweise bewußt. Wir werden unserer Projektionen von Überlegenheit und Minderwertigkeit gewahr, unserer Abhängigkeit von Urteilen, unserer Hochs und Tiefs, und werden realistischer in der Einschätzung von uns selbst und anderen. Wir lassen Schritt für Schritt die infantile Position hinter uns, bei der wir in Beziehung zu allmächtigen Eltern standen, in deren Gegenwart wir uns klein fühlten.

Der Neurotiker, *Jedermann* als Kind, nimmt die Welt als aus kleinen und großen Leuten geschaffen wahr, Mächtigen und Ohnmächtigen, Menschen an der Spitze und am Boden, Siegern und Besiegten. In dieser Weltsicht ist kein Platz für Gleichheit. Die persönliche Stellung im Oben-und-unten-Spiel mag sich ändern, aber das Spiel geht weiter, weil es

Uncle Sam applaudiert sich selbst
Nicaragua

Roger 1985. © Cartoonists and Writers Syndicate

beiden Partnern ermöglicht, in der Illusion zu leben, daß einer unter höherer Obhut steht. Selbst wenn ich die kindische Opferrolle spielen muß, ist es angenehm zu wissen, daß mächtige Eltern in der Nähe sind, die, wenn sie mich bestrafen, mich auch beschützen werden.

Auf der Ebene der Propaganda ist dieses Auf und Ab leicht im Spiegel unserer Wahrnehmungen des Feindes zu erkennen. Im einen Moment ist er ein Riese, dessen überwältigende Stärke uns auszulöschen droht; im nächsten ist er eine winzige Kreatur, untermenschlich und wertlos, die zu eliminieren ist, eher ein Ärgernis als eine Bedrohung.

Der einzige Ausweg besteht darin, das Spiel zu stoppen. Sei weder einer oben noch einer unten. Freiheit, Gleichheit, Brüderlichkeit, Schwesterlichkeit. Nur Konflikte zwischen Menschen gleicher Größe oder Nationen gleicher Würde können vernünftig gelöst werden. Die Herrschaft des Gesetzes ist durch das wechselseitige Respektieren der fundamentalen Annahme bestimmt, daß alle Männer, Frauen, Kinder und möglichen anderen empfindungsfähigen Lebewesen gleich sind. Allein schon die Existenz von Recht und Gesetz ist auf die Absicht von Menschen und Gemeinschaften (und schließlich souveränen Nationen) gegründet, das Gleichheitsspiel zu spielen.

Funktionaler Atheismus

Das Ich in Narzißmus und Nationalismus

Narzißmus ist Mikro-Atheismus. Nationalismus ist Makro-Atheismus.

Der Vorwurf, der Feind sei ein Atheist, beruht auf einem derart oberflächlichen Denken, daß er kritischer Analyse nicht im geringsten standhält. Die Theologie des Stammes und des Nationalstaats ist zu gleichen Teilen aus Propaganda gegen den Feind und aus frommem Selbstbild-Management zum Hausgebrauch zusammengesetzt. Beide stumpfen die Fähigkeiten des Denkens, Vorstellens und Fühlens ab.

Wenn wir ideologische und politische Definitionen des Atheismus als „Anbetung anderer Götter als der unseren" außer acht lassen, lautet die drängende und ewig wiederkehrende existentielle Frage, die darüber entscheidet, wie wir unser Leben einrichten, etwa so: Versuche ich mich selbst zum Mittelpunkt der Welt zu machen, zur *raison d'etre* für alles um mich herum, oder suche ich ein harmonisches Teil irgendeiner geheimnisvollen Ganzheit zu sein, die meine Individualität transzendiert? Funktionell gesprochen ist Atheismus Narzißmus – die Weigerung des Ego, sich selbst zu

Jahwe, Gott und Allah als Götzen
UdSSR

überschreiten, die Entscheidung, andere Menschen und das nichtmenschliche Leben auf Mittel zu reduzieren, die dem Zweck dienen, die Macht, die Lust und die Sicherheit des Ich zu steigern. Nationalismus ist Massennarzißmus, der Entschluß der Körperpolitik, andere Nationen als Mittel zur Steigerung von Macht und Sicherheit der eigenen Nation dienstbar zu machen.

In Massengesellschaften manifestiert der Atheismus sich kaum je als formelle Leugnung Gottes. Und wo der Atheismus offizielle Regierungspolitik ist, wie in der Sowjetuinion, erhebt der Staat sich selbst zur Gottheit. Funktionell ist Atheismus dann gegeben, wenn das Gefühl von Sinn, persönlicher Würde, Grundvertrauen und individueller Berufung im Abnehmen ist. Wenn Menschen aufhören, sich als Person wichtig zu fühlen, wenden sie sich irgendeinem Führer oder Staat jenseits ihrer selbst zu, der behauptet, die Erfüllung eines göttlichen Auftrags zu sein; so versuchen sie, die Leere zu füllen. In Ermangelung der leisen, schwachen Stimme des persönlichen Gewissens oder des – nur in der Einsamkeit hörbaren – Rufs einer persönlichen Bestimmung gibt der Massenmensch seine Individualität auf und heißt den offiziellen „Gott“ willkommen, dessen Wille, vielfach verstärkt durch Radio, Fernsehen, Zeitungen und Fackelzüge, unzweideutig verkündet wird.

Gott ist tot, wenn die Fragen, die wir uns stellen, sich einzig und allein um Zweckmäßigkeit, Macht und Profit drehen. Wenn jeder einzelne, jede Nation und die menschliche Art insgesamt sich selbst als Ziel und einzigen Zweck betrachten, zu dem das Leben erschaffen wurde, dann wird alles andere Leben ein Mittel zur Erreichung narzißtischer und nationalistischer Ziele. Wenn es keine Beschränkungen unseres Verhaltens gibt, keine moralischen Grenzen, die wir, um zu überleben, nicht überschreiten; wenn es kein Blutbad, keine Folter, keine Kosten und Mühen gibt, die wir nicht im Namen persönlichen Vorteils oder nationaler Verteidigung gutheißen, dann leben wir gottlos, egal, wie oft wir auch den Namen Gottes anrufen.

Das Gegenteil von Atheismus – das ich lieber „Vertrauen“ als „Glauben“ nenne, lieber „Wunder“ als „sichere Überzeugung“, lieber „Leben in der Gegenwart des Heiligen“ als „Gotteserkenntnis“ – ist in der Disziplin der Umkehr verwurzelt. Wir widerstehen dem Atheismus nur, wenn wir uns weigern, den ständigen Versuchungen des Narzißmus und Nationalismus nachzugeben, wenn wir die engen Grenzen des Egos und des Gruppenbewußtseins überschreiten und uns klar werden, daß das Zentrum überall ist. Das Heilige tritt an allen Orten zutage; Gott ist ein Kreis, dessen Mitte überall und dessen Rand nirgends ist. Wir sind am menschlichsten und dem Heiligen am nächsten, wenn wir uns aus unserem wohlbehüteten Selbst lösen und uns zu Fremden und dem allumfassenden Geheimnis begeben, in dem wir leben, uns bewegen und unser Dasein fristen. Das heilige und menschliche Angerührtwerden in diesem Augenblick der Selbst-Transzendenz ist das Wesen der Freiheit.

Dollar-Anbetung
UdSSR, fünfziger Jahre

Feindschaft zerstört Freiheit. Nur Liebende sind frei, zu kommen und zu gehen. Feinde wagen nicht, einander aus den Augen zu lassen. Aus Mangel an Sein klammern wir uns ans Haben; das Vakuum der Liebe wird mit Haß gefüllt.

Alles war friedlich in unserem Tal, bis mein Nachbar im Norden sich entschloß, ein abgeriegeltes Tor über die Straße zu errichten, die den einzigen Zugang zum oberen Teil meiner Farm bietet. Über 50 Jahre lang war die alte Straße von Bergleuten, Anwohnern, Viehzüchtern und Jägern frei benutzt worden. Aber er bestand darauf, das Recht zur alleinigen Nutzung zu haben. Weder Argumente noch Kompromißangebote konnten ihn umstimmen. Schließlich entfernte ich das Schloß vom Tor. Er ersetzte es. Ich sprengte es wieder. Und wieder. Die Feindseligkeiten eskalierten, als er die Futterkrippe für sein Vieh unmittelbar neben den Bach plazierte und so unserer Trinkwasser verschmutzte. Einmal kam es fast zu einer Schlägerei, als wir beide zufällig in der Nähe des umstrittenen Tores waren. Mir wäre ein Faustkampf nach guter alter Art recht gewesen, aber er genießt den Vorteil, Geld an Anwälte verschwenden zu können; also zog er sich zurück. Die Sache schleppt sich Jahr für Jahr weiter. Jedesmal, wenn ich hinter dem Tor auf meinem Pferd reite, werde ich ärgerlich. An Tagen, an denen ich mit mehr Dämonen als üblich ringe oder mich mit meiner Frau streite, gehe ich hin, schneide das verdammte Schloß wieder ab und fahre mit meinem Kleinlaster auf die Straße, um meinen Anspruch zu bekräftigen. Schließlich stieg ich eines Tages an der Bergseite hoch und rollte Felsbrocken auf die Straße, um ihm den Weg zu blockieren. Im Prozeß legte ich mich derart ins Zeug, daß es mir danach noch fast einen Monat lang schlecht ging. Aber ich hatte meine Revanche. Über die Jahre hinweg habe ich mich an meinen Feind gewöhnt. Er geht mir

Uncle Sam kreuzigt den Frieden in Mittelamerika
Mexiko. José Luis Hernandes Espindola

nie ganz aus dem Kopf. Immer wenn etwas Unerwartetes passiert – ein Zaun bricht, der Bach ist dreckig oder ein Werkzeug fehlt –, denke ich zuerst an ihn. Er ist die sofortige Erklärung, die Hauptursache all meines Ärgers, die Schlange in meinem Garten, der eine, der an allem schuld ist. In lichten Momenten frage ich mich, ob ich enttäuscht wäre, wenn er das Schloß vom Tor entfernte und anfinge, sich nachbarschaftlich zu verhalten.

Die Tyrannei beginnt, wenn wir der Faszination des Feindes erliegen. Anfangs ist die Verletzung, die Beleidigung, das Eindringen ins eigene Territorium geringfügig. Die Wunde ist klein. Wir reagieren, um den Angreifer zu bestrafen, gleichzuziehen, die Ordnung wiederherzustellen. Er reagiert auf unsere Reaktion. Die Kettenreaktion der Feindschaft beginnt.

Unser Blickwinkel verengt sich, unsere Kategorien verhärten sich, bis wir die ganze Welt durch das Brennglas unseres Streits sehen. Alle Menschen werden auf Verbündete oder Gegner reduziert. Jeder Feind unseres Feindes ist ein Freund. Jeder Freund muß ein Feind unseres Feindes sein. Das Kaleidoskop der Wirklichkeit wird begrenzt auf ein schlichtes Entweder/Oder, Für oder Gegen, Schwarz oder Weiß.

Einzig in diesem „Leben- oder Tod-Gehabe" ist alle Energie konzentriert, um den Feind zu schlagen, das Übel zu vernichten. Die Wissenschaft wird in den Dienst der Schaffung neuer Waffen gezwungen. An der Heimatfront wird alles darauf ausgerichtet, die Kriegsanstrengungen zu unterstützen.

Unsere Handlungen spiegeln wider, was der Feind nach unserer Vorstellung tun wird. Wir haben keine unabhängigen Ziele oder eine unabhängige Außenpolitik. Nur eine Erwiderung auf seine bösartigen Absichten. Wenn wir unsere Gesellschaft militarisieren, dann nur, weil wir eine Bomberlücke, Panzerlücke, Raketenlücke, Megatonnenlücke oder Versorgungslücke entdeckt haben. Es gibt keine Initiativen zur Herbeiführung von Frieden. Kein Friedensministerium. Der Feind ist schließlich auf Welteroberung aus, daher wagen wir nicht, unsere Rüstung abzulegen. Und die Wahl der Waffen und Schlachtfelder liegt bei ihm. Wenn es nicht um ihn ginge, gäbe es Frieden in unserem Tal.

Schrittweise formen wir uns nach dem Bild dessen, was wir hassen. Wir werden wie der Feind. Um die freie Meinungsäußerung zu verteidigen, verfügen wir Zensur und schränken das Recht auf Kritik an Militär und Regierung ein. Wir rufen einen Notstand aus, in dem alle lebenswichtigen Informationen „streng geheim" sind. Wir ziehen unsere jungen Männer ein und zwingen sie, sich der entmenschlichenden Standardisierung der Militärdisziplin zu unterwerfen. Die Uniformität, den Individualitätsverlust und die Servilität, die der Feind uns auferlegen wollte, übernehmen wir freiwillig „auf Zeit". Im letzten Kalten Krieg wurde der Not- allerdings zum Dauerzustand.

Es wird zusehends schwieriger, sich vorzustellen, wer wir ohne Bezug auf unseren Feind sind. Unsere negative Identität, unsere Orientierung *gegen* wird vorrangig. Der Feind (KOMMUNISMUS, KAPITALISMUS – immer in Großbuchstaben, überlebensgroß) wird unser symbiotischer Partner. Wir werden zu siamesischen Zwillingen, die aufeinander einstechen. In unserer kindlichen Wut fürchten wir den Verlust des anderen. Wenn wir ihn nicht hätten, wen würden wir anschuldigen für die Fallen und Pfeile, die Fehlschläge, die Wunden, den aufsteigenden Zorn, die nagende Frustration, die Ungerechtigkeit? Lieber Haß als Schwindelgefühl.

Am Ende wird der Feind unsere Erklärung, die Kraft, die uns antreibt, und unsere *raison d'etre*. Die Bilder, die wir geschaffen haben, werden zu Ikonen, die wir in den Mittelpunkt unserer Existenz stellen.

Das Kennzeichen des wahren Atheismus ist nicht ein theoretischer Unglaube an ein Wesen namens „Gott", sondern die tatsächliche Zentrierung der persönlichen Existenz um den Feind.

Angewandte Dämonologie

Teufel, Bürokraten und gefallene Engel

Propaganda ist schwarze Magie. Die Kriegstreiber befinden sich in höheren Kreisen. Sie tanzen nicht in der Menge.

Propaganda ist ein Märchen für Erwachsene. Spieglein, Spieglein an der Wand, wer ist die Schönste im ganzen Land? *Schneewittchen.* Und wer die Häßlichste? *Die böse Stiefmutter.* Wir sind gut. Sie sind von Übel. Nun wollen wir Figur und Grund umkehren. Beanspruchen wir den Teufel für uns selbst. Nehmen wir für einen Augenblick an, er könnte einen Aspekt der menschlichen Erfahrung symbolisieren, den wir für uns zurückgewinnen müßten, um „ganz" zu sein. Der Teufel könnte sich, sinnvoll entmythologisiert, als einer der wenigen Feinde erweisen, die USA und Sowjetunion gemeinsam haben.

Der Teufel ist wie der Gott der Politik im wesentlichen geschaffen, um uns die Verleugnung der Verantwortung für unser Handeln zu gestatten. Wir folgen einer offenbar(t)en Bestimmung, weil Gott es von uns verlangt. Und wenn im Verlauf unserer heiligen Kreuzzüge – um das Reich Gottes zu errichten – das Nebenprodukt unsägliches Leid ist, wurde dies durch den Feind verursacht, der ein Agent des Teufels ist. Solange Gott und Teufel rhetorisch als Erklärungen für den

Boston: Ein Drittel der Einwohner von Massachusetts antwortete bei einer Umfrage, sie würden lieber einen totalen Atomkrieg ausfechten, als unter kommunistischer Herrschaft zu leben, auch wenn die Bomben jeden in den Vereinigten Staaten töteten.

San Francisco Chronicle

Dämon im Stil des 16. Jahrhunderts

Krieg angeführt werden, leugnen wir die moralische Wirklichkeit und Wirkung sowohl von uns selbst als auch der anderen. Ich (der ich meinen Willen dem Willen Gottes unterstellt habe) und Du (der du deinen Willen dem Willen des Teufels ausgeliefert hast) sind beide der persönlichen Verantwortung für unsere Taten enthoben. Gott hat mich dazu veranlaßt. Der Teufel hat den Feind dazu gebracht.

In jüngster Zeit trug der Teufel meist einen grauen Flanellanzug und trat als Bürokrat auf. Das meiste Übel in der heutigen Welt wird von anonymen Männern und Frauen angerichtet, die den Bürokratien und Massenarmeen dienen, ohne Fragen zu stellen. Die Bereitwilligkeit, den „Autoritäten" zu gehorchen, zu tun, was der Chef uns sagt, die Anordnungen unserer Vorgesetzten nicht in Frage zu stellen, das private Gewissen den Zielen der Gruppe unterzuordnen, ist Teil der Arbeitsplatzbeschreibung. Das Böse ist ein Nebenprodukt der Pflicht geworden, eine unglückselige Konsequenz der Loyalität. Niemand ist wirklich verantwortlich, wenn Ford Autos wie den Pinto produziert, die wegen eines fehlkonstruierten Benzintanks beim Aufprall explodieren, oder wenn Artillerieladungen „zufällig" über „freundlich gesinnten" Dörfern niedergehen. Allein die Größe heutiger Unternehmen, Regierungen und Armeen hat die Anwendung von Methoden der Massenproduktion auf Menschen unausweichlich gemacht. Individuen werden auf Funktionen reduziert und müssen, wie Teile einer leistungsfähigen Maschine, austauschbar sein. Zu sein bedeutet, eingepaßt zu sein. In solchen Bürokratien werden Zivilisten in Soldaten verwandelt, gezwungen, Uniformen zu tragen, ihre Eigenständigkeit aufzugeben und denen zu gehorchen, die in der Hierarchie über ihnen stehen.

Diese Selbstaufgabe entspricht dem Verzicht auf das Selbst als moralischer Instanz, der Übergabe von Kontrolle an eine Macht außerhalb unserer selbst. Und wem immer wir uns ausliefern, gestehen wir göttliche Hoheitsrechte zu. Er oder es wird zum Mittelpunkt, zur Achse der Welt, zum höchsten Anliegen und organisierenden Prinzip unseres Lebens. Das Idol wird Gott. Der Teufel verkleidet sich oft in einem göttlichen Kostüm.

Gott wie der Teufel scheinen die ständige menschliche Erfahrung zu bezeugen, von fremden Mächten besessen zu sein, die Kontrolle verloren zu haben, unfähig zur Autonomie zu sein. Manchmal ist die Gewalt, die uns umherstößt, kreativ und andere Male destruktiv. So sehr wir uns auch abmühen, das Leben zu beherrschen, unsere Illusion der Allmacht bricht andauernd zusammen und mit ihr unser Gefühl von Sicherheit. Aber wenn wir nicht stets die Kontrolle bewahren können, vermögen wir doch wenigstens das Göttliche zu definieren, dem wir uns ergeben müssen, solange wir das unbeherrschbare Dämonische bestimmen können, dem der Feind sich hingibt. Unsere Schizophrenie kann, wenn schon nicht geheilt, zumindest mit einem Namen versehen und in Schranken gehalten werden. Ich bin nicht zwischen sich bekriegenden Mächten des Guten und Bösen gespalten. Die

Propaganda erlaubt uns, die Schlacht nach außen zu verlagern, den Widerstreit innerhalb der Psyche in die Sphäre der Politik zu projizieren.

Der Teufel wird niemals seine Macht verlieren, bevor wir ihn uns nicht zu eigen machen und anerkennen, daß er ein Symbol für eine tiefe und universelle menschliche Erfahrung ist. Die mittelalterliche Theologie erfaßte diese Wahrheit, wenn sie den Satan als gefallenen Engel darstellte, der seine Heimstatt ursprünglich bei Gott hatte. Die in das Symbol des Teufels eingeschlossene psychologische Einsicht ist, daß wir oft von einer aus dem Gleis geratenen „Güte" unterjocht werden. Das Böse, das wir erleben und tun, entspringt ranzig gewordener Tugend, unausgeglichener Vitalität. Unser Wille zu leben, zu erschaffen, der Sache Gottes zu dienen, voranzuschreiten, Gemeinschaften zu bilden, bringt unvermeidliche tragische Konsequenzen mit sich. Wir ragen nur heraus, indem wir andere auf den Status Minderwertiger reduzieren; wir gewinnen nur, indem wir eine Überzahl von Verlierern schaffen. Der Triumph des einen ist die Niederlage des anderen.

Jede Epoche hat eine unterschiedliche Erfahrung, worin das außer Kontrolle Geratene besteht, und daher einen anderen Inhalt ihrer Dämonologie. Als buchstabengetreue Orthodoxie und unangefochtener Glaube ans religiöse Dogma eine soziale Voraussetzung für das Heil waren, wurden der Zweifler, der Gotteslästerer, der Ungläubige zum Teufel. Sobald Descartes den Zweifel zur Tugend ernannt hatte *(Dubito ergo sum)* und das Zeitalter der Aufklärung geboren war, wurde der Teufel die Inkarnation des Irrationalen. Folgerichtig hat er die Last unserer Verlegenheit mit dem Körper getragen – er schwelgt in Schmutz, Exkrementen, Sexualität, besonders in den unterdrückten Ängsten und Ressentiments von Männern gegenüber Frauen. Er ist der Erzverführer, zu dessen Götzendienst schwarze Messen und sexuelle Orgien gehören. Er wirkt durch Hexen, wollüstige Frauen und Versucherinnen – deren Vaginen von mehr als einem Kirchenvater zu Teufelspforten erklärt wurden. In unserer Zeit ist der Teufel nicht so sehr der Zweifler und sexuelle Verführer als vielmehr das Symbol der Hybris einer wahnsinnigen Technologie. Er ist Mephisto, Faust, der verrückte Wissenschaftler Dr. Frankenstein, die Inkarnation perversen Schöpfergeistes.

Wenn wir den Teufel daher als die organisierte und planvolle Machtbesessenheit beschreiben, die sich von jeglichen Zielen abgelöst hat, als den bedenkenlosen „Willen zur Macht", dann ist klar, daß dies uralte Symbol tiefreichende Bedeutung für unsere moderne Erfahrung hat. Bürokratien und der zeitgenössische Staat haben auf satanische Weise bewirkt, daß wir die scheußlichsten Verbrechen begehen und die Verantwortung für sie leugnen konnten. Die Massenvernichtungen in deutschen Konzentrationslagern und das systematische Abschlachten von Zivilbevölkerungen in Rußland, Kambodscha, Indonesien, China, Pakistan, wurden von Männern ausgeführt, die alle „Befehle befolgten" und „ihre

Dämon im Stil des 20. Jahrhunderts
Art Young, Erster Weltkrieg

Das Böse beruht auf dem leidenschaftlichen persönlichen Antrieb, sich selbst zu verewigen.

Ernest Becker

Die Hatz beginnt
Robert Bastian, San Francisco Chronicle, 1966

Pflicht taten“. Der Staat „brachte sie dazu“ auf die gleiche Weise, wie der Teufel „Sam’s Sohn“ befahl, Morde in New York zu begehen.

Gegenwärtig fühlen sich sowohl die Vereinigten Staaten als auch die Sowjetunion vom modernen Äquivalent des Teufels besessen – der schöpferisch-dämonischen Gewalt einer uns entgleitenden Technik, die der Welt kaum merklich oder mit einem Knall ein Ende zu bereiten droht, durch schleichende Umweltzerstörung oder nuklearen Krieg. Wenn der saure Regen, der Treibhaus-Effekt, die Erosion unserer Böden, die Verseuchung unserer Luft und unseres Wassers uns nicht vernichten, bewerkstelligt dies vielleicht der nukleare Winter. Die Technik im allgemeinen und die Waffentechnik im besonderen scheinen ihre Eigengesetzlichkeiten entwickelt zu haben. Sie sind ein Dämon außer Kontrolle, der uns antreibt, in atemberaubendem Tempo neue Generationen von Computern und Waffen zu schaffen. Beide Länder fühlen sich machtlos, den Bau noch schrecklicherer Waffen zu unterlassen. Beide handeln, als wohne der Technik ein Imperativ inne, der verlangt, daß alles, was getan werden kann, auch getan werden muß. Und wenn wir nicht die „finalen“ Waffen herstellen, wird es unser Feind tun. Dieses Motiv findet sich gemeinhin in Science-Fiction-Szenarios, wo Maschinen rebellieren und die Welt an sich reißen. International droht die Perspektive, daß Gruppen von Wissenschaftlern, weil sie keine Alternative zu besitzen glauben, fortwährend neue Waffen erfinden, die niemand will. Die Engelsmacht der Technik wurde zum satanischen Impuls entstellt, Macht anzuhäufen, die kein anderes Ziel als Zerstörung hat. Ob wir das alte Symbol verwenden wollen oder nicht, klar ist, daß uns die Erfahrung verleugneter Verantwortung, vorgetäuschter Ohnmacht und blinder Machtgier umklammert hält, die traditionell als teuflische Besessenheit beschrieben wurde.

Die unermeßliche Hoffnung, die aus dem (Wieder-)Erkennen unserer verleugneten Macht zur Schaffung des Bösen (oder Guten) erwachsen könnte, liegt darin, daß wir dann gemeinsame Sache gegen einen gemeinsamen Feind machen könnten. Nichts vermag verfeindete Parteien so schnell zu

Der Widersacher
© Oliphant. 1983 Universal Press Syndicate

einen wie das Aufkommen eines gemeinsamen Feindes. *Rußland und Amerika sind gegenwärtig vom selben Teufel besessen und deshalb potentielle Verbündete.*

In internationalen wie in interpersonellen Beziehungen kann uns das Bekennen zu unseren Projektionen, die Aufgabe unserer Illusionen von Ohnmacht und Unschuld zu verantwortlichen, zielstrebigen und befriedigenden Handlungsweisen führen. Jeder Weg zum Frieden verlangt von uns, den Teufel als unser eigen zu reklamieren und die Grenzen unserer Macht zu akzeptieren. Entweder werden die Vereinigten Staaten und die Sowjetunion weiterhin den gleichen Teufel anbeten und sich unbewußt verschwören, ein nukleares Weltgericht herbeizuführen, oder wir werden erkennen, daß wir einen gemeinsamen Gegner haben, und einander als Verbündete umarmen.

Die Sowjetunion und die Vereinigten Staaten stehen einem unpersönlichen Feind gegenüber, der die jeweilige Bedrohung übersteigt, die eine Seite in der anderen sehen mag. Der Gegner ist die heraufziehende Gefahr des Atomkriegs.

Georgi Arbatow, Direktor des Moskauer Instituts für Nordamerika-Studien

Der Barbar an der Grenze

Die unzivilisierte Libido

Zivilisation ist ein ständiger Kampf, die Mächte der Barbarei zurückzudrängen. Unter großen Opfern und mit strenger Disziplin etabliert das Ich ein zerbrechliches Regiment von Recht und Ordnung und schlägt eine Lichtung in den Dschungel. Doch in jedem Augenblick drohen die ungezähmten Mächte uns zu zerreißen, weil wir in Wahrheit den Errungenschaften der Zivilisation schrecklich zweispältig gegenüberstehen.

Wie Freud beobachtete, ist Zivilisation immer von Unzufriedenheit begleitet. Irgend etwas in uns will immer noch wild werden, jedem Impuls bis zur Sättigung folgen, sich in einer Orgie von Sex, Gewalt und Trägheit verlieren. Schau' genau hin, und du wirst die behaarten Beine des Satyrs erkennen, die aus dem Maßanzug hervorragen. Wir fürchten uns davor und hoffen zugleich, daß unsere Wildheit zum Vorschein kommt.

Der Barbar, der amoklaufende Riese, der unzivilisierte Feind symbolisieren von Intelligenz geschiedene Macht, animalische Schläue – ohne die vornehme Hand des Geistes. Dies ist, was Platon sich als ungeformte und chaotische Materie vorstellte und Freud Libido nannte, eine amoralische

Der Anti-Kommunist als Barbar
UdSSR

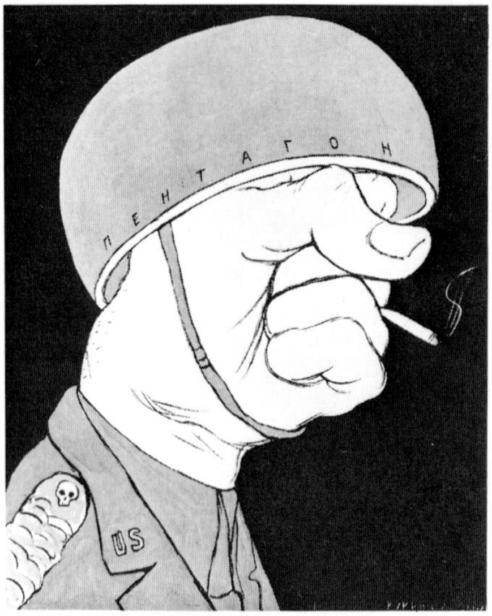

Das Pentagon – gedankenlose Macht
UdSSR

psychische Triebkraft. So wie „zivilisierte" Nationen ihre Ausbeutung der Rohstoffe „rückständiger" Länder stets damit rechtfertigen, daß es ihre Pflicht sei, sie in den Vormarsch von Vernunft und Fortschritt einzureihen, so hat sich das Ego die barbarische Energie der Libido zunutze gemacht. Der Krieger, der den Barbaren besiegt, ist wie der Held, der in die Tiefen der Psyche hinabsteigt und mit der Gabe des Bewußtseins zurückkehrt: ein Sklave des Verstands, der Intelligenz, des Geistes – ein Held der Kultur.

Das Bild des Feindes als Barbar war ein integraler Bestandteil bei der Herausformung der psychischen und politischen Identität der meisten „fortgeschrittenen" Gesellschaften. Der Barbar bildet eine Art psychologischer Untergrenze, die festlegt, wie weit „zivilisierte" Menschen herabsteigen dürfen. Solange *„die"* als tumb und grausam definiert werden, beibt *„uns"* erspart, unserer eigenen Dummheit und unserem Sadismus ins Auge sehen zu müssen. In dem Maß, wie moderne Menschen sich zunehmend als vernünftig und nett betrachten, mußten sie ein Zielobjekt finden, auf das sie ihren geleugneten „Willen zur Macht", ihre Wildheit, ihre Blutrünstigkeit und ihre zügellose Sexualität projizieren konnten.

Hin und wieder verrutscht die apollinische Maske der Gesellschaft, und wir stürzen uns in eine pervertierte Form einer dionysischer Orgie – den Krieg –, die uns Gelegenheit gibt, unserem Barbarentum freien Lauf zu lassen. In der Schlacht sind alle Männer frei, ihrem Haß, ihrer Enttäuschung und ihrer Zerstörungswut Luft zu machen.

Generation für Generation töten wir den Barbaren. Solange wir uns weigern, den auf den Feind projizierten Schatten unserer eigenen Wildheit wieder anzunehmen, bleibt der Krieg ein blindes Ritual, in dem „ahnungslose Armeen bei Nacht aufeinanderprallen", ein Wiederholungszwang, eine Sucht. Ohne Bewußtsein gibt es keine Läuterung. Ohne Katharsis nichts Neuartiges. Ohne Neues keine Zukunft, die unsere barbarische Vergangenheit überschreitet.

Der Feind als Untier, Reptil, Insekt

1

2

3

4

1. UdSSR **2.** Australien, I. Weltkrieg
3. Helm-Aufschrift: Junta. „Uncle Sam auf dem Weg des Friedens und der Demokratie", UdSSR
4. IRA, Irland

1

1. Hitler als Ratte. „Wir werden den Feind mitleidlos vernichten“. Das Papier ist der Nichtangriffs-Pakt zwischen Deutschland und der UdSSR, UdSSR, II. Weltkrieg **2.** Rußland als Krake, 1877 **3.** Niederlande, II. Weltkrieg **4.** Italien, II. Weltkrieg
5. KPD-Plakat, 30er Jahre
6. Die US-Spinne kriecht über Europa, UdSSR

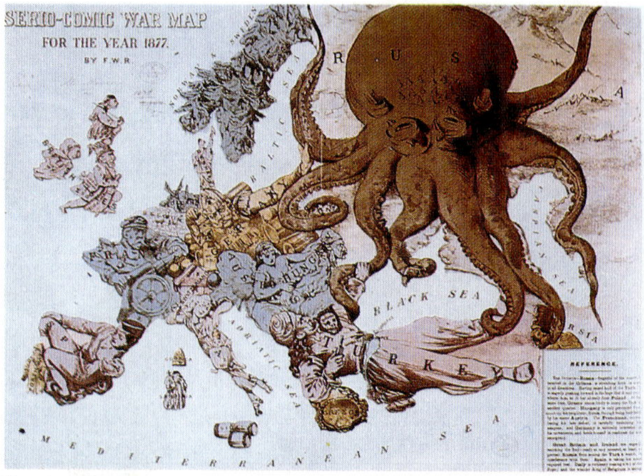

2

6

1

2

3

4

1. Das bolschewistische Chamäleon, Deutschland, II. Weltkrieg **2.** Feinde der Revolution – hühnerfüßige Reptilien, Nicaragua **3.** „Laßt uns in Ruhe!“, Vichy-Frankreich, 1941 **4.** USA, II. Weltkrieg

1

2

3

4

1. Nixon als Vampir, Vietnam **2.** Amerika als Papiertiger, China **3.** Tötet die faschistische Bestie, UdSSR, II. Weltkrieg **4.** Seltenes Beispiel dafür, daß eine kriegführende Nation ihre Soldaten mit einem Tier vergleicht, Italien, II. Weltkrieg

Der heroische Krieg: Der Feind als gleichwertiger Gegner

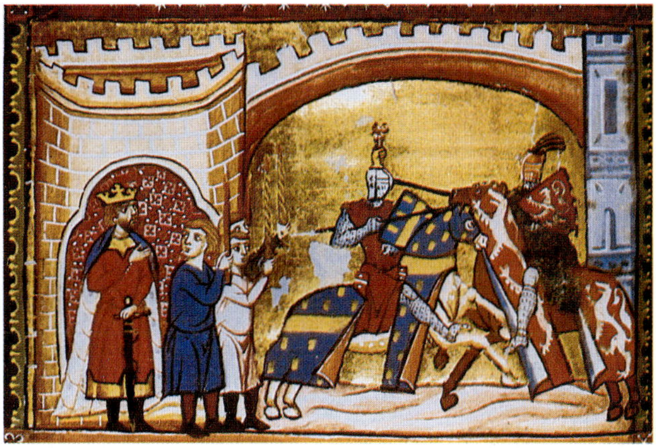

1

2

3

4

1. Ritter-Turnier im 13. Jahrhundert **2.** Der Luftkampf im I. Weltkrieg mit seinen Helden wie dem „Roten Baron“ von Richthofen und dem Amerikaner Eddie Rickenbacker wurde als „ritterliches“ Relikt im modernen Krieg angesehen (Gemälde von George Horace Davis) **3.** Samurai-Krieger im rituellen Kampf **4.** Schlagende Verbindung beim Ausfechten einer „Mensur“

3

Ritter der Neuzeit

1. Hitler als heroischer Führer, Deutschland, II. Weltkrieg **2.** Japan als Samurai-Krieger dargestellt, Italien, II. Weltkrieg **3.** „Wer zu uns mit dem Schwert kommt, wird durch das Schwert umkommen“. Der moderne Soldat wird mit dem Helden des Mittelalters auf eine Stufe gestellt, UdSSR, II. Weltkrieg

Helden der Revolution

4. Der Geist von 1776. Sind Revolutionäre auch heute noch Helden?, USA **5.** „Lang lebe die Kulturrevolution des Vorsitzenden Mao!“ Personenkult ist im Marxismus die Praxis, auch wenn das Volk in der Theorie der Held der Geschichte ist, China **6.** „Sandino lebt!“ Symbolische Identifikation der heutigen Kämpfer mit dem Helden der Vergangenheit, Nicaragua **7.** Triumph der Helden über das technologische Monster, Vietnam

1

2

4

5

6

7

Der Feind als Abstraktion

1

2

3

4

1. Das Maschinengewehr, das U-Boot und das Flugzeug haben den Krieg anonymer gemacht. Auch die Zivilbevölkerung ist nun einbezogen und muß den Feind erkennen lernen, Englisches Plakat, I. Weltkrieg **2.** Lehrmaterial für die Ausbildung von US-Soldaten im II. Weltkrieg, USA **3.** Im Luftkrieg wird der Feind aus der Vogelperspektive wahrgenommen – er ist eine Abstraktion, weit entfernt, Italien, II. Weltkrieg **4.** Mai-Parade in Moskau. Eine gigantische Waffenschau, die dem ideologischen Gegner imponieren und dem eigenen Volk Stärke demonstrieren soll **5.** Ein geeintes Europa gegen den Bolschewismus. Gesichtslose Kämpfer, Frankreich, II. Weltkrieg

5

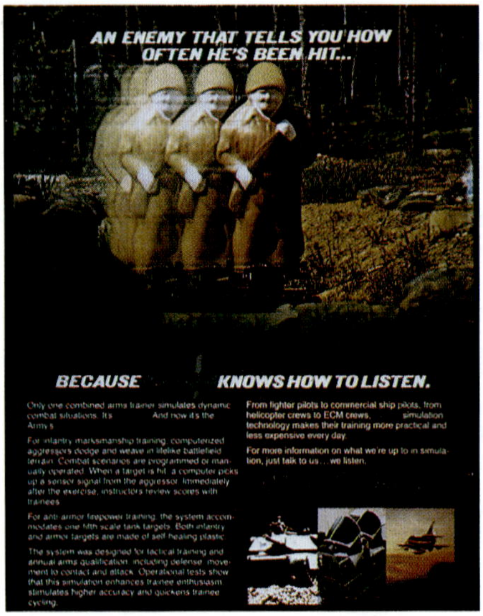

1

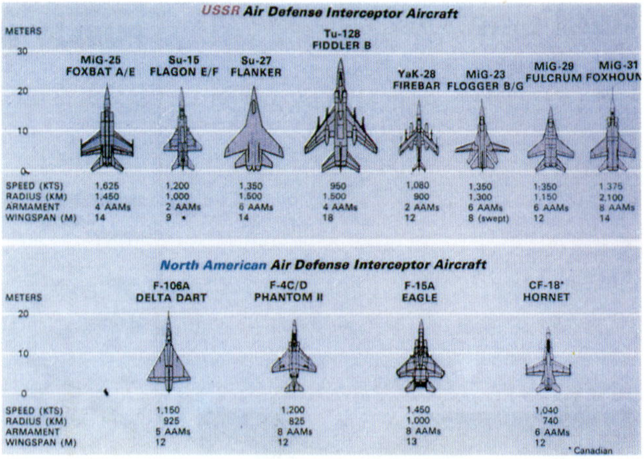

2

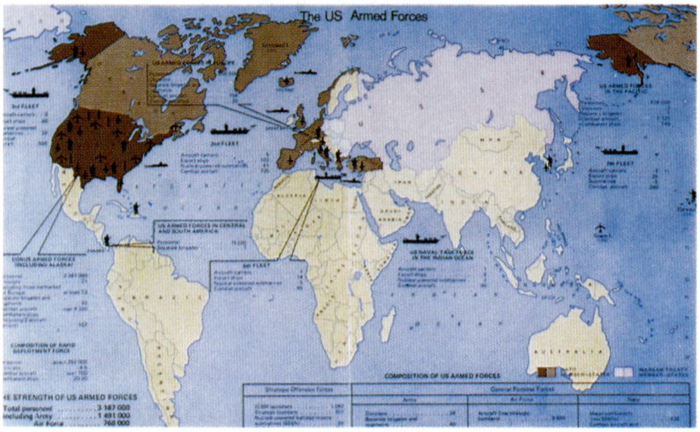

3

4

1. „Ein Feind, der Ihnen sagt, wie oft er getroffen wurde“, Rüstungsanzeige 1984 **2.** Waffen sind die neuen Ikonen des Homo hostilis. Wurde früher der Feind überlebensgroß stilisiert, so zeigt uns die ideologische Paranoia heute die Waffen des Feindes, um die Bedrohung zu verdeutlichen. Natürlich hat er immer mehr davon, und wir müssen ständig „Rüstungslücken“ ausgleichen **3.** Das Weltbild des Pentagon, 1985 **4.** Eine frühe Version des „Kriegs der Sterne“: Eine Maschine, die den Krieg unmöglich macht, Frankreich, 1890

Die unersättliche Psyche

Begierde und Eroberung

Zufriedenheit ist wahrscheinlich die seltenste aller menschlichen Tugenden. Gleichgültig, wieviel wir haben, nur wenige von uns sind befriedigt. Wir wollen immer mehr. Wir scheinen die frustrierte Spezies zu sein.

Es gibt viele Erklärungen für unsere Unersättlichkeit. Marx schrieb sie der Ungerechtigkeit und Ausbeutung zu, die aus dem Konflikt zwischen Kapitalisten und Arbeitern resultierte. Freud entdeckte die Libido als Quelle der Unzufriedenheit, die mit der Zivilisation einhergeht. Der moderne Kapitalismus nimmt an, Glück sei eine automatische Folge des Besitzes von Designer-Jeans oder des neuesten Automobils. Mittelalterliche Theologen nannten die endlose Sehnsucht „Begierde" und sahen darin die Ursachen für Luzifers Himmelsturz und den Fall des Menschen aus der Gnade.

Begierde nimmt im heutigen Leben viele Formen an. In Industrieländern ist es die Gier nach Konsumgütern. Sowohl die Kreditkartenrevolution als auch die sexuelle „Befreiung" gründeten auf der Annahme, daß jedes Begehren sofort befriedigt werden sollte. Begierde erscheint, ökonomisch gesehen, im Gewand des technologischen Dogmas von den unerschöpflichen Ressourcen und der Möglichkeit eines ewig steigenden Bruttosozialprodukts. Politisch manifestiert sich diese Begierde als Drang nach Macht und Herrschaft. All diesen Formen ist die Prämisse gemeinsam, es gäbe für menschliche Sehnsüchte und Fähigkeiten keine Grenzen, keine Möglichkeiten, genug zu haben.

Gewiß ist die Krankheit der Begierde universell. Ein einfacher Blick auf eine Weltkarte bestätigt, daß die Propagandachargen der USA wie der Sowjetunion recht haben. Zusammen mit China sind wir die großen Unersättlichen der Neuzeit. Wir haben jegliches Gespür für unsere natürlichen Grenzen oder legitimen Einflußsphären verloren. Die drei Weltmächte sind samt und sonders Allesfresser, die auf ihren Streifzügen alles verschlingen und ihre Herrschaft durch Handel und/oder Eroberung ausdehnen. Und alle leugnen sie, Imperialisten zu sein. Als ich kürzlich einen Diavortrag über „Feindbilder" in der Sowjetunion hielt, schloß ich die Vorführung mit dem Satz: „Ich bin gerade aus Nicaragua zurückgekommen und war tief verstört von dem, was ich dort gesehen habe. Mein Land schüchtert eine kleine und arme Nation ein, das eine unvollkommene Regierung hat, aber nichtsdestoweniger die beste seit 100 Jahren. Angesichts unseres Hungers nach Herrschaft würde ich um keinen Preis Nachbar der Vereinigten Staaten sein wollen." Meine Zuhörer lächelten und nickten beifällig. Dann fuhr ich fort: „Wenn

Kapitalisten profitieren vom Vietnamkrieg
UdSSR

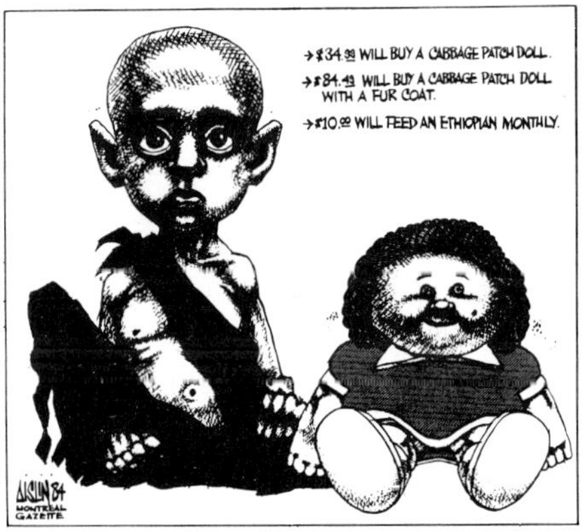

Konsumleidenschaft
Aislin, The Gazette, Montreal 1985. © Cartoonists and Writers Syndicate

Seit 1945 waren nur wenige Nationen bereit, offen für politischen Imperialismus einzutreten. Statt dessen wird politische Macht ideologisch interpretiert und als Verantwortung gerechtfertigt, die friedliche Weltrevolution voranzutreiben oder Freiheit und Freizügigkeit gegen Totalitarismus zu schützen.

Sue Mansfield

Wird er's schlucken?
Aportes. Publikation der Sandinisten (Nicaragua)

Denk dran: Wir sind hier, um die Sicherheit der Vereinigten Staaten zu verteidigen
Nicaragua. Roger, Barricada 1985. © Cartoonists and Writers Syndicate

ich lese, was in Polen und Afghanistan geschieht, und ihren Hunger auf Herrschaft sehe, würde ich auch nicht Nachbar der Sowjetunion sein mögen." Vielsagende Blicke huschten über einige Gesichter, während sich leise ein Chor des Widerspruchs erhob: „Afghanistan ist nicht Vietnam. Polen ist nicht Nicaragua." Fairerweise muß ich einräumen, daß ich die gleiche Reaktion in Washington erlebt habe. Alle Nationen behaupten, bescheiden und maßvoll in ihren Ansprüchen zu sein. „Wir gieren nicht nach Herrschaft." Wie beim Viehzüchter in Texas ist alles, was wir wollen, das Land, das uns rechtmäßig gehört – und was daran angrenzt. Wir sind unersättlich und durch unsere Unfähigkeit gehindert, mit unserem alltäglichen Wohlstand zufrieden zu sein.

Der heilige Augustinus sah das einzige Heilmittel gegen Begehrlichkeit darin, zu entdecken, welche Begierden zu sättigen sind und welche nicht. „Du hast uns nach Dir geschaffen und unsere Herzen sind rastlos, bis sie in Dir ruhen", sagte er. Menschen haben eine Bestimmung, die den Augenblick überschreitet, und deshalb sind wir zu Recht ruhelos. Wir sind *Homo viator,* Wanderer, eine unvollendete Spezies. Das Versprechen, das in unseren Genen schlummert, ist noch nicht erfüllt. Die Intentionalität, die unserer DNS einprogrammiert ist, hat ihr natürliches Ziel, ihr *Telos,* noch nicht erreicht. Die genetische Information, die wir in uns tragen, ist in unserem Lebensbuch nie gänzlich ausgeschrieben. Sofern wir einer inneren Berufung zu einem nie vollends verstehbaren oder beschreibbaren Jenseits folgen, zu einer menschlichen Zukunft, die wir uns kaum vorstellen können, werden wir immer den Drang nach etwas verspüren, das außerhalb unserer Reichweite liegt. Diese Sehnsucht nach Vollendung ist – weit davon entfernt, durch Konsum oder Eroberung gestillt werden zu können – das Zeichen der menschlichen Fähigkeit zur Transzendenz. Wenn wir uns den metaphysischen Hunger bewahren, ohne ihn durch Ersatzgüter sättigen zu wollen – dann erkennen wir, daß er die heilige Leere ist, das *ex nihilo,* aus dem schöpferische Kraft erwächst.

Paradoxerweise gestattet uns gerade das Akzeptieren der grenzenlosen Reichweiten des menschlichen Geistes, innerhalb der Schranken dessen zufrieden zu sein, was gegenwärtig möglich ist. Vergängliche Freuden reichen zur vorübergehenden Befriedigung, wenn nicht mehr von ihnen verlangt wird. Nach Auffassung des Zen-Buddhismus hat die erleuchtete Person das wahre Wunder des menschlichen Bewußtseins erfahren – Genüge zu finden mit dem, was da ist. Der Meister des Alltagslebens ißt, wenn er ißt, und schläft, wenn er schläft – und ist zufrieden.

Um über die kriegerische Psyche hinaus zu gelangen, müssen wir eine genügsame Psyche entwickeln, müssen wir die Grenzen des Wachstums anerkennen und uns innerhalb ihrer erfreuen. Ökologisch wie psychologisch sind die neuen, notwendigen Heldenbilder von Männern und Frauen geprägt, die nach der Schaffung von psychischen und politischen Möglichkeiten streben – welche heute utopisch erscheinen – und gleichzeitig im Augenblick Befriedigung finden.

Der Sadomasochismus des Alltagslebens

Das Bedürfnis nach dem Triumph der Rache

Wir zwingen den Feind, die Maske des Sadisten zu tragen, um das bestgehütete Geheimnis des zivilisierten Lebens zu wahren: Die Menschheit ist nicht menschenfreundlich *(humankind is not kind)*. Wir finden ein perverses Vergnügen an der Beobachtung, wie Grausamkeit und Tod unsere Mitmenschen treffen. Solange wir nicht zugeben müssen, daß Sadismus bei den meisten zu finden ist, müssen wir auch nicht ernsthaft prüfen, was bei einigen den Hunger nach Grausamkeit, Mord und Rache hervorruft und bei anderen für den gleichermaßen starken Widerwillen gegen Töten und Foltern verantwortlich ist.

Rechtsorientierte Schüler in Thailand massakrieren einen politischen Gegner. Man beobachte die vergnügten Mienen auf den Gesichtern der Zuschauer
© Neale Ulevich, 1976, Wide World

Das Schießen und Töten machte mir Spaß. Es beflügelte mich buchstäblich, wenn ich sah, wie ein gook *erschossen wurde. Wenn ein GI erschossen wurde, bedrückte mich das, auch wenn ich ihn nicht kannte. Ein GI war reell. Aber wenn ein* gook *umgebracht wurde, war das für mich, als ginge ich zur Tür raus und träte auf eine Küchenschabe.*

Mark Baker

Ritueller Sadomasochismus. Sexuelle Kriegführung

Die Geschichte der Kindheit ist ein Alptraum, aus dem zu erwachen wir erst vor kurzem begonnen haben. Je weiter man in der Geschichte zurückgeht, um so niedriger ist das Niveau der Fürsorge für die Kinder und um so wahrscheinlicher werden Kinder getötet, ausgesetzt, geschlagen, terrorisiert und sexuell mißbraucht.

Lloyd DeMause

Sadismus in Kriegen ist nur dann schwer erklärlich, wenn wir annehmen, es bestehe ein grundlegender Unterschied zwischen Soldaten, die Spaß daran haben, anderen Schmerz zuzufügen, und normalen Männern und Frauen. Die Annahme, daß es einen gewaltigen Abstand zwischen dem moralischen Fieber des Mannes, der in der Schlacht freudig tötet, und dir und mir gibt, ist die Illusion, auf der die Idee der Normalität beruht. Normale Menschen, so glauben wir gern, sind nett, gemäßigt und manierlich. Nicht ungebührlich wütend oder grausam. Zivilisierte Menschen verhalten sich angeblich zivil, befolgen die Gesetze und respektieren die Rechte der anderen. Sie mißhandeln nicht ihre Kinder oder fügen anderen unnötiges Leid zu.

Wir wollen für einen Moment die Perspektiven vertauschen und es mit der Hypothese versuchen, die Gesellschaft sei ein ausgefeiltes sadomasochistisches System.

Das Wesen des Sadomasochismus ist das Wechselspiel zwischen zwei Personen, von denen die eine als „oben“ und die andere als „unten“ definiert wird. Der „oben“, dominant oder sadistisch, beherrscht und erniedrigt offen den passiven oder masochistischen „unten“. Schmerz ist die Währung, nach der sich der Austausch von Macht bemißt. Der Sadist fügt Schmerz zu, um zu beweisen, daß er oder sie das Kommando hat. Der Masochist liefert sich dem Schmerz aus, um zu demonstrieren, daß er oder sie bereit ist, sich zu unterwerfen. Wenn Sadomasochismus die Stufe eines bewußten sexuellen Rituals erreicht, bei dem die Rollen in die Tat umgesetzt werden, gibt es stets eine Übereinkunft darüber, wie weit die Demütigung und Bestrafung gehen darf. In den meisten formalisierten sadomasochistischen Beziehungen ist es sogar der Masochist, der die Grenzen setzt und für das Ritual verantwortlich ist. Beim unbewußten, und deshalb zwanghaftesten, sadomasochistischen Wechselspiel packt, foltert und tötet der Sadist unter Umständen eine Person, die in Wahrheit völlig unschuldig ist. Für jede Situation, bei der sadomasochistischer Gewalt auf irgendeine Weise von beiden Seiten zugestimmt wird, gibt es Hunderte von Fällen, in denen zügelloser Sadismus unschuldige Opfer trifft. Vergewaltigung ist äußerst selten eine perverse Transaktion zwischen Täter und „Opfer“. Gewöhnlich ist sie ein Akt von unerbetenem Sadismus.

Wenn wir das Definitionsmerkmal des formalisierten Sadomasochismus nehmen, können wir erkennen, daß die Gesellschaft hierarchisch aufgebaut ist, damit ein solches Wechselspiel auf ritualisierte und „normale“ Art stattfinden kann. Traditionell sind die Männer „oben“ gewesen, Frauen, Sklaven und ethnische Minderheiten „unten“. Alle Stämme – bis auf die zutiefst egalitären – verfügen über soziale Hierarchien, die es Menschen einer Rangstufe ermöglichen, sich denen über ihnen zu unterwerfen und alle unter ihnen zu beherrschen. Verbreitet ist jene Auffassung, dieses gewaltige Herren-Untertanen-System sei sowohl natürlich als auch relativ menschenfreundlich. Aber diese Illusion ist kaum aufrechtzuerhalten, wenn wir uns das historische Beweismaterial anschauen. Herren besaßen und benutzen Sklaven, wie es ihnen gefiel. Bis zum Aufkommen der Gewerkschaften verlangten Arbeitgeber von ihren machtlosen Beschäftigten, unter unmenschlichen Bedingungen zu arbeiten. Das feine englische Bürgertum hatte keine Hemmungen, acht- und neunjährige Kinder zwölf Stunden am Tag zur Arbeit in Bergwerken zu zwingen. Ein Blick auf die Geschichte der Kindheit erweist, daß das, was wir heute als Kindesmißhandlung betrachten, in den meisten vormodernen Gesellschaften gängige Praxis war.

F. D. Roosevelt als Meuchelmörder von Zivilisten
Frankreich, Zweiter Weltkrieg

Selbst in neuerer Zeit wurden Kinder unter dem Deckmantel der „Erziehung" grausam behandelt. Es ist nicht schwer, die Wurzeln des Nazi-Sadismus in den üblichen Methoden deutscher Kinderaufzucht zu erkennen. Ich habe kürzlich in Deutschland Seminare durchgeführt und festgestellt, daß nahezu jeder in meinen Gruppen als Kind geschlagen worden war. Wie Alice Miller in „Am Anfang war Erziehung" zeigt, fügen normale und selbst „gute" Eltern ihren Kindern gewohnheitsmäßig Mißhandlungen und viel Leid aus Unachtsamkeit zu. Meiner Mutter tut es immer noch weh, zu erzählen, wie sie mich auf ärztliche Anordnung schreien ließ, bis alle vier Stunden die vorgesehene Zeit für mein Füttern gekommen war, aus Furcht, sie könne mich verwöhnen. Die Bibeltreuen haben über Generationen nach dem Motto gelebt: Wen der Herr liebt, züchtigt er. Erst in jüngster Zeit ist die Idee einer nicht-sadistischen Kindererziehung aufgekommen.

Die Geschichte unserer Verletzungen wird weithin unterdrückt. Da unser frühester Schmerz von jenen ausgelöst wurde, von denen wir abhängig waren, weil wir überleben und geliebt werden wollten, können wir nicht offen unsere Wut ausdrücken, ohne Strafe oder Ausgrenzung zu riskieren. Deshalb „vergessen" wir das Leid und schieben unsere zwiespältige Haßliebe für die Eltern beiseite, die uns ernährten und verletzten; deshalb vergraben wir unser Rachebedürfnis unter der Maske von Höflichkeit und Anstand. Die Mittelschicht ist die Verschwörung der Mäßigung, um die wilde Liebe und den heftigen Haß zu verdecken, die das Vermächtnis der Kindheit sind. Sie errichtet eine Fassade, die verbirgt, was Arthur Janov das „Urreservoir des Schmerzes" genannt hat, eine Persönlichkeit, die uns ermöglicht, die Oben-Unten-Spiele zwischen Eltern und Kindern auf sozial akzeptable Weise fortzuführen. Der Machtaustausch zwischen Über- und Unterlegenen ist gegründet auf ein unbewußtes Bedürfnis des einen, selbst strafender Elternteil zu werden, und des anderen, das gehorsame Kind zu werden, das durch Unterwerfung schließlich die Liebe des Elternphantoms gewinnen könnte.

In dem Maß, wie wir verletzt wurden, werden wir andere verletzen. Mißhandelte Kinder werden mißhandelnde Eltern – sofern sie sich nicht der erlittenen Grausamkeiten bewußt bleiben und sich bemühen, ihre Kinder so zu lieben, wie sie als Kinder geliebt werden wollten.

Unsere unbewußten Wunden rufen Grausamkeit in unter-

Der Feind war grausam, das war klar, doch dies beunruhigte mich nicht so tief wie unsere eigene Grausamkeit. Tatsächlich machte die Brutalität der Deutschen es viel leichter, gegen sie zu kämpfen, während unsere Brutalität den Willen schwächte und den Verstand verwirrte.

Glenn Gray

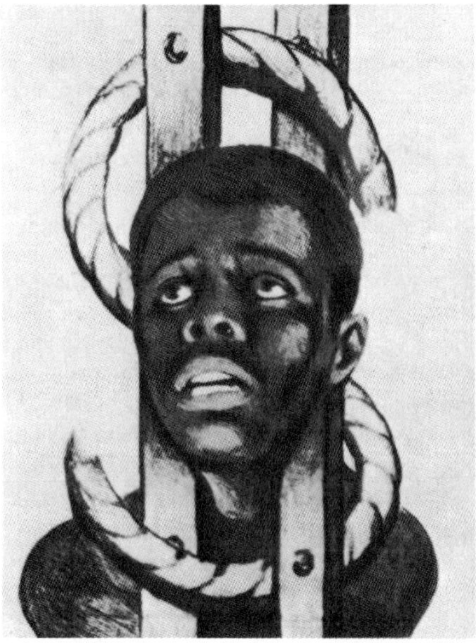
USA als Unterdrücker
UdSSR

schiedlichen Graden und Arten hervor. Das Bedürfnis nach „Rachetriumph" (das Wesen der Neurose oder des „normalen" Sadomasochismus) nimmt viele Formen an. Einige Menschen wenden die Grausamkeit nach innen und hassen sich selbst; sie quälen sich mit ständigen Schuldgefühlen, einer Tyrannei des „Du solltest", einem harschen und skrupulösen Gewissen. Andere bestrafen sich selbst mit fortwährendem Versagen und dauernder Krankheit. Wieder andere richten ihren Haß nach außen und werden herzlose Arbeitgeber oder machtlüsterne Unternehmer. Wann immer Individuen oder Nationen von Macht (statt von Freude oder Mitgefühl) besessen werden, ist die treibende Kraft unbewußter Sadismus. Im Krieg wird unserer Grausamkeit periodisch eine Entladung zugestanden. In symbolischen Objekten begegnen uns die Wut und die Enttäuschung, die wir von all den erlittenen Verletzungen und Demütigungen angehäuft haben. Wie fremd, quälend, ja sogar anrührend unsere Grausamkeit doch ist. Wenn wir genau hinsehen, erkennen wir, daß Haß eine Form gepeinigter Liebe ist. Generation für Generation ziehen wir in den Krieg, um uns an unseren Eltern zu rächen. Da wir es nie wagen, uns das Entsetzen über die erlittenen Verletzungen durch geliebte Menschen einzugestehen da wir nicht den Mut haben, sie der Grausamkeit anzuklagen, finden wir Ersatzobjekte, auf die wir die Bürde unserer Wut abladen können. Statt über unsere Verletztheit zu weinen, unsere Kränkung und unseren Ärger mutig auszudrücken und das endgültige Verlassensein zu riskieren, führen wir Schattendramen auf, um uns von der Gewalt zu reinigen, die unter unseren gemäßigten und artigen Persönlichkeiten gärt.

Um das Ausmaß von Grausamkeit und Sadismus zu mindern, müssen wir lernen, auf die Verzweiflung hinter der Gewalt zu hören. Der Sieger muß sich selbst im Schrei des Opfers hören, der Gewinner sich in der Erniedrigung des Verlierers spüren. Es ist stets das traurige, verletzte, enttäuschte Kind in uns selbst, über das wir zu triumphieren und das wir zu verleugnen suchen – im Sieg über den Feind. Solange wir Leid bei anderen erleben können, müssen wir unseren eigenen Schmerz nicht fühlen. Wut lichtet die Trauer. Unsere Wut auf einen Sündenbock abzuwälzen, erleichtert uns zeitweilig von diesem Gefühl. Aber das Bedürfnis nach Reinigung von unakzeptablen Gefühlen staut sich auf, und wir müssen uns in einen neuen Teufelskreis der Gewalt begeben. Der einzig sichere Ausweg aus dem blinden Ritual des Krieges führt über die Fähigkeit, Wut durch Trauer zu ersetzen. Wer die Kindheitsliebe, die er nie genoß, betrauert, wer seine eigenen Wunden behutsam behandelt, lernt, zu vergeben und den Teufelskreis des Verletzens und Verletztwerdens zu durchbrechen. Jeder Tag, an dem wir nicht trauern, ist ein Tag, an dem wir Rache nehmen werden. Wenn wir nicht zum Bekenntnis imstande sind, daß unsere eigenen Eltern, unsere eigenen Regierungen, unser eigener Lebensstil uns enttäuscht und verletzt haben, werden wir unausweichlich einen Feind schaffen, auf den wir unseren Zorn häufen. Die Sowjets müssen einen Sündenbock finden, auf den sie die Last des Leids laden können, das der Zweite Weltkrieg verursachte, die Säuberungen Stalins und die fortgesetzte Brutalität ihrer eigenen Bürokratie. Die Vereinigten Staaten müssen einen Sündenbock finden, dem sie den Schmerz über das Aufschrecken aus dem amerikanischen Traum und die wachsende Enttäuschung über das Leben in einer *High-Tech-Low-Touch*-Gesellschaft aufbürden können. So bilden wir Blutsbande, eine Gemeinschaft der Feindschaft, in der wir einverständlich das Spiel einer sadomasochistischen Politik spielen. Im Rennen um Vorrangstellung, Überlegenheit, um den Part des Sadisten, erlegt jede Nation ihrem eigenen Volk zunehmende wirtschaftliche Härte und politische Tyrannei auf. Die Alten, Jungen und Kranken müssen Mangel leiden, damit wir über unsere Feinde triumphieren können. Das alltägliche sadomasochistische Schauspiel ist komplett, wenn wir „normale" Beziehungen als Prozeß fortwährender Planung und nationaler Opferbereitschaft definieren, die darauf gerichtet sind, die Mittel zur Vernichtung des anderen zu erlangen. Die Militarisierung der Gesellschaft *ist* der Triumph des Sadomasochismus.

Die Olympischen Spiele des Terrorismus: Amerika auf dem zweiten Platz
Gomma Farhat 1985. © Cartoonists and Writers Syndicate

Die Normalität der Vergewaltiger

Der Krieg zwischen den Geschlechtern

Amerikanischer Soldat als Verführer
Deutschland, Zweiter Weltkrieg

Vergewaltigung ist ein unerläßlicher Bestandteil des Kriegsrituals. Ob sie selten oder oft vorkommt, kein Krieg ist symbolisch gewonnen, bis der Feind nicht durch den Mißbrauch „seiner" Frauen gedemütigt ist. Psychologisch gesprochen muß das sexuelle Territorium des Feindes besetzt und in Besitz genommen werden. Die Menschen werden weder sich selbst noch das Wesen des Krieges verstehen, bevor nicht diese psychische Dynamik von *Homo hostilis* klar erkannt wird.

Lassen Sie mich mit einigen Feststellungen beginnen, die auf den ersten Blick lächerlich erscheinen mögen. Krieg ist eine Form sexueller Perversion in großem Maßstab. Der unaufhörliche Kampf zwischen den Geschlechtern ist auch dann abnorm, wenn er von einer Mehrheit praktiziert wird. Die Gewalt, die uns regelmäßig beim Feind begegnet, steht in systematischer Beziehung zu der Gewalt, die wir zuerst gegen uns selbst verübt haben. Die vernachlässigte Wahrheit – und daher vernachlässigte Hoffnung – eines psychologischen

Eine Dame im Zweifel. Alles, was man tut, dient dem Sieger. Was bedeutet „alles"? Deutschland, Zweiter Weltkrieg

Krieg ist eine Krankheit, die durch einen Testosteron-Überschuß verursacht wird.

Es ist eine Männerwelt

anstelle eines rein politischen Verständnisses von Krieg wird nur zutage treten, wenn wir uns lange und genau einige offenkundige, aber ignorierte Elemente des Kriegssystems ansehen.

Erstens: Krieg ist eine Männersache. Bis auf ganz wenige Ausnahmen haben Frauen nie planmäßig Gewalt organisiert oder sich daran beteiligt. Sie waren so selten Krieger, daß wir ohne Furcht vor Zurechtweisungen das maskuline Pronomen verwenden können, wenn wir die Geschichte des Krieges erörtern. Frauen wurden traditionell als Helferinnen und Versorgerinnen ihrer Krieger dargestellt, und sie traten auf die Bühne des Krieges, indem sie einen Mann in Uniform als besonders maskulin und begehrenswert betrachteten. Aber nach allem, was wir wissen, gab es keine matriarchalischen Gesellschaften, in denen Frauen massenhafte Gewaltanwendung gegen andere Gesellschaften planten und ausführten.

Zweitens: Ungefähr über die letzten 10000 bis 13000 Jahre hinweg wurde der Mann vor allem durch den Imperativ erzogen und geprägt, ein Krieger zu werden. Im Laufe dieser Zeit haben wir Vernunft, Wissenschaft, künstlerisches Empfinden, politische Fertigkeiten, technologische Fähigkeiten und viele andere Begabungen kultiviert. Doch währenddessen wurde in den meisten Gesellschaften der Mann darauf getrimmt, zum Töten oder Sterben bereit zu sein, um den Stamm oder die Nation gegen ihre Feinde zu verteidigen. Der einzige größere Unterschied zwischen Männern und Frauen, außer den offensichtlichen biologischen Abweichungen, besteht darin, daß der Mann den Titel „Mann" erringen muß, indem er ein potentieller Killer wird, während Frauen sich den Luxus der Unschuld erhalten. Fast überall auf der Welt gehört zu den Initiationsriten für den Mann irgendeine schmerzhafte Prüfung – Schläge, Drill und Schikane, Beschneidung, Fasten, Töten eines Feindes oder Raubtiers –, mit der die Älteren die Jungen lehren, daß Männer fähig sein müssen, Schmerzen stumm zu ertragen, zu kämpfen und tapfer zu sein. Die Schlacht selbst wird als die Feuertaufe gesehen, eine Verwundung als „das rote Abzeichen des Mutes". Jeder Mann, der beim Erwerb der kriegerischen Tugenden scheitert, gilt als unmännlich. Philipp Caputo berichtet im Zusammenhang mit dem ersten Feuergefecht, das seine Einheit in Vietnam erlebte:

> „Während ich von einem Mann zum nächsten ging, wurde mir ein feiner Unterschied zwischen ihnen bewußt, und ich hätte ihn möglicherweise nicht bemerkt, wenn ich sie nicht so genau gekannt hätte. Sie hatten an ihrer ersten Kriegshandlung teilgenommen, einer kleineren zwar, die nur neunzig Minuten dauerte. Aber ihre Kompanie hatte in diesen neunzig Minuten getötet; sie hatten zum erstenmal gewaltsamen Tod gesehen und etwas von der Grausamkeit, die Kampf in Männern erweckt. Vor dem Feuergefecht entsprachen diese Marines beiden Definitionen des Wortes ‚Infanterie', das entweder ‚eine Truppe von Soldaten, die für den Dienst zu Fuß ausgerüstet sind' bedeutet oder ‚eine

Ansammlung von Kindern, Jungen und Jugendlichen'. Der Unterschied war, daß die zweite Definition nicht länger auf sie angewandt werden konnte. Nachdem sie dies erste Sakrament des Krieges empfangen hatten, die Feuertaufe, lag ihre Knabenschaft hinter ihnen. Weder sie noch ich dachten damals in diesen Kategorien darüber. Wir sagten uns nicht: Wir lagen unter Feuer, wir haben Blut vergossen, jetzt sind wir Männer. Wir waren uns einfach, auf eine Weise, die wir nicht ausdrücken konnten, bewußt, daß etwas Entscheidendes mit uns geschehen war."[28]

Drittens: Die Kriegerpsyche wird durch systematisches Ausrotten aller „weiblichen" Eigenschaften im Manne geschaffen. Um ein guter Krieger zu sein, muß ein Mann lernen, nicht zu weinen, nicht dem Verlangen des Körpers nach Bequemlichkeit und Sinnesfreuden nachzugeben. Um zu kämpfen, müssen wir unsere Lenden schürzen, uns verhärten, keinen Schmerz empfinden, keine Furcht, unseren Lebenswillen mißachten und Leben für das höhere Gut des Stammes opfern. Drillausbilder bei den Landungstruppen folgen einer alten militärischen Tradition, wenn sie Rekruten beleidigen, indem sie diese „Transusen", „Pißnelken" oder „Schlappschwänze" nennen, um sie dazu zu kriegen, gute Soldaten zu werden. Einige afrikanische Stämme schneiden den Männern die Brustwarzen ab, um alle Spuren der Weiblichkeit von denen zu tilgen, die bestimmt sind, Krieger zu werden. Und Gilbert Herdt stellt fest, die Sambia auf Neu-Guinea seien typisch für das Verdächtigen und die Unterdrückung des Weiblichen in Kriegergesellschaften:

„Eine Gesellschaft von Kriegern ist geneigt, Frauen als nicht zur Art gehörig zu betrachten, und in den Einstellungen der Sambia ist diese Tendenz auf die Spitze getrieben ... Rhetorik und Rituale der Männer stellen Frauen als unreine Minderwertige dar, denen ein Mann sein ganzes Leben lang mißtrauen sollte. Die Männer halten sich den Frauen in Körperbau, Persönlichkeit und sozialer Stellung für überlegen. Tatsächlich erfordert das Überleben des einzelnen wie der Gemeinschaft harte, disziplinierte Männer, die sich von der Weichheit der Frauen so deutlich abheben wie möglich. Dies bildet das Fundament, auf das Krieg, Handel, Warenproduktion und religiöses Leben gegründet sind ... In ihrer Mundart bezeichnen Männer die Frauen im Vergleich zu sich selbst als eindeutig minderwertige und ‚dunklere' Gattung."[29]

In der patriarchalischen Tradition, welche die Kriegerpsyche hervorbrachte, sind sowohl die Frau als auch die weiblichen Tugenden herabgesetzt worden. Frauen und alles Weibliche müssen unter Kontrolle gehalten werden. Wie Nietzsche gesagt hat: „Wenn du zum Weibe gehst, vergiß die Peitsche nicht."

Viertens: Die Sexualität des Kriegers ist eine Mischung aus unterdrückter Homosexualität und phallischem Auftrumpfen. Ein Junge wird zum Krieger gemacht, indem man ihn

Die neue Leda
Deutschland, Zweiter Weltkrieg

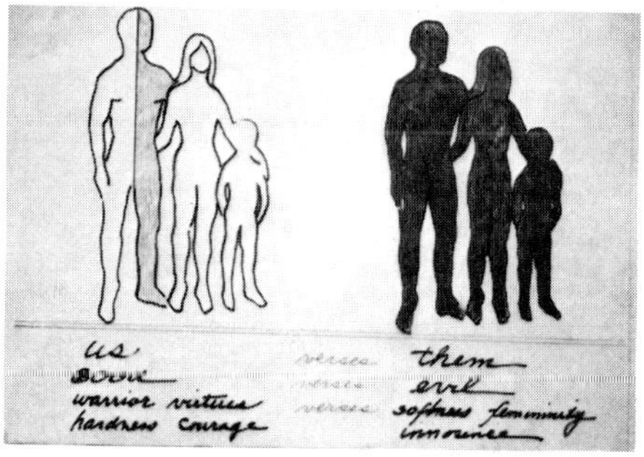

Der Krieger muß zuerst seine eigene Weiblichkeit erobern
Jeanette Stobie

Die Kriegerpsyche und der Kampf zwischen den Geschlechtern
Jeanette Stobie

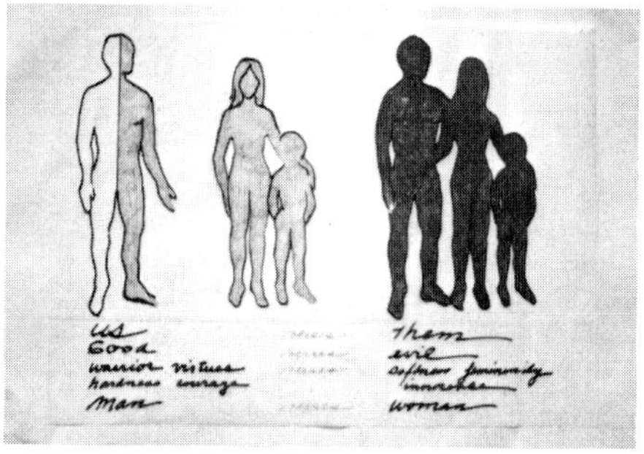

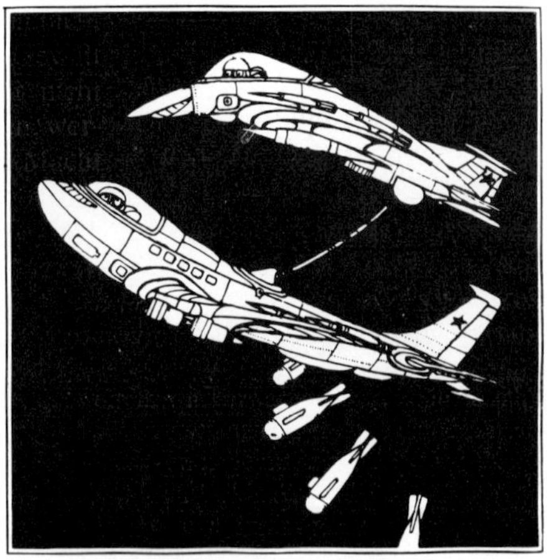

Erotische Perversion
EMK, Aftonbladet, Stockholm 1985. © Cartoonists and Writers Syndicate

Obszön
Rogelio Naranjo. El Universal, Mexiko 1985. © Cartoonists and Writers Syndicate

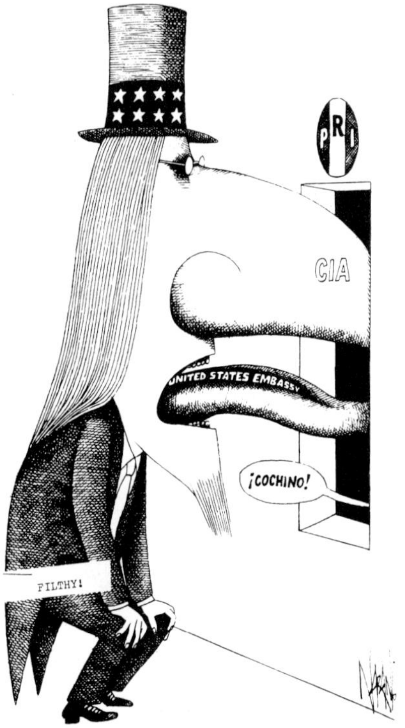

(gewöhnlich mit neun bis zwölf Jahren) aus dem Einflußbereich der Frauen entfernt und seine Betreuung und Ausbildung in die Hände von Männern legt. Bei den Sambia gehören dazu offen homosexuelle Rituale. Ein Initiand kann nur durch jahrelange rituelle Fellatio zum Krieger werden, bei der er den Samen älterer Krieger schluckt. Obwohl die meisten Gruppen die homosexuellen Elemente des Krieges nicht so offenkundig werden lassen, sind sie dort ebenso vorhanden. Um ein Soldat zu werden, muß ein Mann sich einem vorgesetzten Offizier unterwerfen, seine Individualität opfern, in einer Rekrutenausbildung gebrochen werden, sich mit der militärischen Heldenvergangenheit identifizieren. Im Kontext der Schlacht lernen Männer, einander zu lieben, und opfern ihrer Liebe oft sich selbst. Anscheinend läßt nur das Muster der Gewalt Zärtlichkeit in der Psyche des Kriegers aufkommen. John Wayne kann einen sterbenden Mann in seinen Armen wiegen, sogar eine flüchtige Träne vergießen, aber er kann nicht einen anderen Mann zärtlich berühren, ohne den Verdacht heraufzubeschwören, er sei „schwul". Jede offene Homosexualität ist so bedrohlich, daß die amerikanische Armee 1984 1796 Homosexuelle entließ, für deren Anwerbung und Ausbildung sie 22,5 Millionen Dollar ausgegeben hatte. Eine der Arten, wie der Krieger seine unbewußte Feindseligkeit gegenüber dem Weiblichen und seine latente Homosexualität verdeckt, ist phallische Aggression. Sein Penis wird, statt ein mögliches Mittel für den Ausdruck von Zärtlichkeit zu sein, ein Werkzeug, eine Rute, ein Gewehr. Geschlechtsverkehr mit einer Frau zu haben, heißt, ihr eine „Ladung zu verpassen", sie zu „bumsen". Bandenvergewaltigung wird zum „Banden-Bums" *(gang-bang),* einem Ritual untergründig homosexueller Krieger, die sich selbst beweisen, daß sie „echte" Männer sind, indem sie eine Frau erniedrigen.

Homo hostilis kann nie Frieden finden, weil sowohl die herkömmliche Kriegerpsyche als auch die Psyche der Frau, die künstlich durch den Mythos des Kriegers geprägt wurde, sozial so konstruiert sind, daß sie innerpsychischen Konflikt und Kampf zwischen den Geschlechtern unvermeidlich machen. Wenn eine Gesellschaft Männer zu Kriegern heranbildet, erzeugt sie systematisch einen Widerspruch zwischen dem bewußten Ich-Ideal und den unbewußten oder verdrängten Möglichkeiten von Männern wie Frauen und polarisiert unnatürlich die Geschlechter.

Die psychische Struktur des traditionellen Kriegers und der Frau, die bis heute durch die Gewohnheit, Kriege zu führen, hervorgebracht wurde, kann wie nebenstehendes Schema zeigt, zusammengefaßt werden.

In dem Maß, wie Frauen neuerdings in die öffentliche Welt von Wirtschaft und Regierung eingetreten sind und begonnen haben, sich als Konkurrentinnen und Führungsverantwortliche zu definieren, haben sie auch angefangen, viele der Persönlichkeitsmerkmale (und Streßsymptome) des Kriegers zu übernehmen. Doch bislang haben sie sich der einzigen und wichtigsten bestimmenden Aktivität des Kriegers noch nicht schuldig gemacht – der systematischen Ausbildung zu Gewalt und Tötungsbereitschaft. Solange Frauen sich aber nicht vollständig auf das Macht-Mord-Gewalt-Spiel einlassen, werden sie nicht gleiche politische und wirtschaftliche Macht

DER KRIEGER *Ich-Ideal* Bewußt:	*Schatten* Unbewußt:	**DIE FRAU** *Ich-Ideal* Bewußt:	*Schatten* Unbewußt:
Von ihm wird erwartet, zu beschützen, zu leiden, zu töten und zu sterben. Sein Körper und sein Charakter werden gestählt, um ihm das Kämpfen zu ermöglichen.	Er ist zerbrechlich und erschrocken über seine Zärtlichkeit und Sterblichkeit.	Von ihr wird erwartet, Leben zu schenken, zu nähren, zu heilen. Ihr Körper und Charakter werden weich gemacht, um ihr Fürsorge zu ermöglichen.	Sie ist zäh und erschrickt über ihre Kraft.
Seine Psyche ist um Vernunft und Willen zentriert. Er ist Geist, Verstand.	Launisch, kaum fähig, mit Emotionen umzugehen.	Ihre Psyche ist um Gefühl und Empfindung zentriert. Sie ist Natur, Körper.	Eigenwillig, kaum fähig zu diszipliniertem Denken.
Er ist beherrschend, grausam, sadistisch.	Verhohlen unterwürfig und passiv.	Sie ist unterwürfig, gehorsam, masochistisch.	Verborgen manipulativ und grausam.
Seine bestimmende Tugend ist Macht.	Seine beherrschende Angst gilt der Impotenz.	Ihre bestimmende Tugend ist Wärme.	Ihre beherrschende Angst ist die vor Frigidität.
Er strebt nach Unabhängigkeit, Selbstbestimmung.	Er wird unbewußt kontrolliert von Abhängigkeitswünschen, liefert sich Autoritäten aus und gehorcht ihnen.	Sie strebt nach Beziehung, Zugehörigkeit.	Sie ist unbewußt beherrscht von rebellierenden Gefühlen und Ängsten um Selbst-Bestimmung und Freiheit.
Ihm ist Wut erlaubt, aber keine Tränen.	Trauer und Melancholie verursachen seine Depressionen.	Ihr sind Tränen gestattet, aber keine Wut.	Ressentiment und Wut verursachen ihre Depression.
Er soll tapfer, mutig, aggressiv sein.	Er verdrängt seine Angst und Schüchternheit.	Sie soll ängstlich, schüchtern, passiv sein.	Sie verdrängt ihren Wagemut und ihre Aggressionen.
Seine Handlungssphäre ist öffentlich, politisch.	Er hat das Familiäre und Häusliche verbannt.	Ihr Aktionsbereich ist privat, häuslich.	Sie hat das Weltliche und Politische verbannt.
Er ist extravertiert, praktisch, konzentriert, linear, zielgerichtet; im schlimmsten Fall zwanghaft und rigide.	Er fürchtet Gefühle, Natur, Frauen, Tod, alles, was sich seinem Ringen um Herrschaft entzieht.	Sie ist introvertiert, intuitiv, unkonzentriert, zyklisch, prozeßorientiert; im schlimmsten Fall hysterisch und schlaff.	Sie fürchtet Abstraktion, Geschichte, Männer, Machtpolitik, alles, was sich der Logik ihres Herzens entzieht.
Als Agierender nimmt er Über-Verantwortung und prometheische Schuld auf sich.	Arroganz und Stolz überschatten sein Leben.	Als Reagierende wird sie zum Opfer, zur Anklagenden, Märtyrerin.	Furchtsamkeit und ein niedriges Selbstwertgefühl überschatten ihr Leben.

Angst hat aus Frauen – wie aus Farbigen und Juden – Symbole des Empfindens, der Leiblichkeit und Natur gemacht, all dessen, was im Unbewußten der Zivilisation enthalten ist und was sie verleugnet.

Susan Griffin

erlangen wie die Männer, und die traditionellen psychischen Strukturen werden erhalten bleiben.

Die Schlußfolgerung scheint unausweichlich. Sobald Männer ihre eigene „Weiblichkeit" zerstört haben, um sich zu Kriegern zu entwickeln, werden sie Frauen unvermeidlich als Untergattung des Feindes wahrnehmen, als Bedrohung ihrer Integrität, und in Bürgerkrieg mit sich selbst leben, mit Krieg zwischen den Geschlechtern und politischem Krieg zwischen Nationen. Jene, die mit dem Schwert leben, nehmen jede Wirklichkeit, innere und äußere, im Bild des Krieges wahr.

Der Beginn menschlicher Geschichtsschreibung deckt sich in etwa mit dem Anbruch der Ära von *Homo hostilis*. Daraus könnten wir schließen, daß Menschen von Natur aus feindselig und territoriale Lebewesen sind. Oder wir könnten folgern, daß wir noch nicht sehr viel über die menschliche Psyche wissen. Wie sähe die männliche Psyche aus, wenn sie nicht systematisch abgestumpft und einem Tabu der Zärtlichkeit unterworfen worden wäre? Wie wäre die weibliche Psyche, wenn man ihr nicht offene Aggression verboten hätte? Welche Art von Psyche würden wir schaffen, wenn wir Kinder in einer Atmosphäre aufziehen, in der es einen Krieg zwischen den Geschlechtern nicht gibt? Wenn wir aufhörten, die Vergewaltiger-Psyche als normal zu betrachten, könnte ein neuer Typus von Mann und Frau entstehen, und zum erstenmal würden wir vielleicht ahnen, was wir sein könnten, wenn wir nicht durch Geschlechterkrieg, psychischen und politischen Konflikt zerrissen wären.

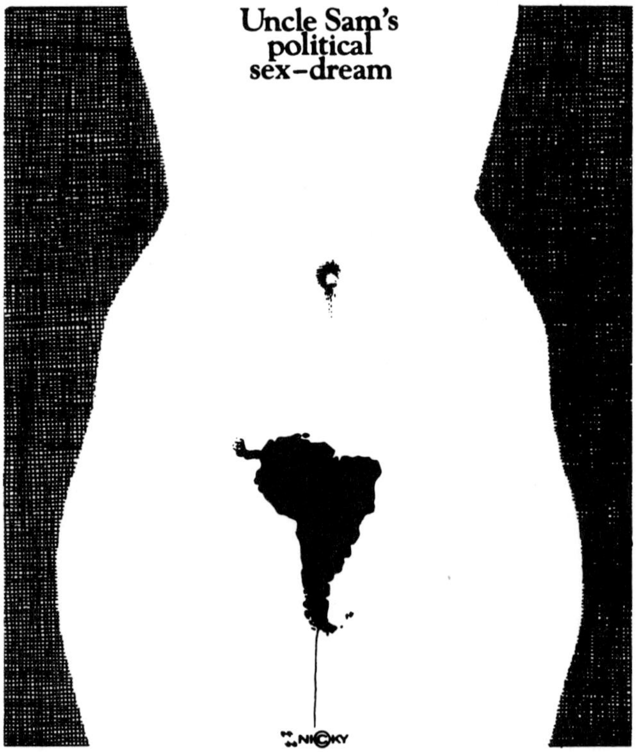

Amerikas Sex-Traum
Bulgarien. Nicolas Pecareff 1985.

Die Bestie Mensch

Über den Krieg gegen die Natur

Daß wir regelmäßig ein reichhaltiges Repertoire von Tier-, Reptilien- und Insekten-Bildern einsetzen, um unsere Feinde zu entmenschlichen, zeigt uns, wie tief heutige technisierte Gesellschaften in einer Metaphysik des Krieges gegen die Natur verwurzelt sind. Vor langer, langer Zeit wurden Schlange, Bär, Hund, Löwe und Wolf als Totemtiere angesehen, heilige Geister, vertraute Mächte. Männer und Frauen nahmen Tiernamen an, gehörten zu Sippen, die ihre Namen zu Ehren wild lebender Kreaturen wählten, bewunderten die List des Kojoten, die Industrie der Ameisen, die Anmut des Falken, den wiederauferstehenden Geist der Schlange. Raubtiere waren ein Teil der Familie, keine Feinde. Die Neuzeit begann, als wir anfingen, die Natur als einen Zustand fortwährenden Krieges zu begreifen, „blutig an Zähnen und Klauen“, als einen Kampf, in dem nur die Stärksten überleben. Und im Naturzustand war der Mensch ein reißender Wolf, der nur durch einen Sozialvertrag zivilisiert werden konnte. Wir lernten, uns mit Titeln zu schmücken, die zeigen sollten, daß wir fähig waren, die Natur zu überwinden. Wir waren nicht Bärmann oder Schlangenfrau, sondern *Homo sapiens, Homo faber.* Unser Verstand und unsere Fähigkeit, Werkzeuge herzustellen, stellten uns über die Tiere, gaben uns das Recht zu herrschen. Wissenschaft, verstanden als eine Form der Folter – „die Natur ins Regal packen“ und sie zwingen, unsere Fragen zu beantworten –, schenkte uns die Mittel, über-natürlich, Herren der Materie zu werden.

Da unser Anspruch auf Würde in unserer Fähigkeit wurzelt, die Natur zu transzendieren, müssen wir zwangsläufig einen Weg finden, unsere animalische Herkunft zu leugnen. Wir baden, um Geruch zu beseitigen, kleiden uns, um den Körper zu verhüllen, bauen Städte, in denen wir hermetisch gegen jedes Eindringen des Wetters abgeschirmt sind. Dann setzen wir Tiere in beaufsichtigte Umgebungen – zoologische Parks –, wo wir sie aus sicherem Abstand betrachten können. Derweil zerstören wir natürliche Umgebungen und beuten Rohstoffe aus, um Materie in kulturelle Kunst-Werke zu verwandeln.

Wenn der Feind in den Bereich der Natur verbannt werden kann, folgt aus der Logik unserer übernatürlichen Metaphysik, daß er ein Mittel, ein *Es,* ein Stück Rohmaterial ist, mit dem wir moralisch alles zu tun berechtigt sind, was wir begehren. In der Tat haben wir als Träger der Vernunft eine moralische Verpflichtung, die bestialischen Gewalten zu zähmen und Materie sinnvoll einzusetzen.

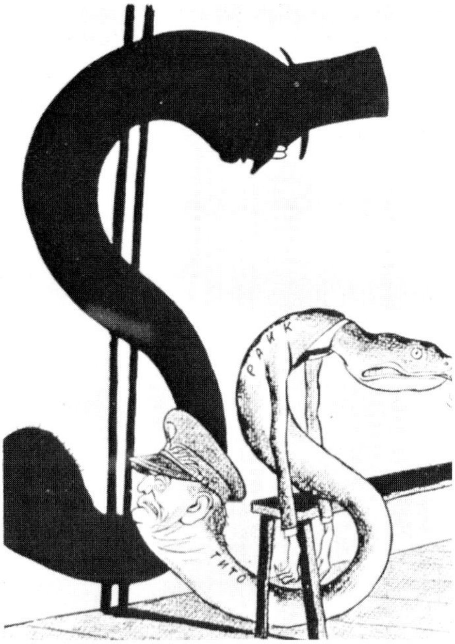

Truman und Tito als Schlangen
UdSSR

Der besiegte Papiertiger der US-Technologie
Vietnam

Dean Acheson als Hund
UdSSR

Nicaragua
Roger, Barricada 1985. © Cartoonists and Writers Syndicate

Die zwei Hauptprobleme, die zu lösen sein werden, wenn wir weit über das 20. Jahrhundert hinaus überleben wollen – die kriegerische Grundeinstellung und die immense Umweltzerstörung –, sind zwei Seiten ein und derselben Medaille. Wenn wir uns als unseren Nachbarn und der Natur überlegen definieren, schaffen wir unausweichlich eine feindselige Umgebung, eine Ökologie der Gewalt. Werbung, die uns auffordert, die natürliche Welt in Sachen zu verwandeln, die Propaganda, die uns einlädt, unsere Nachbarn in Dinge zu verwandeln, sind zwei Instrumente einer Metaphysik des totalen Krieges, eine paranoide Vision, in der wir von einer

Reagan mit dem norwegischen Außenminister Sven Strax auf dem Rücken
Hallvard Skange, Norwegen 1985.
© Cartoonists and Writers Syndicate

fremdartigen Welt umgeben sind. Die Lösung beider Probleme liegt auf der gleichen Linie – die Entwicklung einer Psyche und einer Polis, die um ein *Mit*-Sein statt um ein *Gegen*-Sein kreisen. Wir stehen vor keiner geringeren Aufgabe als der, uns selbst, unsere Sicht der Natur und unsere Institutionen zu überdenken und umzugestalten. Es ist kaum vorstellbar, wie wir uns von einer Psychologie, Politik und Metaphysik der Entfremdung zu einer der Menschenfreundlichkeit wandeln können. Noch schwerer ist allerdings vorstellbar, daß wir überleben werden, wenn wir es nicht schaffen, über die Feindseligkeit hinaus zu Artverwandtschaft zu gelangen.

Tod

Der letzte Feind

Krieg ist ein Mittel, den Tod im Gewand seiner Minimierung zu maximieren. Unter dem Deckmantel seiner Vernichtung wird das Übel noch gesteigert. Das Paradox kann nur aus der inneren Logik der Psyche verstanden werden. Der Feind, den wir zwingen, das Gesicht des Todes zu tragen, ist eine Schattenspiel-Puppe, ein notwendiges Requisit der Aufführung unserer Sterblichkeit-Unsterblichkeits-Spiele.

In der primitiven Mythologie wird der Tod als ein unnatürliches Faktum betrachtet, das der Erklärung bedarf. Er wird nicht als eine unausweichliche Konsequenz des Geborenwerdens wahrgenommen. Der Tod ist für den Menschen zufällig, äußerlich, nicht ein Teil unseres natürlichen, biologischen Menschenschicksals. Er tritt ein, weil wir ein Tabu der Götter brechen, weil wir darin versagen, den Eltern, den Alten, den göttlichen Geboten zu gehorchen. Wenn wir nur unsere moralische, körperliche und rituelle Reinheit bewahren könnten, wären wir unsterblich. Der letzte Feind – der Tod – ist potentiell besiegbar durch die heldenhafte Psyche oder Nation, die der göttlichen Bestimmung folgen können, ohne zu straucheln.

In jedem von uns ruht, eng mit unserem Lebenswillen verflochten, ein *Drang nach Unsterblichkeit.* Er besteht nicht so sehr darin, daß wir glaubten, wir seien unsterblich, als darin, daß wir es *verlangen:* unabhängig davon, ob unser Verstand diese Feststellung akzeptiert oder von ihr irritiert ist. Nur durch einen geistigen Trick können wir uns überhaupt eine Welt ausmalen, in der wir nicht existent sind. Orthodoxe Christen und Atheisten fordern gleichermaßen ihr Weiterleben nach dem Tode in irgendeiner symbolischen Form, ob im Himmel, in ihren Kindern, in der Erinnerung von Freunden

Es gibt einen Soldaten-Typus, der den Tod als sehr real für andere betrachtet, aber als machtlos über ihn selbst ... Sie haben sich einfach die kindische Illusion bewahrt, daß sie der Mittelpunkt der Welt und deshalb unsterblich seien.

Glenn Gray

Die USA als Tod werfen einen Schatten über Spanien
UdSSR

Flagge: Nach Westeuropa. Pferd: Marshall-Plan. Ein Reiter mit einem Reisebegleiter
UdSSR

oder in den Institutionen, denen sie gedient haben. Und weil diesem fast instinktiven Drang nach Unsterblichkeit die mühsam unterdrückte Furcht gegenübersteht, der Tod könne wirklich *sämtliche* Spuren unserer Existenz auslöschen, sind wir bereit, zum Äußersten zu gehen, um unsere Selbstzweifel zu besänftigen und uns unserer selbst zu vergewissern. Indem wir uns der göttlichen Prüfung des Krieges unterwerfen, in der wir willens sind, entweder zu sterben oder den Feind zu töten, der der Tod *ist,* bekräftigen wir rituell unsere eigene Unbesiegbarkeit durch den Tod. In seiner stärksten und buchstäblichsten Form spiegelte sich dies in der primitiven Propaganda wider, die versprach, der gefallene Krieger werde direkt in Walhalla oder das Paradies eingehen. Wie zuletzt in Vietnam verkündeten Krieger, sie hätten schon „ihre Zeit in der Hölle abgedient". In aufgeklärterer Form tritt diese Denkweise noch immer bei politischen Begräbnissen in Erscheinung, bei denen Kriegshelden in Ruhmeshallen beigesetzt werden, in denen ihr Andenken solange bewahrt werden wird, wie Männer Legenden von Mut und Opfer weitertragen.

Das Paradox des Krieges besteht, wie das der herkömmlichen Medizin, darin, daß er die Krankheit verschlimmert, die er zu heilen verspricht. Psychologisch gesprochen ist Krieg ein Projekt von Leuten, (1) die sich weigern, an den Tod zu glauben, (2) die auf infantiler Stufe von der Phantasie ihrer eigenen Unsterblichkeit am Leben gehalten werden und (3) die meinen, durch das Ermorden eines Feindes könnten sie den Tod besiegen und beweisen, daß sie selbst unsterblich sind. William Broyles Jr. gibt ein lebendiges Zeugnis dieser Phantasie:

> „Nach einem Überfall aus dem Hinterhalt brachten meine Männer den Leichnam eines nordvietnamesischen Soldaten mit. Später fand ich den toten Mann gegen einige Verpflegungskartons gelehnt. Er hatte eine Sonnenbrille auf, und ein Playboy-Heft lag aufgeschlagen in seinem Schoß; eine Zigarette hing ihm lässig aus dem Mund, und auf seinem Kopf prangte ein großer und wohlgeformter Haufen Scheiße. Ich gab vor, außer mir zu sein, denn Leichenschändung war als un-amerikanisch und auftragswidrig verpönt. Aber es war nicht Abscheu, was ich fühlte. Ich wahrte meine Offiziersfassade, doch innerlich ... lachte ich. Ich lachte – glaube ich heute – zum Teil aus einer unterbewußten Hochachtung vor dieser obszönen Verknüpfung von Sex, Exkrementen und Tod; und zum anderen Teil aus der plötzlichen, mitreißenden Erkenntnis, daß er – wer immer er gewesen war – tot und ich – dieses besondere, einzigartige Ich – am Leben war. Im Krieg ist die Linie zwischen Leben und Tod hauchdünn; es gibt Freude, die reine Freude, daran, lebendig zu sein, wenn so viele um einen herum es nicht sind. Und von der Freude, in der Gegenwart des Todes am Leben zu sein, zur Freude, Tod zu bereiten, ist es unglücklicherweise kein allzu großer Schritt."

Der Krieg als Todesbote ist der doppelgesichtige Janus. Er trägt das Gesicht des Schreckens, aber auch der Ekstase. Soldaten berichten häufig, daß der Krieg ihnen trotz seiner Brutalität die lebhaftesten Erfahrungen ihres Lebens vermittelte. Nie waren sie stärker erfüllt von ehrfürchtigem Schaudern und dem kostbaren, ungewissen und tragischen Sinn des Lebens. Die Atmosphäre ständiger Gefahr, die empfundene Macht zu töten sowie die Kameradschaft von bewaffneten Männern schaffen ein psychedelisches Hochgefühl, das den Krieger von der stillen Verzweiflung und Langeweile des Alltags erlöst.

Wenn wir aber den Krieg mit den Augen des Philosophen betrachten, werden wir vielleicht feststellen, daß er nicht so sehr eine Disziplin des Mutes im Angesicht des Todes ist, wie es scheint, sondern vielmehr eine verzweifelte Anstrengung schwarzer Magie, die Auseinandersetzung mit dem universellen Schicksal des Todes zu vermeiden. Fürwahr, in der Gegenwart des Todes zu leben, ist notwendig, um Lebendigkeit zu verspüren. Wir verlieren unsere Fähigkeit zum Staunen und versinken in langweiliger Routine, wenn wir uns zusammentun, die Zerbrechlichkeit des Lebens und die Nähe des Todes zu vergessen. Wie Heidegger sagte, ist unser Dasein authentisch, wenn wir uns daran erinnern, daß unsere Existenz ein Sein zum Tode ist. In dem Maß, in dem wir die all-tägliche Bewußtheit unserer Sterblichkeit verdrängen, wird unser Tod uns entrücken und bedrohlich werden. Und dann können wir ihn nur auf perverse Weise wiedergewinnen, indem wir ihn ins Antlitz des Feindes projizieren und „den Tod“ zu töten versuchen. Krieg ist eine Perversion unseres Bedürfnisses, uns an unsere Sterblichkeit zu erinnern. Er stellt Männer in eine Situation der Gewalt, in der sie den Tod anerkennen, weil sie töten, nicht, weil sie, wie alle Menschen, das Vorrecht genießen, nur für einen flüchtigen Augenblick zu leben. Entweder meiden wir den Tod, indem wir Todeskiller werden, oder wir leben im Bewußtsein des tragischen Lebenssinns. Philosophen, Mystiker, Psychologen – die Psychonauten, die es gewagt haben, in das Unbewußte hinabzusteigen – haben ein eigenartiges Versprechen verwirklicht: Wir können aus vollem Herzen und sanftmütig leben, wenn wir uns täglich an unseren Tod erinnern. Wir werden sinnlich, irdisch und demütig, wenn wir im Gedächtnis behalten, daß humane Wesen Humus sind – Erde, fruchtbare und verwesende Materie. D. H. Lawrence wies ebenso wie andere auf das wesensmäßige Band zwischen Sexualität und dem Bewußtsein des Todes hin, als er den Orgasmus „eine sanfte Ahnung des Todes“ nannte. In der Liebe hören wir auf, beherrschen zu wollen, geben wir das Machtspiel auf, erleben wir uns selbst als *mit* dem anderen statt *gegen* ihn, erklären wir den Krieg für beendet. Von den Weisesten wird bezeugt, daß es eine Ekstase im gewöhnlichen Leben gibt, wenn der Krieg hinlänglich aufgehört hat, um uns zu gestatten, dem Tod ruhig entgegenzusehen. Um menschlich zu sein, müssen wir sterben. Wir brauchen nicht zu töten.

Die Todesfurcht des Ich wird durch das Morden, das Opfern anderer abgeschwächt; durch den Tod des anderen kauft man sich selbst frei von der Sühne des Sterbens, des Getötetwerdens.

Otto Rank

Uncle Sam mit Rechenbrett beim Leichenzählen
UdSSR

Der statistische Mensch

Die Auslöschung des Seins

Szenario für die äußerste Entmenschlichung: Man blickt in den Spiegel und sieht gar kein Bild. Man ist verschwunden. Leere. Die erschreckendste Offenbarung, die uns zuteil wird, wenn wir uns im Spiegel des Feindes betrachten, ist, daß wir fürchten, wir hätten aufgehört zu existieren. Der Feind ist (wir sind) eine statistische Größe, eine Abstraktion. Protestierend rufen wir aus: „Nenn' mich bei jedem Namen, den du willst, aber laß' mich nicht anonym. Verfluch' mich, aber ignorier' mich nicht. Häng' mir jedes beliebige Prädikat an, aber leugne nicht, daß ich ein Subjekt bin. Stell' mich als Atheisten oder Bestie dar, aber nicht als Ziffer – als Teufel, aber nicht als nichtiges Wesen."

Die Leere, die wir auszulöschen versuchen, herrscht in uns selbst. Der Feind, den wir auf eine zählbare Menge von Körpern reduziert haben, ist der Geist der Abstraktion, der gekommen ist, die moderne Psyche zu beherrschen. Die numerierte Masse – 100000000 oder 200000000, auf ein paar Millionen mehr oder weniger kommt es nicht an –, die gleich zu Beginn eines nuklearen Schlagabtauschs eliminiert werden könnte, ist ein Symbol dafür, daß wir in einer dämonischen Quantifizierung unter Ausschluß der Qualität befangen sind. „Wieviel?" „Wie stark?" „Wie oft?" – diese Fragen sind wichtiger geworden als „Warum?" Die Mittel haben über die Ziele gesiegt. Wir haben aufgehört zu fragen: „Sollten wir?", und fragen nur noch: „Können wir?".

Die Technik hat eine weitreichende Zerstörung des Geistes der Menschlichkeit nach sich gezogen. Nie zuvor besaßen so viele soviel und fühlten so wenig. Überfluß und Nihilismus gingen Hand in Hand. Der Individualismus marschierte Seite an Seite mit Anonymität und Massengesellschaft. Je mehr wir fähig waren, Natur und Gesellschaft zu ordnen und zu rationalisieren, um so mehr wuchs auch das Gefühl von Anomie. Je mehr wir dahin kamen, Götter auf Erden zu sein, desto weniger menschlich fühlten wir uns. Mit Intelligenz, Imagination und Industrie haben wir die Mittel geschaffen, um das Unglück von Hunger, Infektionskrankheiten, Armut und Unwissenheit größtenteils auszurotten, Menschheitsplagen, die man früher für einen unumgänglichen Bestandteil der Lebensbedingungen des Menschen hielt. Statt dessen haben wir jedoch zusätzliches Leid erzeugt.

In den meisten technisch fortgeschrittenen Gesellschaften führt die Mehrheit ein stark reglementiertes Leben. Anonyme Bürokratien, Konzerne und Regierungen entscheiden darüber, wo wir leben, arbeiten und ausgebildet werden; ob und mit wem wir kämpfen, wohin wir reisen dürfen, was

Amerika als der abstrakte Mensch, der nur an Zahlen interessiert ist
UdSSR

wir tragen und was wir öffentlich sagen dürfen, welche Informationen wir erhalten. Dem Durchschnittsbürger wird ein Einheitsbrei aus Werbung, wöchentlich vierzig Stunden vorverdauter Fernsehunterhaltung und Nachrichten vorgesetzt.

Zunehmend werden wir darauf gedrillt, Experten und Professionelle zu sein, die nur hochspezialisierte Tätigkeiten qualifiziert ausführen können. Notgedrungen macht eine massenproduzierende Gesellschaft die Mehrzahl der Arbeiter zu Funktionsträgern, die gegen andere Funktionsträger auswechselbar sein müssen. Wert und Ansehen werden nach der Produktivität bemessen. Es gibt eine Art Verschwörung aller, um Gebrauchsgüter ebenso wie den Verbrauchergeschmack zu vereinheitlichen. (Mit angemessenen Unterschieden in Statuswert und verfügbarer Qualität nach sozialer Schicht und Einkommen: Standard-Mercedes für die Reichen; Standard-Toyotas für die Mittelklasse; alte Volkswagen für die Armen.)

Wir sind das anonyme Volk. Wir zählen nur als Abstraktionen und in Statistiken. Unser Leben wird von Zufällen regiert – ob wir Juden, Araber, Amerikaner, Europäer oder Vietnamesen sind. Kein persönliches Schicksal war schwer genug, um den großen „Zahlmeistern" etwas entgegenzusetzen. Die wichtigsten Entscheidungen werden nicht individuell, sondern in Unternehmen und Regierungsbehörden gefällt. Konzernzentralen beschließen eine Werksstillegung, und tausend Familien müssen umziehen. Wir sind von den Maschinen zur Statistik und von dort zur Wesenslosigkeit vorangeschritten. Wir gehören nicht in die Kategorie der Person – sind weder untermenschliche Barbaren noch nichtmenschliche Tiere. Wir werden nicht gehaßt. Unsere Auslöschung wird das Ergebnis einer computer-gestützten Entscheidung sein, die logische Schlußfolgerung einer rationalen Politik unter angemessener Berücksichtigung alternativer Szenarien.

Es ist kaum ein Wunder, daß das entscheidende menschliche Gefühl der Wichtigkeit, Bedeutung, Sinnhaftigkeit vom Zerfall bedroht ist. Psychiater berichten, die Hauptbeschwerden heutiger Patienten seien Depressionen: „Ist das alles gewesen?" Vollgefressen mit Nahrungsmitteln, Annehmlichkeiten und Unterhaltung fühlen wir uns dennoch leer. In der Einöde sitzen die Waren im Sattel und haben uns im Zaum. Und die Leere, die Langeweile, die verkrusteten Eiterbeulen der Depression schwellen zu freiflottierender Wut an und brechen auf in Gewalt. Das Minimalniveau, auf dem wir uns unserer Existenz vergewissern, ist nicht *Cogito, ergo sum,* sondern: „Ich bin brutal, also bin ich." Wenn wir spüren, daß wir nicht zählen, nicht wichtig sind, keine Rolle spielen, wird Gewalt zur letzten Quelle von Kraft für den Aufschrei: „Ich existiere, ich bin nicht bedeutungslos, ich bin mächtig." Wenn wir das Vertrauen verloren haben, irgend etwas schaffen zu können, das den Stempel unseres individuellen Daseins trägt, einem Ruf zu folgen, durch den wir uns vielleicht einen Namen machen können, dann können wir unsere Ohnmacht immer noch durch Zerstörung leugnen.

Washington: Die neuesten Statistiken des Pentagon über gefallene Gegner weisen für Juli 5500, für August 5860 und für September 4447 aus. Der monatliche Durchschnitt für dieses Vierteljahr beträgt 5269 ... Daraus ergibt sich, daß 332000 Dollar auf jeden als tot gemeldeten Feindsoldaten ausgegeben werden.

Louisville Courier-Journal, 1966

Es ist eine Laune der Zeiten: Wir machen Liebe per Telefon, wir arbeiten nicht an Gegenständen, sondern an Maschinen, und stellvertretend töten wir und werden getötet.

Albert Camus

„Mit den Menschenrechten ist es besser geworden bei mir. Ich habe die Zahl der Mordanschläge von 200 auf 196 gesenkt ... Ihr könnt auf uns zählen."
Roger 1985, Nicaragua. © Cartoonists and Writers Syndicate

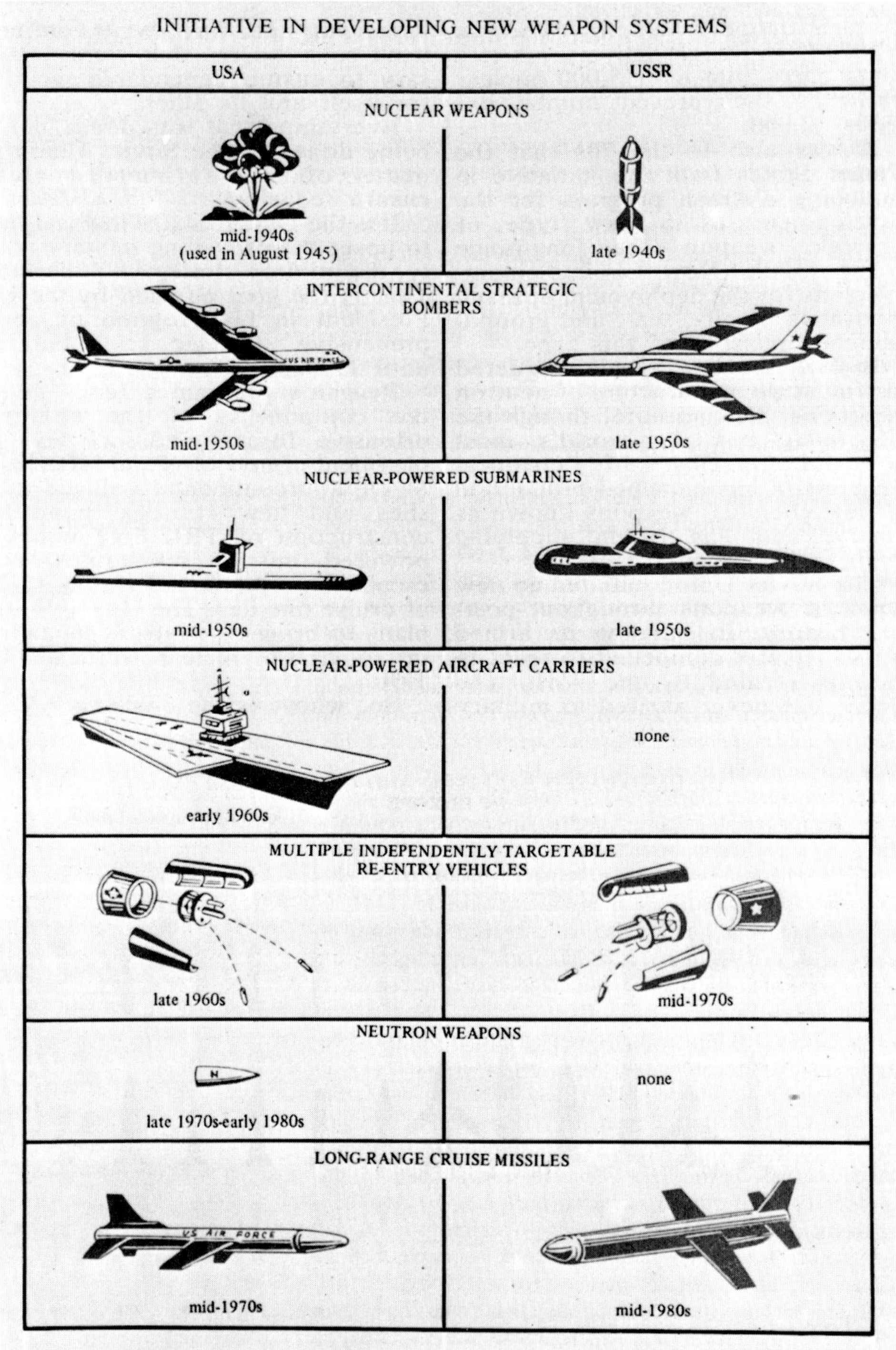

Woher droht die Gefahr für den Frieden?
„Sie haben damit angefangen."
UdSSR, 1985

Der Krieg bot traditionell ein Abenteuer, das vorübergehend als Heilmittel gegen Anomie und Bedeutungslosigkeit wirkt. Je geordneter, kontrollierter und rationalisierter Gesellschaften werden, desto mehr wird Langeweile ein Problem. Heutige Arbeiter werden dafür belohnt, kalkulierbar zu sein und Routine zu ertragen. Apollo regiert die Wirtschaftswelt. Und sie wird immer ermüdender. Das mittlere Management lebt, nicht weniger als die Massen, „ein Leben stiller Verzweiflung“, unterbrochen durch die rituelle Gewalt des Sports, 40000 Fernsehmorde pro Jahr und Krieg. Wenn Krieg heraufzieht, befreit Dionysos sich von seinen Ketten und spielt verrückt. Männer werden aus ihrer Routine gerissen und in fremde Länder verschlagen, wo sie exotische Dinge erleben und tun können. Ein Jahr in Vietnam oder Afghanistan ist sowohl moralischer als auch ästhetischer Sonderurlaub. Die Würze der Gefahr verleiht jedem Erlebnis zusätzliche Intensität. Fremde Frauen erregen den Eros, und das Blut der Feinde stimuliert Thanatos. *In extremis* berühren Männer die Grenzen von Liebe und Tod, die im normalen Leben gewöhnlich verborgen sind.

Dann ist da noch der Machtrausch. Ein Neunzehnjähriger, dem man im zivilen Leben vielleicht die Verantwortung zugestände, einen Pizza-Lieferwagen zu fahren, hat im Gefecht das Kommando über eine Abteilung und trifft Entscheidungen über Leben und Tod. Sein Finger am Abzug ist potenter, Leben zu zerstören, als es irgend etwas in seiner noch unausgereiften Persönlichkeit wäre, Leben zu zeugen.

In diesem Drama steht er nicht allein, sondern als Mitglied einer „Brüderschaft der Gefahr“. Er kämpft mit Männern, die er zu lieben lernt, und „Ehre“ und „Opfer“ sind für ihn keine Abstraktionen, sondern greifbare Erfahrungen von Risiko, Wagemut und der Bereitschaft, für Kameraden zu sterben. Nur wenige Männer lernen im bürgerlichen Leben je die dramatische Intensität des Krieges kennen. Jahre später, auch wenn die Erinnerung an den Schrecken lebendig bleibt, denken viele Veteranen nostalgisch an die Zeit des Kampfes als bewegteste Jahre ihres Lebens zurück. In der Gegenwart

Die USA *sind* ihre Waffen
UdSSR

Washington: Das Pentagon räumt ein, daß ein Atomkrieg das Leben auf dem Planeten auslöschen könnte, sagt aber, dies sei kein Grund, die Nukleardoktrin zu ändern oder den Bau von Atomwaffen zu stoppen … Richard Perle äußerte, man sei überzeugt, daß ein Atomkrieg eine schreckliche Sache wäre, glaube aber, das, was wir hinsichtlich der Modernisierung strategischer Kernwaffen und Rüstungsbegrenzung unternähmen, sei wohlbegründet, und man meine, daß es durch das Phänomen des nuklearen Winters nicht weniger richtig würde.

Associated Press, 1985

Massenproduktion

von Gewalt zu leben, legt in Männern sowohl die tiefsten Tiefen des Bestialischen als auch die höchsten Höhen des Transzendenten frei. Kein Wunder, daß viele behaupten, die Schlacht sei für einen Mann das, was eine Geburt für die Frau ist. Zu keiner anderen Zeit steht ein Mann in seinem Leiden so tragisch an der Grenze zwischen Leben und Tod. Die normalen Schranken des Alltags, den wir so lieben und hassen, werden niedergerissen in einem Festival der Gewalt, das wir Krieg nennen. Und wer kann sagen, er bedaure zutiefst, aus seiner sicheren Routine aufgestört worden zu sein – wenn nicht jene, die Höllenqualen erdulden müssen?

Sofern, wie wir behauptet haben, Propaganda eine verschlüsselte Botschaft über uns selbst ist, eine Offenbarung unserer verborgenen Identität, sagt uns die Reduktion des Feindes auf eine statistische Größe, die, zusammen mit uns selbst, in einem Atomkrieg ausradiert werden könnte, etwas ebenso Erschreckendes wie Hoffnungsvolles über den Zustand des heutigen Menschen. Die Mehrheit von uns ist entfremdet, innerlich leer genug, bar jeder *raison d'etre,* um am Rande des Selbstmords zu stehen. Trotz unserer Möglichkeiten zu materiellem Wohlstand sind wir von Zweifeln erfüllt. Unser tiefsitzender, unbewußter Lebenswille ist in Gefahr. Unser Leben ist möglicherweise nicht reich genug an wirklichem Sinn, als daß wir überleben wollten. Freud nahm an, es gebe immer ein empfindliches Gleichgewicht zwischen den Kräften des Eros und des Thanatos in der menschlichen Psyche. Die Bedingungen des modernen Lebens könnten so beschaffen sein, daß die Balance gekippt und Eros bedroht ist. Wenn wir Überleben und Wohlergehen von einer Psyche abhängig machen, die verhärtet wurde, um zu konkurrieren, abgestumpft, um nicht aus der Reihe zu fallen, und von Gefühlen entleert, um zu zerstören, dann schaffen wir eine geistige Ökologie, in der Eros nicht gedeihen kann.

Wenn die wachsende Anonymität und Feindlichkeit des modernen Lebens eine Ursache der Verzweiflung ist, dann ist sie auch eine Herausforderung zur Hoffnung. Wie Camus uns vor einer Generation mahnte, kommt eine authentische Entscheidung nur zustande, wenn wir bereit sind, dem Absurden ins Auge zu sehen. Weder kraftvolles Handeln noch Hoffnung können aus einem technologischen Optimismus

Das menschliche Gesicht der USA verwandelt sich in die Bombe
UdSSR

oder evolutionären Idealismus erwachsen, der davon ausgeht, wir schritten automatisch zu einer magischen Verwandlung des Menschen und in ein goldenes „Neues Zeitalter" voran. Individuen wie Nationen geraten manchmal an einen Punkt der Ernüchterung über das Leben, an dem sie Selbstmord begehen. Es gibt keinen gefährlicheren und zugleich hoffnungsvolleren Augenblick als den, in dem wir es wagen, die Möglichkeit von Leben und Tod in unseren Händen zu halten und zu fragen: „Sein oder Nichtsein?" Dies ist der Punkt, an dem wir in der menschlichen Geschichte angekommen sind. Nach Tausenden von Jahren des Kampfes und Triumphs haben wir schließlich den Moment erreicht, an dem wir die Macht haben und vor der Notwendigkeit stehen, zu entscheiden, ob wir sterben oder uns ändern wollen. Entweder werden wir der letzte Feind, der Teufel, der die Menschheit zerstört, oder wir bekräftigen unsere Fähigkeit und unseren Willen, eine Zukunft zu schaffen, die anders ist als unsere Vergangenheit, eine Zukunft, die nicht von *Homo hostilis* beherrscht wird.

Es wird so lange keinen Frieden geben, bis sie Gesichter haben

TEIL 3

Die Zukunft der Feindschaft

Ein Panoptikum der Möglichkeiten

Die Zukunft schaffen

Die süße Last der Freiheit

Der Realitätssinn verlangt, daß wir jegliche Spekulation über die Zukunft mit den trostlosesten Szenarien beginnen. Ziehen wir aus den wichtigsten Trends des 20. Jahrhunderts Schlüsse für die Zukunft, so erscheint ein nuklearer Holocaust wahrscheinlich. Nationalismus, die kriegerische Psyche, Fortschritte in der Waffentechnik und die Angewohnheit, unsere Schatten auf unsere Feinde zu projizieren, addieren sich zu einer beinahe sicheren Formel für das Desaster auf. Als die mythischen Helden unserer Spezies könnten sich Prometheus und Satan erweisen: ersterer, weil er den Göttern das Feuer stahl, dann an einen Felsen gekettet und schließlich verdammt wurde, als Strafe für seinen Frevel den Geiern seine Leber zum Fraß zu überlassen; Satan deshalb, weil er als „gefallener Engel" die Macht anbetete.

Pessimisten bereitet die Schicksalshaftigkeit grimmiges Vergnügen, Optimisten ist sie ein bequemer Trost. Für beide ist das Ende der Geschichte bereits geschrieben und alles, was wir zu tun haben, ist, uns zurückzulehnen und den Schlußakt abzuwarten. Für die Pessimisten verurteilen die selbstsüchtigen Gene und die Logik der Machtpolitik uns zu endlosem –

Der wirkliche Feind
James J. Dobbins

Der deutsche Militarismus als Frankenstein
Erster Weltkrieg

Stell dir die Nichtigkeit des Gedankens vor, dein Feind könne dir mehr Leid zufügen als deine eigene Feindseligkeit.

Augustinus

und deshalb endgültigem – Krieg. Für den Optimisten soll die heimliche evolutionäre Entfaltung des Geistes, der Materie wird, unausweichlich zu einer Umwandlung der menschlichen Gesellschaft und einem Neuen Zeitalter führen.

Harmaggedon, der letzte Tag vor dem Weltgericht, oder Utopia? Ein Schicksal, programmiert von Biologie oder Geist?

Weder noch. Die Perspektive, aus der ich mit den möglichen Zukünften spielen werde, ist der Glaube an *Freiheit*. Wir sind weder von unseren Genen verdammt, noch bewahrt ein *deus ex machina* uns vor selbstgewählten Torheiten. Wir müssen uns dem metaphysischen Hochmut sowohl säkularer als auch religiöser Formen von Prädestinationslehren verweigern. „Nicht durch die Schuld der Sterne, ... durch eigene Schuld nur sind wir Schwächlinge“ (Shakespeare, *Julius Cäsar*). Und „Schwächlinge“ zu sein, bedeutet nichts anderes als die Weigerung, die süße Last unserer Freiheit zu tragen. Statt die schöpferische Angst mächtiger Freiheit zu leiden, vergöttern wir die Nation und produzieren wir all die beque-

UdSSR, Zweiter Weltkrieg

men Annehmlichkeiten von Massenreligion und Kriegsritual. Wir beruhigen uns dann mit frommer politischer Rede, die uns versichert, daß wir keine Alternative haben, weil „der Feind“ uns zur Selbstverteidigung zwingt. Solche Rationalisierungen sind das Wesensmerkmal von „Irrglauben“. Ob wir die weltliche Formulierung eines Existentialisten wie Sartre akzeptieren, daß wir „zur Freiheit verdammt“ seien, oder die mystische Behauptung, unsere Freiheit sei der greifbarste Beweis dafür, daß wir von einem liebenden Gott geschaffen sind, jedes authentische Nachdenken über die Zukunft setzt voraus, daß wir auf dem Felsengrund der Freiheit stehen. Wir sind frei; deshalb haben wir die Verantwortung, die Welt zu gestalten. Das Kapitel der Geschichte über die Zukunft der Feindschaft ist noch nicht geschrieben. Weder von Gott, dem Schicksal, der Technik oder Machtpolitik noch in der DNS. Wir bleiben in dem Maß menschlich, wie wir unsere Verantwortlichkeit akzeptieren.

Es gibt kein alleingültiges Szenario für die Zukunft der Feindschaft. Unsere Spekulation und Vorausschau müssen

DDR, 1960. John Heartfield

Um den wahren Feind, den Heiligen Krieg, den gerechten Kampf zu entdecken: Wende deinen Blick. Erweitere deine Sicht von deiner nächsten Umgebung zum Universellen, vom Besonderen zum Allgemeinen, vom Feind der Nation zum Feind der Menschheit.

konjunktivisch sein: *Vielleicht, möglicherweise, angenommen; wenn dies, dann das; was wäre, wenn; vorausgesetzt, es ist, als ob.* Die meisten Zukunftsprognosen sind deshalb langweilig, weil sie einem Standpunkt entspringen, die Sache sei bereits erledigt. Doch die Zukunft ist *kein* Faktum, sondern ein Phantasiegebilde. Deshalb lassen Sie uns damit spielen, was noch aus uns werden könnte.

Die Grenzen, innerhalb derer unser Spiel stattfindet, werden von zwei gegensätzlichen, undenkbaren (aber möglichen) Bedingungen markiert: 1) Absolute Feindschaft triumphiert, und wir vernichten alles menschliche Leben; 2) Wir erneuern Gesellschaft und Psyche derart, daß die alte Gewohnheit der Feindschaft ein Ende findet. Wir werden mit Möglichkeiten zur Reduktion von Feindschaft spielen, die zwischen diesen beiden Extremen von Vergessenheit und totaler Liebe liegen.

Sollten wir mit dem Abbau der Feindschaft bei der Polis oder bei der Psyche ansetzen? Bei kurzfristigen oder langfristigen Veränderungen? Beides. Kurzfristig müssen wir Mittel zur Ersten Hilfe entwickeln. Eine Annahme lautet, Krieg sei ein Symptom einer grundlegenderen Krankheit. Wir müssen das Symptom behandeln, damit wir den Patienten lange genug am Leben erhalten, um herauszufinden, wie wir die soziale und politische Umwelt ändern können, die die Krankheit hervorruft. Solange die Psyche sich nur unzulänglich wandelt, müssen wir Bedingungen zuwege bringen, die es *Homo hostilis* ermöglichen, in jenem Konfliktzustand zu leben, der in den vergangenen 13000 Jahren die Definition von Normalität war. Es wäre ein Fortschritt gegenüber unserer jetzigen Situation absoluter Gefahr, wenn wir zu den relativen Gefahren traditioneller Kriegführung zurückkehren könnten. Doch schließlich müssen wir die fast unvorstellbare Aufgabe in Angriff nehmen, die kriegerische Psyche umzuformen, die lange Tyrannei der Feindschaft zu beenden und das zu entdecken, was William James das „moralische Äquivalent des Krieges" genannt hat.

In diesem Schlußteil werde ich einige Fragen aufwerfen und einige Möglichkeiten skizzieren, sowohl für Erste Hilfe als auch zur dauerhaften Behandlung der Krankheit „Feindschaft".

Minimallösungen

Verzweifelte Hoffnungen

Hoffnung ist ein Senf-Korn. Es wächst auf kargem Boden besser als in Utopia. Irgend etwas an der Vorstellung, mit dem bloßen Minimum anzufangen, nährt radikale Aufrichtigkeit. Wir wollen mit ehrlicher Verzweiflung beginnen. Vielleicht haben wir zu wenig Kraft und Willen, den selbstmörderischen Kurs von *Homo hostilis* umzukehren. Wenn das so ist, wäre unsere Freiheit möglicherweise auf die verzweifelte Wahl beschränkt, in Schönheit statt im Elend zu sterben. Wenn wir heute zusammen auf dem Deck der Titanic stehen, können wir wenigstens singen, während sie sinkt.

Im Spiel mit alternativen Zukunftsvisionen der Feindschaft will ich bei den am wenigsten erstrebenswerten und minimalen Lösungen einsetzen und dies zu den wünschenswertesten politischen Maximallösungen steigern – bis schließlich hin zu jenen radikalen Lösungen, die von einer Umgestaltung der Psyche *und* der Polis abhängen.

Die minimalistischen Lösungen basieren auf der Annahme, daß wir unsere Bilder vom Feind als absolutem Bösen weder überprüfen noch verändern und ebensowenig die Politik, die auf diese Voraussetzung gegründet ist. Da die Möglichkeit absichtlicher Veränderung immer in direktem Verhältnis zum Grad des Vertrauens steht, bietet diese Option wenig Chancen für einen Wandel. Wenn der Feind unmenschlich ist und keinerlei Vertrauen verdient, ist das Streben nach Waffenüberlegenheit eine vernünftige Handlungsstrategie.

Die Minimallösungen sind natürlich unangemessen und absurd. Die Menschheit scheint lieber ihre Paranoia festhalten zu wollen als ihr Weiterleben zu sichern. Vielleicht ziehen wir es vor, im Zorn zu sterben, statt in der Art von radikalem Vertrauen zu leben, das nötig ist, um eine rationale und mitleidenschaftliche Politik hervorzubringen.

Müssen wir uns entscheiden zwischen „todsicher“ oder „todunsicher“?

Krieg ist der Feind.

Das Zyankali-Szenario

Annahme: Feindschaft und Technologie entwickeln sich weiter wie bisher. Die angehäuften Waffen werden schließlich eingesetzt. Atomkrieg zwischen den USA und der Sowjetunion bricht in vollem Umfang aus. Die Wirkungen sind nach Voraussagen von Wissenschaftlern sofortiger Genozid und der Beginn eines nuklearen Winters. In beiden Ländern werden, wenn überhaupt, nur wenige überleben.

Vorschlag: Soweit dies möglich oder sogar wahrscheinlich ist, und unter der Voraussetzung der – sowohl auf seiten der

Stammes-Idole
USA, 1927. Nelson Harding. Pulitzer-Preis

Die Terrorismus-Statue
UdSSR, Prawda

Vereinigten Staaten als auch der Sowjetunion – gegenwärtig nicht vorhandenen Bereitschaft, die Art von einschneidenden politischen Veränderungen vorzunehmen, die notwendig sind, um einen Atomkrieg zu verhüten: die Regierungen beider Länder sollten übereinkommen, den grausamen Schwindel der „Zivilverteidigung" zu beenden und jedem Familienoberhaupt Zyankalikapseln auszuhändigen. Das Schlimmstmögliche, das jeder von uns sich vorstellen kann, ist *nicht,* sofort bei Punkt Null einer Atomexplosion zu sterben. Mein schrecklichster Alptraum ist der, meine Frau und meine Kinder im fortgeschrittenen Stadium der Strahlenverseuchung totschlagen zu müssen. Die Regierungschefs von Nationen mit Kernwaffenarsenalen auf ihrem Boden haben ihre Anhänger überzeugt, daß sie darauf vorbereitet sein müssen zu sterben, Suizid und vielleicht Kosmozid zu begehen, um sich vor der Überwältigung durch einen Feind zu retten, der Körper wie Seele zerstört. Wenn wir eine Strategie der atomaren Abschreckung fortsetzen sollten, in der alle Zivilbevölkerungen als Geiseln gehalten werden, sollten wir bereit sein, uns dem schlimmsten Fall gegenüber hellsichtig und aufrichtig zu verhalten, uns unsere Bürger mit dem nötigen Zyankali versorgen, um mit einem Minimum an Würde sterben zu können.

Der Pest-Abtausch

Annahme: Die Vereinigten Staaten und UdSSR schließen ein Abkommen, daß, obwohl sie absolute Feinde sind, im Fall ihres beiderseitigen Selbstmords durch Krieg die nichtmenschliche Welt nicht zerstört zu werden braucht. Sie vereinbaren miteinander, daß abgesonderte Gruppen von Menschen, die nicht in den ideologischen Todeskampf zwischen Kommunismus und Kapitalismus verwickelt sind, überleben und das Experiment „Mensch“ weiterführen sollten.

Vorschlag: Alle nuklearen Gefechtsköpfe sollten sofort durch chemische und biologische Kampfstoffe ersetzt werden, wie etwa Pestbakterien, Erreger von Fleischvergiftung oder Nervengas, das unmittelbar tödlich auf Menschen, aber nicht auf andere Lebewesen wirkt. In einer Welt, in der das Böse beinahe gesiegt hat, ist es ungleich moralischer, Massenmord zu begehen als Kosmozid, die Wirkung des Krieges auf die schuldige Spezies zu beschränken – die Menschen. Eine solche Strategie würde uns erlauben, unser selbstmörderisches Wettrüsten fortzusetzen, aber zugleich den schwachen Trost zu bewahren, daß, nachdem wir verschwunden sind, der Hirsch und die Antilope weiterhin herumtollen könnten. Das Experiment „Mensch“ ist, im geologischen Zeitrahmen, relativ jungen Datums. In vielleicht einer Million Jahren (eine Größenordnung, die im Vergleich zu unseren Militäretats geringfügig erscheinen sollte) würde aus den Affen vielleicht ein neuer Adam hervorgehen, der genug Gespür hätte, im Paradies zu bleiben.

Eine wichtige Nebenwirkung der Entscheidung für die Pest-Alternative bestünde darin, daß wir unsere militärische Forschung von der nutzlosen Suche nach noch schrecklicheren Explosivwaffen umlenken und auf die Erzeugung von Krankheitserregern und Gegengiften konzentrieren könnten. Statt eines Rüstungswettlaufs hätten wir einen Giftstoff- und Immunisierungs-Wettlauf, *Gene Wars* statt *Star Wars,* DNS-Rekombination statt Elementarteilchen-Strahl-Waffen. Obwohl die medizinische Forschung nicht frei von sozialen Gefahren ist, produziert sie unbestritten eher nützliche Erkenntnisse zur Überwindung von Leid als die Waffenforschung.

Möglich ist ferner, daß einige Personen sich als einzigartig immun gegen die übelsten biologischen Waffen erweisen. Welche Überlebenden daher auch immer nach dem Pest-Abtausch übrigblieben, sie würden eine Rasse aus einem biologisch überlegenen Genstrang hervorzubringen beginnen. (Im besten aller möglichen Szenarien – der Sadisten-Bestrafung – würden wir einen biologischen Kampfstoff erfinden, der nur die Feindseligsten und Aggressivsten vernichten würde und es den Sanftmütigen überließe, die Erde zu bewohnen.)

Das Überlebenskämpfer-Szenario

Annahme: Ein begrenzter Atomkrieg zwischen USA und UdSSR bricht aus. Statt die Endsieg-Maschinerie in Gang zu setzen, unterbrechen wir in der Mitte des Wahnsinns und halten unsere Zweitschlags-Kapazität zurück. Oder die Mehrzahl unserer Raketen funktioniert einfach nicht. Da die Politik der wechselseitig versicherten Vernichtung befolgt wurde, richtet jede Seite ihre Raketen auf die großen Bal-

Der endgültige Feind
Deutschland, 1954. Hans Erni

lungsräume, hält deren Bevölkerung als Geiseln und zerstört diese Zentren.

Vorschlag: Wenn wir annehmen, daß im Chaos die Vernunft überwiegt, wo sie es in ruhigen Zeiten nicht tat, und daß ein Atomkrieg auf den Verlust von ein paar hundert Millionen Menschen begrenzt werden kann, dann sollten nachhaltige Programme zum Zivilschutz eingerichtet werden. Überlebens-Gruppen mit dem nötigsten technischen Wissen, menschlicher Weisheit und künstlerischen Fertigkeiten, die fähig wären, eine neue Zivilisation aufzubauen, sollten über entlegene ländliche Gebiete verstreut werden. Viele der Science-Fiction-Geschichten, die mit einem solchen Thema spielen, streichen hervor, daß es möglicherweise einen halbtotalen Atomkrieg erfordert, die Masse der Menschen endlich zur Einsicht in die Nichtigkeit der Suche nach militärischen Problemlösungen zu erziehen.

Die nukleare Gleichmacherei

Annahme: Dualismus *ist* Krieg. Eine Welt, in der zwei widerstreitende Mächte untereinander verzahnt sind, ist gefährlicher als eine, die aus einer Vielzahl konkurrierender Mächte besteht. Wie Milton Rokeach in *Three Christs of Ipsilanti* geschildert hat, kommen etliche Verrückte in einem Raum mit größerer Wahrscheinlichkeit zu einer vernünftigen

Luftgeschwader über Europa
Zweiter Weltkrieg. Fitzpatrick, 1940

Lösung als zwei Verrückte in einem Raum. Macht korrumpiert, aber Machtlosigkeit auch. Bis zum Ende des Jahrhunderts wird jede Nation, die sich darum bemüht, in der Lage sein, Atomwaffen herzustellen. Da ein kleines Arsenal nuklearer Waffen alles ist, was man braucht, um in das Großmächte-Spiel erpresserischer Abschreckungspolitik einzusteigen, werden wir eine Machtangleichung zwischen kleinen und großen Nationen erleben. So wie der 45er Colt der Gleichmacher im letzten Jahrhundert war, werden die *Cruise Missiles* die Gleichmacher des 20. Jahrhunderts sein. Jeder erhält eine Stimme bei der Entscheidung über den Jüngsten Tag. Und sofern das Votum nicht einmütig ist, beginnt der Krieg.

Vorschlag: Da es bislang unsere Strategie war, immer mehr Vernichtungswaffen als „Verhandlungsmasse" zu erzeugen, um den Feind zu Rüstungskontrollvereinbarungen zu bringen, sollten wir diese Politik bis zu ihrem logischen Ende führen und Nukleartechnologie jeder interessierten Nation anbieten; so könnten wir die Möglichkeit weltweiter Abrüstung beschleunigen. Wir werden dadurch die Gefahr derart radikal verschärfen, daß die wichtigsten Weltmächte zur Zusammenarbeit gezwungen werden, um eine universale nukleare Abrüstung herbeizuführen; andernfalls verlören sie ihren Status als Großmächte. Solange wir das Spiel reiner Machtpolitik spielen, das in Anlehnung an Clausewitz als „Macht kommt aus den Gewehrläufen" bezeichnet werden kann, ist unsere beste Hoffnung, das Gleichgewicht des Schreckens könne uns zu einer stabileren Welt führen. Nationen, die den nuklearen Gleichmacher besitzen, würden sich wahrscheinlich in Richtung größerer ökonomischer Gleichwertigkeit entwickeln und deshalb die wirtschaftlichen Kriegsursachen mindern.

Wem dieser Vorschlag ein wenig bizarr vorkommt, der möge die Tollhaus-Logik betrachten, auf der unsere gegen-

Der perfekte Rekrut
USA, 1916. Robert Minor, The Masses

Wahnsinns-Konzept: M.A.D.-Men (Mutual Assured Destruction)
Das amerikanische Kürzel für „wechselseitig sichergestellte Vernichtung" bildet zugleich das Wort für „verrückt"

Kopflose Generäle
UdSSR

Jeder technologische Fortschritt wird uns der Barbarei und dem Kosmozid näher bringen, wenn wir nicht die Zivilisiertheit entdecken und neue Institutionen aufbauen, um unsere Habgier zu bändigen und unseren Zorn zu besänftigen.

wärtige Politik basiert. Die derzeitigen Versuche, ein Nuklearmonopol aufrechtzuerhalten und eine „Ausweitung" zu verhindern, sind die Version von Paternalismus und Kolonialismus gegen Ende des 20. Jahrhunderts. Wir gehen davon aus, Länder wie Libyen oder der Irak seien politisch nicht reif genug, um mit Atomwaffen vernünftig umzugehen. Wenn, wie wir alle annehmen, militärische Macht der einzige Garant von Souveränität ist, dann besteht der sinnvollste Weg, die Unverletzbarkeit nationaler Grenzen zu sichern, darin, allen Nationen die erforderlichen Mittel an die Hand zu geben, um ihr Territorium gegen Angreifer zu verteidigen. Wenn die USA Tibet und Afghanistan freundlich ein paar Mini-Megatonnen-Gefechtsköpfe angeboten hätten und die UdSSR ein ähnliches Sortiment von Gleichmachern dem Vietkong oder den Sandinisten, wäre die Welt entweder sehr viel gefährlicher oder viel sicherer. Angeblich werden die Unreifen ja nur über den Umgang mit Macht zu einer „gereiften" Verantwortung fähig. Also würde die Welt nicht erwachsen, bevor nicht alle Nationen über die Mittel verfügen, Kosmozid zu begehen. In diesem Punkt können wir erwarten, daß die Entwicklungsländer der Dritten Welt ebenso verantwortungsbewußt sind, wie es die entwickelten Länder wurden.

Der Friedenszonen-Plan

Zertretet die Schlangen!
USA, Zweiter Weltkrieg

Annahme: Die meisten Leute scheinen darin übereinzustimmen, daß es die Regierungen und Führer sind und nicht „das Volk", die Krieg wollen. Als eine Mindestbedingung von Zivilisiertheit vereinbaren die Atommächte, im Krieg nur die Schuldigen und nicht die Unschuldigen vernichten zu wollen.

Vorschlag: Die großen Weltmächte formulieren eine neue Genfer Konvention und einigen sich darauf, das Konzept des Rittertums wieder in den Krieg einzuführen, Kampfhandlungen auf den Austausch von Feindseligkeiten zwischen professionellen Soldaten zu beschränken und unschuldige Zivilisten nicht länger als Geiseln einzusetzen.

Jede Nation sollte ihr Territorium in Kriegs- und Friedenszonen aufteilen. Sämtliches Militärpersonal, dessen Familien, die wichtigsten Regierungsstellen, Waffen und der militärisch-industrielle Komplex sollten in der Kriegszone angesiedelt werden. Alle nicht-militärischen Personen, Wirtschaft und Kultur sollten in Friedenszonen konzentriert werden. Jegliche konventionelle und nukleare Kriegführung sollte ausschließlich in den dafür bestimmten Kriegszonen stattfinden. Eine solche Aufteilung würde Menschen die Wahl erlauben, welche Art von Kultur sie bevorzugen. In der Kriegszone bestünde zwar ein größeres Lebensrisiko, aber sie wäre wegen der Verdichtung von Verteidigungsaufgaben wirtschaftlich reicher und ihre Bewohner hätten mehr Einfluß. Auch würden so alle Probleme mit Überprüfung und Betrug bei der Rüstungskontrolle beseitigt, weil keine Nation etwas dagegen haben könnte, daß ihre waffen-freien Zonen offen für Inspektionen sind.

Ein derartiger Plan würde auf lange Sicht vielleicht automatisch zum Weltfrieden führen. Durch einen Prozeß natürlicher Auslese wären die Bewohner der Kriegszone diejenigen, welche über die für die Kriegerpsyche wesentlichen Eigenschaften verfügen – Aggressivität, selbstlose Hingabe an eine Sache, Autoritarismus, die Fähigkeit, Reglementierungen zu ertragen, Kampfeslust, Machtbegierde, Extraversion, unbewußte Projektion von Feindseligkeit auf den Feind und so weiter. Unausweichlich wäre Krieg ein regelmäßiges Vorkommnis zwischen denen, die in den jeweiligen Kriegszonen wohnen, und ihre Anzahl würde daher abnehmen. Denkbar ist, daß sie einander in einem nuklearen Duell ausrotten und als Überlebende jene Menschen hinterlassen, die sich entschieden haben, in Friedenszonen zu leben.

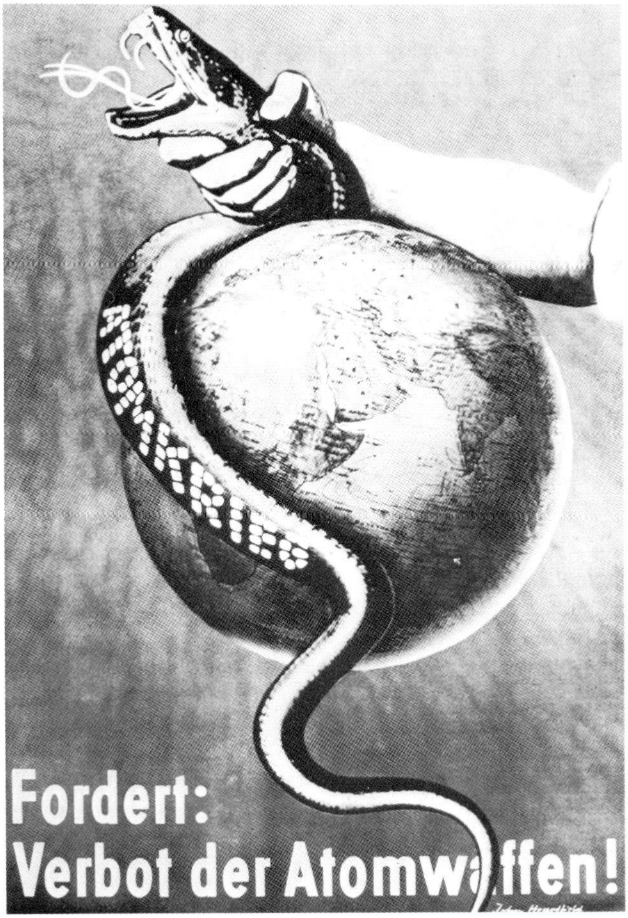

DDR, 1955. John Heartfield

Gemäßigte Lösungen

Zivilisierte Feindseligkeiten

Jede Stufe in dieser aufsteigenden Reihe gemäßigter Lösungen ist gegründet auf eine Abkehr von der Idee Heiliger Kriege und absoluter Feinde, auf ein zunehmendes Vertrauensniveau und das Vermögen, sich selbstkritisch der eigenen Fähigkeit zur Schaffung unnötigen Übels bewußt zu werden. Wir müssen sowohl „ja" als auch „nein" zum Feind sagen. Wir stehen gegen ihn, aber auch an seiner Seite. Zusammen bilden wir eine Gemeinschaft konkurrierender Nationen, ein Commonwealth ziviler Feindseligkeit, und unser Sozialvertrag lautet darauf, die Bedingungen herbeizuführen, die es uns gestatten, unseren Wettstreit fortzusetzen.

Moderate Lösungen basieren auf der Überzeugung, daß Konflikte zwischen Nationen zum größten Teil durch Mißverständnisse verursacht werden und das Gegenmittel darin besteht, Kommunikation und Verständnis zu steigern. Die meisten Szenarien beruhen letztlich auf dem sokratischen Glauben, der in etwa so umschrieben werden könnte:

Das Gute zu erkennen, bedeutet, das Gute zu tun.
Unwissenheit über unsere Feinde macht uns blind für das gemeinsame Wohl.
Unsere Feinde zu kennen, heißt, zum gemeinsamen Wohl zu handeln.

Rhetorische Zivilisiertheit: mit dem „Teufel" reden

Annahme: Am Anfang ist das Wort. Wie wir eine Sache, eine Person oder eine Nation benennen, prägt unsere Wahrnehmungen und unser Handeln. Poesie ist die praktischste Kunst; unsere Metaphern bestimmen unser Tun. Die Politik ist in der Wiederholung falscher Metaphern befangen. Die Kriegerpsyche ist in der Metapher der Macht gefangen. Machtpolitik ist eine Litanei, die uns unter Umständen zu Tode langweilen wird. Grundlegende Wandlungen beginnen in der Politik ebenso wie in der Heilkunde oder in persönlichen Beziehungen mit Neuorientierungen der Wahrnehmung. Der Kreislauf der Transformation führt von der Metapher über die Rede zur Handlung; vom Sehen über das Sagen zum Tun.

Das größte einzelne Hindernis, um die Welt für begrenzte Konflikte sicher genug zu halten, ist absolute Rhetorik. Mit Teufeln kann man nicht diskutieren. Gegen Feinde Gottes ist nichts Geringeres als ein rechtschaffener Kreuzzug angebracht. Wenn wir auf den Tod recht haben müssen und der

Fragen. Und Antworten?

Jack Tar, die symbolische britische Seemansfigur, kämpft gegen Napoleon, 1798

Feind unrecht, werden wir beide tot sein – recht oder unrecht. Wir brauchen menschliche Feinde, mit denen wir wettstreiten können, nicht unter- oder übermenschliche Feinde, die ausgelöscht werden müssen.

Vorschlag: Wir planen und veranstalten eine Kampagne rhetorischer De-Eskalation, in der die entmenschlichende

Inspiration oder Verführung?

Der Krieg als Hure
C. D. Batchelor, New York Daily News, 1936

Kriegsgewinne für den kleinen Mann
USA, Zweiter Weltkrieg

Sprache der Propaganda durch Metaphern ersetzt wird, die dem Feind Ehre erweisen.

Das trefflichste Beispiel aus jüngerer Zeit für den Erfolg dieser Strategie ist der Wandel in den Beziehungen zwischen den USA und China, der mit Nixons Staatsbesuch begann. Diplomaten-Diners, bei denen Toasts auf die Freundschaft ausgebracht wurden, die Erkundung von Handelsmöglichkeiten und der Austausch von Tischtennis-Mannschaften begleiteten das Abreißen von Plakatwänden, auf denen die USA als „Papiertiger" oder „Laufburschen" des Imperialismus dargestellt wurden. Als Dr. Paul Dudley White Operationen beiwohnen durfte, bei denen die Patienten mit der uralten Technik der Akupunktur betäubt wurden, begannen die Amerikaner, von China fasziniert zu sein. Plötzlich war unser Feind keine gesichtslose gelbe Horde mehr, sondern eine zivilisierte Erscheinung, die die Künste kultivierte, eine vernünftige Verbindung von traditioneller und moderner Medizin herzustellen versuchte und sich um die Erhaltung des Panda-Bären kümmerte. Coca Cola und Kapitalismus etablierten einen Brückenkopf in China, ohne daß ein einziger Schuß abgefeuert wurde.

Damit auch unbelehrbare Realisten es mitbekommen: Dieser beachtliche Wandel von Feindschaft zu Freundschaft basierte nicht auf einer wesentlichen Änderung der Machtverteilung. China blieb wie ehedem ein kommunistisches Land mit territorialen Ambitionen und unterstützt weiterhin nationale Befreiungsarmeen. Wir verlangten nicht als Bedingung der Freundschaft, daß sie die systematische bewaffnete Unterdrückung und Besetzung des benachbarten Tibet beendeten, eine Aktion, die keinen Deut weniger barbarisch ist als der sowjetische Einmarsch in Afghanistan. Von Festtagsreden und diplomatischen Zeremonien gelangten wir schnell zu verstärktem Kulturaustausch und Handel sowie einem zivilisierten Gespräch über gedeihliches Zusammenleben.

Die Wissenslücke: Unseren Feind kennenlernen

Annahme: In der gegenwärtigen Situation müssen wir nicht so sehr das biblische Gebot der Feindesliebe als vielmehr die strategische Forderung beachten, unsere Feinde zu kennen. Paranoia und Propaganda vernebeln die Wahrnehmung so sehr, daß weder die Vereinigten Staaten noch die UdSSR die Motive oder die nationale Psyche der anderen Seite verstehen. Amerikaner, die nie einen Sowjetbürger gesehen haben, tragen die Verantwortung für Waffensysteme, die ein ganzes Volk ausrotten können. Um das unausweichliche Driften in einen Krieg aufzuhalten, müssen wir jetzt bewußt die Kenntnislücke füllen und ein neues Bild unseres Feindes schaffen. Als Feinde müssen die USA und die UdSSR sich hinreichend aufeinander zubewegen, um füreinander „wirklich" zu werden. Wie gute Samurai-Schwertkämpfer müssen wir an unserem Gegner interessiert genug sein, um zu wissen, ob und wie man wirksam gegen ihn kämpfen kann. Wir müssen gar nicht weitergehen und uns die sentimentale Philosophie zu eigen machen, daß „ihn zu kennen bedeutet, ihn zu lieben“. Ein bekannter Feind ist nicht unbedingt ein Freund. Es wäre für die Amerikaner töricht, die blutige Geschichte der sowjetischen Selbst-Unterdrückung zu ignorieren – Stalins Säuberungen, die Gulags, die fortwährende Gedankenkontrolle –, das Engagement des Marxismus für die Welteroberung im Namen der Beseitigung von Klassenausbeutung oder die repressive Machthaberschaft der Russen über Osteuropa. Ebenso töricht wäre es für die Sowjets, die Rassenungerechtigkeit zu ignorieren, die radikale Ungleichheit zwischen arm und reich, den zerstörerischen Konsum und die blutigen Bemühungen, Vietnam und Nicaragua die „Demokratie“ aufzuzwingen, die Produkte des amerikanischen Kapitalismus sind. Wenn wir es wagen, die gegenseitigen Schwächen und Stärken kennenzulernen, werden wir zu halbherzigen statt zu absoluten Feinden. Und das würde die Welt beträchtlich sicherer machen.

Vorschlag: Wir sollten alles nur mögliche tun, um den Studentenaustausch, Tourismus, den Austausch von Kindern und Enkeln hoher Regierungsbeamter und Offiziere, Bürgerdiplomatie, berufliche Verbindungen und alle Formen direkter Kommunikation zu steigern. Wir sollten Satelliten-Verbindungen nutzen, über die Bürger beider Länder unmittelbar miteinander sprechen können. Etliche solcher „Weltraum-Brücken“ wurden bereits geschaltet, die es Studiopublikum in Los Angeles und Moskau erlaubte, live gemeinsam Musik zu hören und sich gegenseitig Fragen zu stellen. Neuerdings sind Städte-Partnerschaften geplant, um regelmäßige Programme für Satelliten-Begegnungen zu installieren. Das derzeit laufende Abkommen, daß Zeitschriften über das Leben in der Sowjetunion in den USA verbreitet werden und entsprechende US-Magazine in der UdSSR, sollte auf die Einrichtung eines ständigen offenen Fernsehkanals ausgedehnt werden, über den Sowjets ihren Standpunkt amerikanischem Publikum direkt darlegen könnten und umgekehrt. Offensichtlich liegt das Problem bei diesem Vorschlag darin, daß das gegenwärtige sowjetische System der Presse keine Kritik an der Außenpolitik gestattet und daß die amerikanischen Medien zwar die Freiheit haben, nachzuforschen und zu kritisieren, aber nur wenig Interesse daran, das Leben der Sowjets über Stereotype hinaus vorzustellen. Wenn wir eine Atmosphäre relativen Vertrauens herstellen könnten, würden beide Nationen durch vermehrte Kommunikation ihr jeweiliges Sozialsystem stärken und das Risiko eines zufälligen Krieges vermindern.

Rakete als Phallus

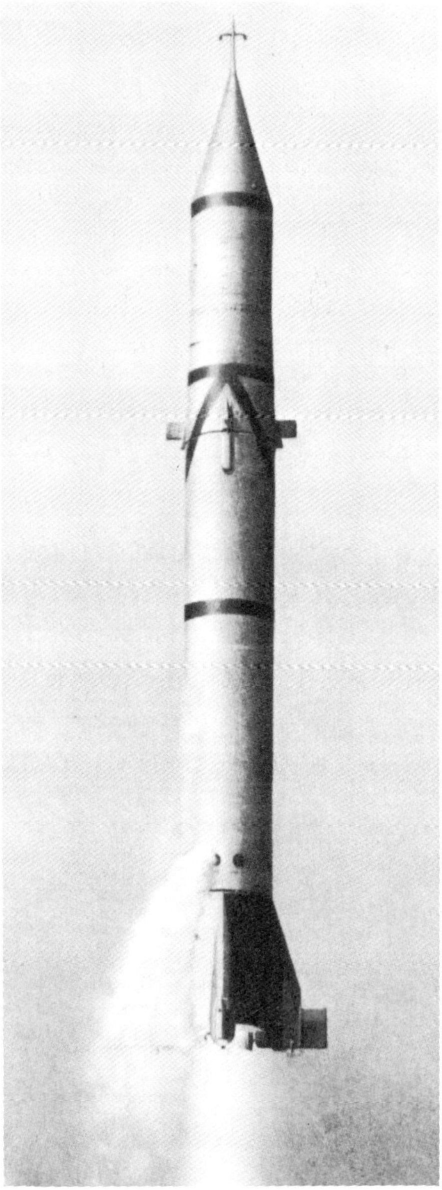

Raketenneid – Penisneid
USA, Lou Myers

Die Fütterung der USA-Vasallen
UdSSR

Zentrum zur beiderseitigen Krisenkontrolle

Annahme: Viele Kriege brechen durch Zufall aus. Auf einen Erzherzog wird ein Attentat verübt, oder ein Schwarm Kanadagänse auf einem Radarbildschirm wird fälschlicherweise als nahende Formation feindlicher Raketen interpretiert und eine unwiderrufliche Entscheidung getroffen, den Krieg auszulösen.

Zudem werden Supermächte und Nationalstaaten oft durch ein Prinzip des Feindbündnisses (jeder Feind unseres Feindes ist unser Verbündeter) in regionale Konflikte hineingezogen, an denen sie kein strategisches Interesse haben.

Vorschlag: Die Vereinigten Staaten und die UdSSR (sowie andere symbiotische Feinde) errichten gemeinsame Krisenzentralen, die mit hochrangigem militärischem und politischem Personal besetzt werden und vor zufälligem Kriegsausbruch schützen würden. Solche kleinen Zentren, die dem US-Kongreß tatsächlich von Senator Jackson vorgeschlagen wurden, könnten auch Stillhalteabkommen ausarbeiten, in denen wir wechselseitig übereinkämen, bei bestimmten regionalen Konflikten – wie dem Krieg zwischen Iran und Irak – keine Waffen zu liefern oder zu intervenieren. Es schiene ein Minimum an Zurückhaltung von den Vereinigten Staaten und der Sowjetunion zu erfordern, ihr Engagement herunterzuschrauben und sich darauf zu einigen, keine Waffen nach Mittelamerika, in die Karibik, nach Afrika und in den Nahen Osten zu liefern.

Rüstungsbeschränkungen

Annahme: Innerhalb der Grenzen gegenwärtiger Forderungen von souveränen Staaten, Machtpolitik und nationaler Feindschaft ist es immer noch denkbar, die Risiken sowohl der Möglichkeit als auch der zerstörerischen Folgen eines Krieges zu senken.

Eine weitere Annahme ist, daß eine schrittweise nukleare Abrüstung auch dann, wenn der Prozeß einseitig begonnen werden muß, keine wirkliche Gefährdung der nationalen Sicherheit darstellt, weil unsere Overkill-Kapazität so gewaltig ist.

Vorschlag: Wie Georg Kennan, ehemaliger US-Botschafter in der Sowjetunion, angeregt hat, sollten die Vereinigten Staaten die moralische Führung übernehmen, indem sie die Sowjets zu einer Umkehrung des Wettrüstens herausfordern und mit einer stufenweisen Vernichtung von Kernwaffen beginnen. Um unseren guten Willen zu zeigen, sollten wir – wenn nötig, einseitig – die Hälfte unseres Kernwaffenarsenals verschrotten. Die verbleibende Hälfte würde immer noch ausreichen, um eine glaubwürdige Abschreckung gegen jede

Schweineköpfig
England. KAL Kevin Kallaugher
© Cartoonists and Writers Syndicate

sowjetische Angriffsdrohung aufrechtzuerhalten. Sämtliche Risiken, die in einem solchen Abbau liegen mögen, wären geringer als die Risiken eines uneingeschränkten Rüstungswettlaufs. Im Augenblick wirken Nuklearwaffen als eine Trick-17-Abschreckung: Sie sind bloß glaubwürdig, wenn der Feind überzeugt ist, daß wir sie einsetzen würden; aber wir alle wissen, wie Tom Lehrer gesagt hat: „Wenn wir gehen, gehen wir alle zusammen." In dieser Situation der Täuschung in wechselseitigem Einverständnis sind nur sehr wenige Waffen erforderlich, um die Untergangsdrohung fortbestehen zu lassen.

Die waffenlose Rasse: den Konflikt vermenschlichen

Annahme: Die Konflikte zwischen den USA und der UdSSR sowie zwischen entwickelten und unterentwickelten Nationen berühren die Substanz und sind wahrscheinlich nicht durch besseres Verständnis aufzulösen. Es geht darum, wie Gesellschaften organisiert sind und wer welchen Anteil an den Rohstoffquellen erhält. Die gegenwärtige Situation, in der die Vereinigten Staaten und die Sowjetunion zu Waffenhändlern und Munitionslieferanten geworden sind und daher fast alle Konflikte militarisiert haben, ist jedoch kontraproduktiv für alle Betroffenen.

Vorschlag: Die Vereinigten Staaten und die UdSSR vereinbaren, ihren ideologischen Krieg um die Herzen und Geister, um Handelsabkommen, natürliche Ressourcen und Grenzziehungen mit nichtmilitärischen Mitteln auszutragen. Jede Nation möge jeder anderen, die Hilfe erbittet, so viele Ärzte, Ingenieure, Lehrer, Propagandaexperten und Fachleute aller Art (sowie hochbezahlte Philosophen) schicken, wie sie will. Aber keine Waffen. Die Regel des Spiels „Unbewaffneter Krieg" lautet: „Wer immer Zuflucht zur Gewalt nimmt, gesteht seine philosophische Niederlage ein." Diese menschlichste Form unblutiger Kriegführung ist die beste Alternative, solange die Nationalstaaten nicht erneuert werden, um den Krieg ganz zu beseitigen. Sie erkennt die Ernsthaftigkeit von Konflikten an, die entscheidenden Differenzen zwischen Feinden, aber sie humanisiert die Waffen. Das Schöne an solch einer Lösung wäre, daß die Vereinigten Staaten und die UdSSR verhandeln und sich einigen könnten, ein derartiges Experiment in einem Teil der Welt zu versuchen, wo sie derzeit nur am Rande verwickelt sind; sie müßten also nicht als erstes das Spiel der atomaren Abschreckung verändern. Möglicherweise könnte das durch ein beschränktes Experiment geschaffene Vertrauen sich ausbreiten.

Maximallösungen

Begrenzte Souveränität und internationales Recht

Hindernisse, den Krieg zu beenden:

1. *Der Glaube, Krieg sei in der menschlichen Natur verankert und könne nicht ausgerottet werden.*
2. *Der Glaube, die nukleare Abschreckung könne endlos aufrechterhalten werden.*
3. *Der Glaube, die Sowjetunion könne allein durch militärische Macht herausgefordert und von einem expansionistischen Kurs abgebracht werden.*
4. *Der Glaube, Nationalismus oder kulturelle und religiöse Unterschiede errichteten unüberwindliche Barrieren.*

Robert Woito

Die USA verspeisen die Welt
UdSSR

Die politischen Maximallösungen für das Problem des Krieges erfordern einen evolutionären Schritt, der mit der Erweiterung von Loyalität, Zugehörigkeitsgefühl und Gruppentreue vergleichbar ist, die beim Übergang von der Stammesgesellschaft zur Nation stattfand. In seinen frühen Stadien begrenzte der Nationalismus die Feindseligkeit, indem er eine stammesübergreifende Identität erzeugte. Wir stehen nun vor der Notwendigkeit, eine nationenübergreifende Identität zu schaffen. Dieses Unternehmen wird einen gewaltigen Wandel verlangen, bei dem wir nationale Souveränität beschränken sowie wirksame militärische und politische Macht einer Weltinstanz zur Bewahrung des Friedens übertragen müssen.

Die maximalen Szenarien für den Weltfrieden beruhen auf der Annahme, daß Kriege nicht in erster Linie durch einen Mangel an Verständnis und Verständigung verursacht werden, sondern durch abweichende Interessen souveräner Nationen. In unserer gegenwärtigen Situation nationalistischer Anarchie haben wir kein wirksames internationales

Recht. Krieg ist „die Fortsetzung der Politik mit anderen Mitteln".[30] Und es gibt keine realistische Möglichkeit, ihn aufzuhalten, ohne für irgendeine übernationale politische Körperschaft zu sorgen, die über die Macht verfügt, nationale Konflikte rechtskräftig zu entscheiden. Früher oder später müssen wir entweder die Psyche so umwandeln, daß wir die Abwehrmechanismen verlieren, die zur Projektion unserer Feindschaft führen, oder wir müssen der Notwendigkeit ins Auge sehen, in der politischen Evolution den nächsten Schritt über den Nationalismus hinaus zu tun.

Es gibt viele Schritte – einige wurden bereits getan –, die in diese Richtung führen. Nach unseren ersten beiden Weltkriegen haben wir versucht, zu einem Völkerbund und zu Vereinten Nationen zu gelangen. Doch jedesmal waren die mächtigsten Nationen nicht willens, ihre Souveränität einzuschränken (das heißt, ihr „Recht", einseitig Gewalt anzuwenden) und eine ausreichend unabhängige und starke Armee einzurichten, um die Einhaltung erster internationaler Rechtsnormen zu erzwingen. Möglicherweise wird ein dritter Weltkrieg mit einer fast völligen Zerstörung erforderlich sein, bevor die Überlebenden bereit sein werden, ihre Sucht nach souveräner Anarchie abzulegen.

Ein Zwischenschritt könnte der Verzicht auf Herrschaftsbereiche seitens der Großmächte sein. Wie Patricia Ellsberg beobachtete, fürchten die Vereinigten Staaten und die UdSSR sich gegenseitig nicht so sehr wie den Verlust dessen, was ihnen nicht rechtmäßig gehört – ihrer Herrschaftsbereiche. Nicht die Bedrohung unserer Grenzen hat den Rüstungswettlauf hervorgerufen, sondern ein aufgeblasenes Empfinden von nationalem Interesse, ein grenzenloses Selbst-Bild.

Auf den ersten Blick scheint es unwahrscheinlich, daß die Supermächte bereit sein könnten, auf ihre Herrschaftsberei-

Erntezeit: Es ist ein Schnitter, heißt der Tod
Kolumbien, 1983. De La Torre. © Cartoonists and Writers Syndicate

che zu verzichten. Aber die Geschichte zeigt uns überdeutlich, daß Weltreiche notorisch unstabil sind. In unserer Zeit haben wir den Anfang vom Ende des alten Kolonialismus erlebt, den Zusammenbruch des britischen und französischen Empire. Weltreiche sind zunehmend schwierig zu erhalten. Die weitgestreckten Grenzen vor Feinden zu sichern, zehrt systematisch am Zentrum. Je mehr man kontrollieren muß, um so unausweichlicher werden Chaos, Rebellion und Widerstand eintreten. Wie Hegel klar sah, ist in der Herr-Sklaven-Beziehung der Herr ebenso gebunden wie der Sklave. Die Illusion der Herrschaft aufrechterhalten zu wollen, führt zu Erschöpfung.

Am Ende könnten die immensen Kosten für Waffen und zur Sicherung militärischer Machtbereiche die Supermächte zwingen, eine Reduzierung ihres Engagements einzuleiten: denn steigende Militärkosten schränken die innere Freiheit ein und forcieren das Abschöpfen von Ressourcen, die für den heimischen Wohlstand gebraucht werden. Für eine Reihe von Jahren mag es kostengünstig sein, die Ressourcen einer Kolonie auszubeuten, aber die steigende Flut des Nationalismus und die Forderung nach Selbstbestimmung treiben schließlich den Preis für den Herrschaftserhalt zu hoch. Es gibt ein politisches Prinzip, das Nietzsches Ankündigung entspricht, Gott sei tot. Die Idee eines alleinigen organisierenden Zentrums, einer Hierarchie mit Gott, dem König, dem Präsidenten oder Generalsekretär an der Spitze, ist ein Überbleibsel der theologischen Weltsicht des Mittelalters. Sie kann dem modernen Paradigma nicht lange standhalten, demzufolge die Organisationsstruktur, die nötig ist, um das Universum zu erhalten, in jedem Teilchen Materie enthalten ist. Die moderne Physik hat uns gezeigt, daß das Zentrum überall ist. Die Wirklichkeit wird lokal regiert. Die Einheit, die die Teile zusammenhält, ist unsichtbar. Totalitäre politische Organisationen stürzen wie der unzeitgemäße Gott durch ihr eigenes Gewicht um. Gelegentlich besitzen Nationen das Gespür, sich ihrer Weltreiche, die ihnen nicht rechtmäßig gehören, mit Anstand zu entledigen und sich in engere und leichter zu verteidigende Grenzen zurückzuziehen.

USA und Sowjetunion bei Abrüstungsverhandlungen
England. KAL Kevin Kallaugher. © Cartoonists and Writers Syndicate

Unser wirkliches nationales Interesse besteht darin, die Welt für Pluralität sicher zu machen.

Der offensichtlich erforderliche erste Schritt zu einer dauerhaften Lösung des Kriegsproblems ist die Entscheidung, einen Instanzenverbund von internationalem Recht, einem Welt-Gerichtshof und einer Welt-Armee zu schaffen. Wir brauchen keine Weltregierung einzusetzen, an die Nationen ihre Selbstbestimmung über das abtreten, was sich innerhalb ihrer Grenzen abspielt. Niemand, der bei geistiger Gesundheit ist, will eine Weltbürokratie erleben, die lokale Angelegenheiten von einer übergeordneten Kommandozentrale aus zu regeln versucht. Doch im Kriegssystem kann keine wesentliche Veränderung eintreten, bevor nicht die Nationen bereit sind, ihre Souveränität in einem entscheidenden Punkt zu beschränken – dem Recht, Gewalt außerhalb ihrer eigenen Grenzen auszuüben. Wirksame Rüstungskontrolle bedeutet, daß alle Nationen nichts als Verteidigungswaffen besitzen dürfen. Alle Kernwaffen, die geeignet sind, eine ganze Nation zu vernichten, und die deshalb eine hinreichende Abschreckung gegen Angriffe darstellen können, müssen in der ausschließlichen Verfügungsgewalt einer Weltarmee stehen, unter der Rechtsprechung eines Weltgerichtshofes, wel-

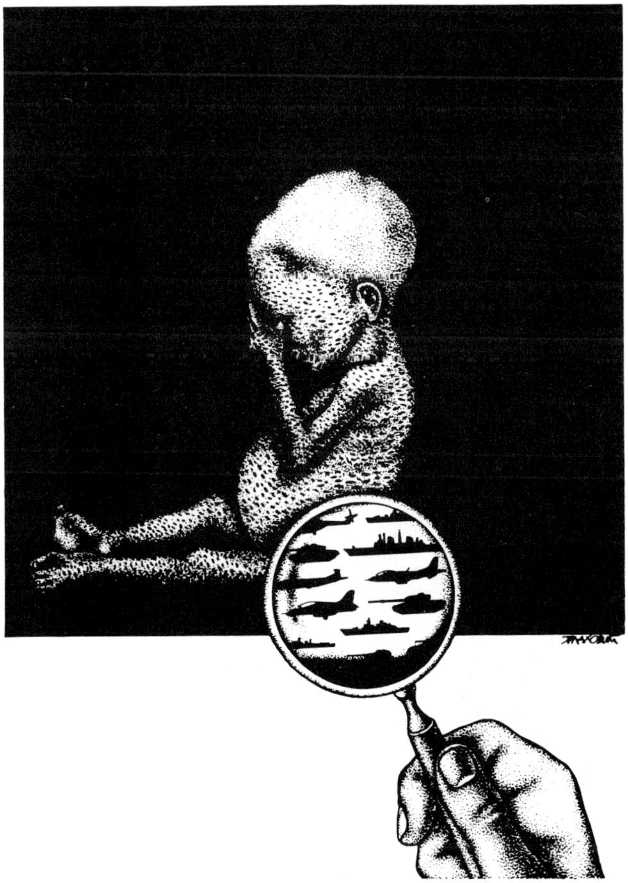

Was würdest Du opfern, um den Krieg zu beenden?

Die Seuche
Jugoslawien. Vlahovic 1985. © Cartoonists and Writers Syndicate

cher der Durchsetzung des internationalen Rechts verpflichtet ist.

Auf lange Sicht ist der „unmögliche Traum“ wahrscheinlich das einzig realistische politische Szenario, um Krieg auf eine Weise zu begrenzen, die ein Überleben der Menschheit erlaubt.

Radikale Lösungen

Der Kampf gegen die Feindschaft

Das radikale Herangehen an die Feindschaft beruht auf den folgenden Annahmen:

1. Die menschliche Spezies ist noch sehr jung. Unsere soziale Evolution hat gerade begonnen. Die Natur, das Leben, die Evolution oder Gott – jeder nehme sich sein Glaubenssystem – sind noch nicht fertig mit uns. Deshalb ist die Vergangenheit kein abbildgetreuer Spiegel, in dem eine angemessene Reflexion menschlicher Möglichkeiten zu entdecken wäre.
2. Der wirkliche Feind, gegen den wir ankämpfen müssen, ist das Kriegssystem. Dieses System schließt sowohl die politischen Institutionen ein, durch die wir uns zum Krieg erziehen und an ihn gewöhnen, als auch die psychischen Abwehrmechanismen von *Homo hostilis.*
3. Ein unmittelbares Hindernis, den Krieg zu beenden, ist das verfestigte Denken, der Mythos von *Homo hostilis,* der uns *a priori* überzeugt, daß Krieg unvermeidlich und jede Hoffnung auf eine Welt ohne Krieg eine Utopie ist.
4. Sollten wir bereit sein, unsere Überzeugungen zu ändern, und Krieg als eine soziale Einrichtung betrachten, für oder

Abrüstungsgespräche
De la Torre, El Espectador, Kolumbien 1984.

gegen die wir uns bewußt entscheiden können, dann mögen wir imstande sein, viele der konkreten Faktoren zu beseitigen – soziale Ungerechtigkeit, Armut, Unwissenheit –, die Kriegsursachen sind.

5. Die neue Art von Heldentum, welche die alte Verehrung für den Krieger und das heldenhafte Opfer im und für den Krieg ersetzen kann und sollte, könnte sich auf die atemberaubende Möglichkeit konzentrieren, ein neues Vorbild zu schaffen – *Homo amicus,* den freundlichen Menschen. Dies wird sowohl eine neue Polis als auch eine neue Psyche erfordern. Der Mut, an diese Möglichkeit zu denken, ist der erste Schritt zu ihrer Verwirklichung.
6. Zuallererst bedarf es einer neuen Vision, eines Durchbruchs in unserer Philosophie, Theologie und unseren Einstellungen, eines neuen Gefühls von Möglichkeiten. Aus dieser Vision werden neue Wege des Handelns, neue Institutionen und neue Methoden zur Konfliktminderung hervorgehen.

Sowjetischer Zahlmeister
Niederlande. Fritz Behrendt 1985, © Cartoonists and Writers Syndicate

Krieg als soziale Erfindung

Die Wahl ist einfach: Utopia oder der Krieg, der jetzt durch veraltete Denkweisen vorbereitet wird.

Albert Camus

Mit der Idee von Radikallösungen zu spielen, bedeutet anzunehmen, Krieg sei erfunden worden sowohl als ein Mittel, unserem Leben eine besondere Art von mythischem Sinn zu geben, wie auch als Methode, unsere Meinungsverschiedenheiten beizulegen.

Wenn wir neue Lösungen finden wollen, müssen wir die Verantwortung für unsere Schöpfungen in der Vergangenheit übernehmen. Solange wir das Opfer-Spiel spielen („Es ist uns einfach zugestoßen"), das Anschuldigungs-Spiel („Unsere Feinde haben uns dazu gezwungen") oder das Gottes-Spiel („Wir tun es für Gott"), werden uns die Vision und die Kraft für eine Veränderung gleichermaßen fehlen. Wir müssen dabei anfangen, vereinfachte Sichtweisen aufzugeben und die Komplexität des Kriegssystems zu untersuchen. Wie sich die moderne Physik von einer Atom- zu einer Quantensicht der Materie entwickelt hat, vom Teilchen zum Verknüpfungsgewebe, und wie die moderne Psychotherapie von der Konzentration auf das Individuum zum sozialen und Familiensystem fortgeschritten ist, so muß die moderne Kriegstheorie sich von Einzelerklärungen (seien sie politisch, theologisch, psychologisch oder ökonomisch) zu einer Überprüfung des vertrackten Spiels bewegen, das unter Feinden vonstatten geht. Wir müssen eine Karte der „gegnerischen Symbiose", der komplexen sozialen Institutionen und des Prozesses der Mystifikation von Macht und Autorität anfertigen, die notwendig sind, um die Kriegerpsyche und den gewohnheitsmäßigen Krieg hervorzubringen und zu erhalten. Es ist naiv zu glauben, der Krieg werde verschwinden, weil wir das einfach

Gott
USA, Erster Weltkrieg. Boardman Robinson

Libanon
Tony Auth, Washington Post Writers Group

wollen, weil wir immer schrecklichere Waffen haben, die ein Blutbad noch unvorstellbarer Größenordnung anrichten könnten. Die Torheit des Krieges wurde in der Vergangenheit nie aus Vernunft oder gutem Willen vermieden. Jede tatsächliche Alternative zum Krieg wird ebenso kompliziert und komplex sein und die Erfindung ebensovieler neuer sozialer Institutionen erfordern, wie sie aufgebaut wurden, um das alte Kriegssystem zu stützen. Unsere einzige Hoffnung auf eine dauerhafte Lösung ist radikal.

Der Krieg mag eine Seuche sein, aber er ist der beste Weg, den wir bis jetzt gefunden haben, um eine Reihe von Dingen zu tun, die wir schätzen. Wie jeder Arzt oder Psychotherapeut weiß, entwickeln Menschen sehr oft eine enge Bindung an ihre Krankheiten: nicht, weil sie es lieben zu leiden, sondern weil sie aus der Krankheit „sekundären Gewinn" ziehen. Sie macht sie bedeutend; andere sorgen für sie; sie werden gezwungen auszuruhen, in Rente zu gehen, sich vom Streß zurückzuziehen, ihr Leben zu verändern, wie sie es andernfalls nicht tun würden; das Drama von Leben und Tod dient als ein Übergangsritus, bei dem sie ihren Mut beweisen und aus dem sie neugeboren hervorgehen, und so weiter. Als ausgefeilt institutionalisierte Erfindung dient der Krieg Bedürfnissen, die befriedigt werden müssen. Wenn wir es ernst damit meinen, dieser uralten sozialen Krankheit ein Ende bereiten zu wollen, müssen wir Wege finden, den sozialen und psychischen Bedürfnissen sowie gleichermaßen den politischen Funktionen, die sie auf pervertierte Art erfüllt, in einer gesünderen Weise gerecht zu werden.

Ehrenwerte Alternativen zum Krieg

Über die Liebe zum Kämpfen

Mit Bedacht bin ich von William James' vielzitierter und selten aufgegriffener Formulierung der „moralischen Äquivalente des Krieges“ abgeschweift. Geprägt von gesundem Menschenverstand und in rauhbeiniger Manier schlug James ein rationales Gegengewicht zum Krieg vor. Er wollte, daß wir einen militärischen Charakter mit seiner Härte, Disziplin, männlicher Geringschätzung von Bequemlichkeit und Vergnügen, Unerschrockenheit, Verachtung von Weichheit, Aufgabe persönlicher Interessen und Kommandogehorsam durch den Aufbau einer Art Friedenskorps bewahren. Er regte an, durch militärische Einberufung Jugendlicher eine Armee gegen die Natur zu bilden, die zugleich der Schaffung von Wohlstand dienen würde, der mit den Armen geteilt werden könnte:

Die Früchte der „roten“ Erziehung
Deutschland, vor dem Zweiten Weltkrieg

Der Waffen-Gekreuzigte
Kolumbien. De La Torre 1985. © Cartoonists and Writers Syndicate

„In den Kohle- und Erzbergbau, auf Güterzüge, zu Fischereiflotten im Dezember, zum Geschirrspülen, Wäschewaschen und Fensterputzen, zum Straßen- und Tunnelbau, an die Grenzen, in Maschinenräume und auf die Gerüste von Wolkenkratzern würde unsere goldene Jugend, nach eigener Wahl, abkommandiert, um ihnen die Kindlichkeit auszutreiben, auf daß sie mit gesünderen Sympathien und nüchterneren Ideen in die Gesellschaft zurückkehren. Sie hätten ihr Blutopfer geleistet, ihren eigenen Teil zum uralten Krieg des Menschen gegen die Natur beigetragen, sie würden die Erde stolzer bearbeiten, die Frauen würden sie höher schätzen, sie wären bessere Väter und Lehrer der nachfolgenden Generationen."[31]

In den Jahren, seit James dies schrieb, sind wir dahin gekommen, den Krieg als ein komplexeres und verflochteneres Problem anzusehen. Wenn die Zukunft der Feindschaft anders sein soll als ihre Vergangenheit, müssen wir nicht nur an rationale oder moralische Alternativen denken, sondern auch an theologische, psychologische, politische, erotische, ökonomische, schauspielerische, pädagogische, unterhalterische und rituelle Äquivalente zum Krieg. Da wir bei der Diskussion der Maximallösungen bereits einige der politischen Alternativen vorgezeichnet haben, wenden wir uns nun den sozialen und psychologischen Dimensionen des Problems zu.

Die theologische Revolution

Die Wiedergeburt des Sinns

Es ist unmöglich, über die Zukunft der Feindschaft und Alternativen zum Krieg nachzudenken, ohne bei der Theologie zu beginnen. „Gott" war die Achsnabe im Kriegssystem, der Schutzgeist von Stämmen und Nationen, die transzendentale Rechtfertigung für Völkermord. Die verfaßte Religion war in großem Maßstab eine Stütze des Ich und die Ideologie der Gesellschaft. Der Herr der Heerscharen, der Allmächtige des Krieges war der Gott des Reiches, der „Gott mit uns" – der Gott, auf den wir vertrauen, daß er unsere Schutzwälle und Volkswirtschaften stark erhalte. Dieser Gott, der Verteidigungsminister, hat generationenlang christliche, jüdische und muslimische Soldaten vorwärtsgetrieben, hat die Schalen seines Zorns ausgegossen, ohne Scheu, die Schädel von Kindern an Steinen zu zerschmettern, um das Heilige Land zu schützen. Jüngst erst hat er entschieden, ob das Jahr 2000 mit Harmaggedon eingeläutet werden soll, nicht ohne die Hilfe von Atomwaffen, dem Krieg der Sterne und eines Präsidenten, der biblische Prophezeiungen ernst nimmt, sowie eines anderen, der marxistischen Prophetien glaubt. Dieser Kriegsgott ist ein Vampir, der nur durch Blut gedeiht, ist der Agent der Zwietracht zwischen Nationen, der Weihepriester persönlicher und politischer Paranoia.

Für alles Leid, das Er verursacht hat, hat Er uns eine *raison d'etre* gegeben, einen Zweck, eine transzendentale Bestimmung. Solange wir in seinem Namen unsere Nachbarn umgebracht haben, waren wir unserer göttlichen Berufung sicher. Er war es, der Amerika einen „von oben bestimmten Schicksalsauftrag" gab, Großbritannien die Würde zugestand, die „Bürde des weißen Mannes" zu tragen, den Japanern erlaubte, ein ostasiatisches Wirtschaftswunderland aufzubauen, Mussolini half, das ruhmreiche Römische Imperium neu zu errichten, und Hitler die Vision des Tausendjährigen Reiches eingab. Kürzlich war er auf beiden Seiten im irischen Bürgerkrieg aktiv. Er hat Tausende seiner Jünger in neuen Heiligen Kriegen in Israel, dem Libanon, Iran und Irak erschlagen.

Im Krieg betet sich jede Nation selbst an.

Nichts Neuartiges, Freundliches oder Hoffnungsvolles kann in Zukunft geschaffen werden, bevor wir nicht diesen Gott, das Stammesidol, umgebracht haben, bevor wir nicht aufhören, unser Blut dem Moloch darzureichen.

Die Grundlage einer neuen sozialen Ordnung ist eine theologische Revolution.

Diese Revolution beginnt mit zwei wesentlichen Zerstörungsaufgaben, zwei Negationen, zwei prophetischen „Neins":

Das erste „Nein" gilt dem Staat. Religion muß *ent*-etabliert werden. Die traditionelle Allianz zwischen Kirche und Staat muß aufgebrochen werden. Selbst wenn wir eine Generation lang schweigen müssen, darf der Name „Gott" nicht länger zur Heiligung von Blutbädern benutzt werden. Die Theologie sollte der Politik ihre billige Absolution verweigern. Die Idee, daß Nationen eine kosmische Schicksalsmission haben und deshalb ihre Anwendung von Gewalt heiligen dürfen, ist zu gefährlich, um sie weiterhin zu hegen. Ein wahrhaft säkularer Staat, der die Verantwortung für seine Politik tragen und sie in weltlichen Kategorien rechtfertigen muß, ist ungleich weniger gefährlich als ein messianischer Staat. Nationale Theologien sind Götzenanbetung. Bevor wir eine wirksame transnationale Theologie schaffen können, brauchen wir das heilige „Nein" von tausend prophetischen Stimmen, die sich weigern zu erlauben, daß der Name Gottes in Parteipolitik benutzt werden darf.

Eine nützliche Faustregel ist, allen theologischen Erklärungen von Politikern oder anderen Offiziellen mit Mißtrauen zu begegnen, die Presseagenten, PR-Manager oder Werbeagenturen für deren Imagebildung erfinden. Behauptungen, daß wir allein die heilige Flamme schützen, das Ziel der Geschichte verkörpern, müssen als Propaganda erkannt werden, die sich als Theologie verkleidet, als Atheismus, der sich hinter falscher Frömmigkeit verbirgt.

Ich habe Dir über meine Lügen erzählt. Erzähle Du mir jetzt über Deine Lügen.

Jessamyn Lovett-Keen, fünfeinhalb Jahre

Weil wir ortsgebundene Kreaturen sind, werden Nationen fortfahren, uns in unserem Wesen einzuwickeln und unsere Liebe zu beherrschen. Aber wir sollten das Vertraute nicht mit dem Heiligen verwechseln. Indem wir uns selbst den Status als Gottes auserwähltes Volk absprechen, zwingen wir uns, zu anderen Nationen als brüderliche (und schwesterliche) „Sünder" in Beziehung zu treten, um ein altmodisches Wort zu verwenden. Nichts ist gefährlicher als eine Welt, die aus kriegführenden Heiligen Ländern besteht. Eine internationale Gemeinschaft selbstbewußter paranoider Nationen wäre viel sicherer. Wir könnten unser Modell internationaler Gemeinschaft den Anonymen Alkoholikern entlehnen. Die einzigen „geheilten" Alkoholiker sind jene, die sich Tag für Tag daran erinnern, daß sie Alkoholiker sind, und sich des Trinkens enthalten. Die einzig sicheren Nationen sind jene, die sich systematisch durch eine freie Presse und eine lautstarke prophetische Minderheit gegen den Rausch „göttlicher Bestimmungen" und geheiligter Paranoia immunisieren.

Es gibt weder eine Hoffnung für die Bildung einer transnationalen Gemeinschaft noch auf die Wiederbelebung einer authentischen Theologie, wenn wir nicht erkennen, daß Krieg in seinen zahlreichen Formen *das* Hauptproblem unserer Zeit ist. Eine Theologie, die sich nicht auf die Aufgabe konzentriert, eine Alternative zu *Homo hostilis* hervorzubringen, eine historische Alternative als Ersatz für den Kriegszustand zu entdecken, ist ein Abgott des Stammes.

Den wahren Krieg, das wahre Sakrament finden; Götzenanbetung vermeiden – das Sakrament des Krieges als falsches Sakrament zu erkennen, bedeutet, die dämonische Parodie, den Anti-Christ zu erkennen.

Norman O. Brown

Vielleicht ist der „Tod Gottes" oder sein Verschwinden, worüber wir seit der Zeit von Nietzsche und Dostojewski so viel gehört haben, die heilige Stille, die nur durchbrochen wird, wenn wir lernen, die leise Stimme des individuellen Gewissens zu hören, die uns ruft, die Schuld und Verantwortung für unsere Blutherrschaft auf unsere Schultern zu nehmen. Wir können keine Offenbarung der wahren Transzendenz aufspüren und erwarten, bevor wir nicht die illusionären Annehmlichkeiten falscher Transzendenz aufgegeben haben.

Das zweite „Nein" gilt dem Krieg gegen die Natur. Unsere Existenz ist durch den Krieg zwischen Nationen und den Krieg gegen die Natur gleichermaßen gefährdet, durch den drohenden Weltuntergang von Menschenhand, der mit einem Knall oder einem leisen Hauch daherkommt, als nuklearer Suizid oder technologischer Ökozid. Deshalb müssen wir sowohl *Homo hostilis* als auch *Homo faber* göttliche Rechtfertigung vorenthalten.

Krieg und der Siegeszug unbekümmerter Technik sind die dämonischen Zwillingsmächte, die gegenwärtig außer Kontrolle geraten und das Gemeinwesen zu zerstören drohen, das wir mit anderen Lebensformen teilen. Und solange die „Verteidigungs"etats der Vereinigten Staaten und der UdSSR die Gesamtsumme aller Regierungshaushalte der unterentwickelten Nationen übersteigen und die am wenigsten entwickelten Länder die Großmächte im Anteil der Rüstungsausgaben an ihrem Staatsbudget ausstechen, werden Wettrüsten und industrielle Umweltverschmutzung Hand in Hand gehen. In unserem ständigen paranoiden Ausnahmezustand ver-

Der Dritte Weltkrieg hat begonnen. Es ist der Krieg gegen die Erde.

Raymond Dasmann

schwenden wir unsere Ressourcen, um uns gegen den Feind zu verteidigen, und können uns den Luxus nicht leisten, irgendeine Industrie zu beschneiden, bloß weil sie gerade unsere Luft verpestet und unser Grundwasser vergiftet. Ebensowenig wie wir den tieferen Sinn unseres Lebens noch im Heiligen Krieg finden können, können wir unsere Würde als Menschen darauf gründen, die Natur zu beherrschen. Die Identität, die wir uns zurechtgelegt haben, indem wir *gegen* etwas sind, und der Gott, der unsere Aggression gutgeheißen hat, haben uns an den Rand der Selbstzerstörung gebracht. Nationalismus und Gattungschauvinismus sind Ideen, deren Zeit vorüber ist.

Paradox genug: Die Möglichkeit nuklearen Kosmozids und technologischen Ökozids verweist klar auf eine Alternative zum sterbenden Gott des Krieges und Fortschritts, auf eine neue transzendente Bestimmung, auf das nötige Fundament, um eine transnationale Gemeinschaft und ein meta-nationales Unsterblichkeitsprojekt zu errichten. Die transzendente Bestimmung, die wir brauchen, um unser Leben zu erfüllen, liegt so nahe wie der Boden, auf dem wir stehen. Die einzige heilige Ur-Gewißheit, auf die wir bauen können, ist: „Die Erde ist des Herrn und was darinnen ist, der Erdkreis und die darauf wohnen."

Trotz der krampfhaften Wiederbelebung verschiedener Formen von Fundamentalismus und Nationalismus leben wir in einer Zeit ohne Gott. Wir kennen keinen wahrhaftigen, vertrauenswürdigen Gott, dem wir uns verschreiben könnten. Und doch bleibt die Frage: „Wem oder was können wir uns hingeben?" Das nicht hingegebene Leben ist nicht lebenswert. Unumgänglich müssen wir etwas jenseits unseres verwundbaren Fleisches finden, in das wir unsere Hoffnung investieren können. Bis auf den heutigen Tag ist das 20. Jahrhundert bedeckt mit den Leichen falschen Glaubens. Die Massen haben sich dämonischen Gottheiten ergeben. Vielleicht die einzige Hingabe, die uns heute bei vollem Verstand und aus vollem Herzen möglich wäre, ist die an den „Gott jenseits von Gott", den meta-nationalen Einen, der uns auffordert, uns vor Fleisch und Materie zu verbeugen und zu schaffen, was zuvor nicht war – *Homo amicus*.

Die Aufgabe, uns eine neue Psyche und eine neue Polis auszumalen und sie herbeizuführen, sollte gewiß herausfordernd genug sein, um uns eine neue Form von Heldentum und ein Unsterblichkeitsprojekt zu geben, dem wir uns mit Enthusiasmus widmen könnten. Die besten Kräfte von Generationen werden für diese neue menschliche Berufung erforderlich sein. Der verhängnisvolle Eid „auf die Pflicht", auf „gut oder schlecht – mein Vaterland" (das zur Verteidigung des Völkermords von Eichmann bis Leutnant Calley in My Lai beschworen wurde) muß durch den alten buddhistischen Schwur ersetzt werden: „Ich gelobe, alle empfindungsfähige Kreatur zu bewahren." Unnötig zu sagen, daß wir unsere Gelübde immer wieder verfehlen werden. Wir werden Millionen Fehler bei dem Versuch machen, die sozialen Institutionen zu erfinden, die nötig sind, um jene zu ersetzen, welche die

Nur wenn wir den Kontakt zur Quelle unseres Seins in der Natur in uns und um uns wiedergewinnen, werden wir fähig sein, neue Wegweiser auf dem Pfad zu entdecken, der für den Rest des Jahrhunderts vor uns liegt.

Glenn Gray

Schweiz. Hans Erni

„Ich wußte, die Sache hat einen Haken, als sie behaupteten, die Sanftmütigen würden die Erde besitzen"
John Fischetti 1972, © New Group Chicago

Gewohnheit des Krieges in die Welt gesetzt und erhalten haben. Das Königreich von AMOR wird mehr Kreativität und radikales Engagement verlangen als das Reich von ROMA. Wir sind von der Politik der Macht so konditioniert worden, daß wir nun nicht einmal mehr wissen, wie wir uns eine Politik des Mitleids vorstellen, geschweige denn sie verwirklichen sollen. Aber wir dürfen das Ziel auf keinen Fall als utopisch oder unerreichbar aufgeben. Nichts wäre naiver als die Annahme, wir könnten die Feindseligkeit, den Raubbau an Ressourcen und die politische Sturheit, die heute „normal" sind, auf Dauer weitertreiben und überleben.

Es existiert für den Menschen eine einzige und heilige Berufung, der sie sich hingeben können, ohne Angst, einer Götzenanbetung zu verfallen: *Wir sind gerufen, Gerechtigkeit und Mitgefühl in das Gemeinschaftsleben unserer Spezies zu bringen.* Unser Ziel und Auftrag ist, eine Ordnung zu schaffen, die nicht an Zähnen und Klauen Blut trägt, ein Gemeinwesen, das von unseren höchsten Fähigkeiten zu Bewußtsein, Gewissen und Mitleiden regiert wird, statt von unserer niedrigsten Gabe, die Mittel für den Triumph der rohen Gewalt zu erfinden. Gerade weil die „objektive" Welt die Tugenden der Reue und Barmherzigkeit nicht verkörpert, ist es die Berufung des Menschen, dies zu tun. Es ist unsere Aufgabe, das unnötige, „überflüssige" Übel so zu mindern, daß uns nur noch die Notwendigkeit bleibt, das unausweichliche Übel von Krankheit, Tragödie und Tod zu bewältigen.

Gegenwärtig verfügen wir weder über den Entwurf eines Utopia, das aus einer Mitleidensgemeinschaft von Völkern besteht, noch über ein Programm, die sozialen und politischen Institutionen von *Homo hostilis* umzuwandeln. Unser Neuanfang muß aus dem Eingeständnis hervorgehen, daß wir ans Ende des Alten gelangt sind. Der geeignete Ausgangspunkt für uns ist Engagement für die Disziplin des Infragestellens. Wenn wir auch noch keine neuen Antworten wissen, können wir uns doch wenigstens weigern, von alten Fragen gebannt zu sein. Mit unserer suchtartigen Abhängigkeit von der alten Frage, „Wie können wir den Feind besiegen und Sicherheit erreichen?", sind wir todgeweiht. Die Frage, die heutzutage zum dringlichsten Anliegen werden muß, lautet: „Wie können wir unsere Feindschaft mindern?"

Verzweiflung liegt nahe, wenn wir auf die entmenschlichenden Bilder starren, die wir uns vom Feind machen, und uns eingestehen, wie tief die Gewohnheit des Kriegs in unserer Gattung verwurzelt ist. Aber es wäre gefährlich falsch, die Schlußfolgerung der Hoffnungslosigkeit zu ziehen. Auf seltsame Weise sind die Virulenz und Beständigkeit der archetypischen Feindbilder ein verborgener Beweis für den Grund der Hoffnung. Wir führen uns unsere Feinde ständig in erniedrigender Manier vor Augen, gerade weil wir *nicht* instinktiv Sadisten sind. Wenn überhaupt irgend etwas, dann haben wir eine natürliche Neigung, unsere eigenen Artgenossen nicht zu töten, und deshalb müssen wir sie gräßlich anders als uns selbst machen, bevor wir unser instinktives Mitleid überwinden und sie töten können. *Homo hostilis* muß erst durch die Medien und die Institutionen geschaffen werden, die ihn einer ständigen Indoktrination in Form von Heldengeschichten, Ideologie, Rationalisierungen, Stammesmythen, Übergangsriten und Ikonen des Feindes unterwerfen. Der gesamte institutionelle und symbolische Apparat einer Gesellschaft ist erforderlich, um gemeinschaftliche Paranoia aufrechtzuerhalten und eine Psyche hervorzubringen, die von Gegnerschaft zum Feind beherrscht ist.

Und dennoch ist die Anstrengung nur bei einer kleinen Minderheit erfolgreich. Trotz besserer Propaganda werden bloß wenige Männer und praktisch keine Frauen wirklich

Der bolschewistische Barbar
Gale, Los Angeles Time, 1920

einen Feind umbringen. In einer bemerkenswerten Untersuchung, über die General S. L. A. Marshall in *Men Against Fire* berichtet, entdeckten Militärpsychologen: Unter Kampfbedingungen während des Zweiten Weltkriegs ging der Prozentsatz amerikanischer Soldaten, die ihr Gewehr auch nur einmal auf einen Feind in Sichtweite abfeuerten, nicht über 25 Prozent hinaus; die üblichere Zahl waren 15 Prozent. Ein erstaunliches Ergebnis! Zwischen 75 und 80 Prozent ausgebildeter Kampftruppen töten *nicht* bereitwillig einen Feind. General Marshall schloß aus dieser Studie, daß die Armee sich zwar mit der Angst von Männern auseinandergesetzt hatte, in der Schlacht zu sterben, daß sie sich aber niemals angemessen mit ihrem Widerwillen gegen das Töten beschäftigt hatte.

Wenn es so schwer ist, uns zu Killern zu machen, könnten wir nun unsere pädagogischen Bemühungen auf das hoffnungsvollere Heldenstück richten, gegen unsere eigene Feindschaft anzukämpfen. Die mystische Tradition in der Religion und ihr säkulares Gegenstück in der Psychotherapie haben immer versucht, den Krieg von außen nach innen zu kehren, die extravertierte, nach außen gewandte Aggression des Kriegers in eine nach innen gerichtete Energie umzuwandeln, das individuelle Pentagon zu zerstören – die Abwehrmechanismen, die uns von anderen isolieren und feindselig gegen sie machen. Der wahre Heilige Krieg ist der Kampf gegen das antagonistische Bewußtsein.

Andenken
UdSSR

TEIL 4

In der Zwischenzeit

Mitleidende Krieger, menschliche Feinde und tragische Schlachten

„Das Böse ist der Felsen, an dem alle Systeme Schiffbruch erleiden.“

Karl Jaspers

Nicaraguanisches Kind, 1984

Ich mache mir keine Illusionen, das Geheimnis des Bösen entschleiert zu haben. Wenn wir unsere Paranoia bereuen, und das unmenschliche Antlitz, das wir auf den Feind projiziert haben, wieder angeeignet und die Psychologie der Feindschaft verstanden haben, bleibt immer noch Böses übrig, mit dem wir keine Kompromisse schließen dürfen, und Feinde, die wir bekämpfen müssen. Während wir Amerikaner anerkennen müssen, wie unvernünftig und hartherzig wir in Vietnam waren (ein Fehler, den wir gegenwärtig in Nicaragua wiederholen), dürfen wir nicht das Leid herunterspielen, das die Sowjets in Afghanistan anrichten oder die Chinesen in Tibet. In Ermangelung von Utopia gibt es wirkliche Feinde. Es ist ein Luxus der Naiven und Behüteten, zu glauben, daß richtiges Denken, gute Absichten und bessere Kommunikationstechniken alle Feinde in Freunde verwandeln. Selbst wenn wir die systemische Sicht des Krieges gründlich verdaut haben, bleibt ein bedeutsamer Unterschied in den Graden von Schuld. Und so sehr wir lernen müssen, die seltene Tugend der Umkehr zu praktizieren, dürfen wir doch nicht annehmen, dies erlaube uns, eine pazifistische Position zu beziehen und jede Verantwortung für den Einsatz militärischer Macht zu verweigern. Möglicherweise wäre es, trotz der Unmoral unseres Krieges in Vietnam, durchaus sehr viel moralischer gewesen, eine wirksame Militärpräsenz in der Region weiterhin aufrechterhalten und in Kambodscha interveniert zu haben, um den Völkermord des Pol-Pot-Regimes zu verhindern. Fraglos hatten die Armen und Nicht-Wahlberechtigten in Nicaragua einen realen Feind in der Person von Somoza, gegen den pazifistische Empfindungen und Taktiken nutzlos gewesen wären. Wenn Freiheit die Grundlage aller weiteren menschlichen Werte ist, dann gibt es Zeiten, in denen Männer und Frauen sich zwischen Töten und dem Aufgeben ihrer Menschlichkeit entscheiden müssen.

Das Bemühen, die Archetypen der Feindvorstellung und die Psychologie der Feindschaft zu verstehen, kann uns vor einer Menge Illusionen behüten und vor schmerzlichen Fehlern schützen. Es kann uns davor bewahren, uns selbst zu entmenschlichen, indem wir unsere Feinde entmenschlichen. Es kann uns jedoch nicht aus dem quälenden Dilemma des

Kinder oder Gewehre?
Mexiko. Helioflores, El Universal 1985. © Cartoonists and Writers Syndicate

planmäßigen Einsatzes von Streitkräften retten. Wir müssen Schichten von Illusion, Lügen, Propaganda und Projektion abschälen, aber wir stehen immer noch vor der Tragödie der Gewalt.

Wollen wir menschlich bleiben und unsere Existenz über jene Zeitspanne erhalten, die die Umformung unserer Disposition zur Feindseligkeit in eine Haltung der Freundlichkeit benötigt, müssen wir die ganze Energie unserer Vorstellungskraft und unseres Willens der Suche nach einem Weg widmen, wie wir mit unseren Nachbarn in relativer Harmonie leben können. Einstweilen genügt es, wenn wir es schaffen, unnötige Schlachten zu vermeiden und Grenzen für die Waffen zu setzen, mit denen wir uns gegenseitig als Geiseln des Terrors halten. Und wenn wir kämpfen müssen, dürfen wir das nicht als heilige Krieger tun, sondern als zutiefst reuevolle Männer und Frauen, die in den tragischen Konflikten einer Geschichte gefangen sind, die zu verändern wir bisher noch nicht die Vision, den Willen oder den Mut hatten.

> „Und es kommt vielleicht ein großer Tag, an welchem ein Volk, durch Kriege und Siege, durch die höchste Ausbildung der militärischen Ordnung und Intelligenz ausgezeichnet und gewöhnt, diesen Dingen die schwersten Opfer zu bringen, freiwillig ausruft: „wir zerbrechen das Schwert" – und sein gesamtes Heerwesen bis in seine letzten Fundamente zertrümmert. Sich wehrlos machen, während man der Wehrhafteste war, aus einer Höhe der Empfindung heraus –, das ist das Mittel zum wirklichen Frieden, welcher immer auf einem Frieden der Gesinnung ruhen muß: während der sogenannte bewaffnete Friede, wie er jetzt in allen Ländern einhergeht, der Unfriede der Gesinnung ist, der sich und dem Nachbar nicht traut und halb aus Haß, halb aus Furcht die Waffen nicht ablegt. Lieber zugrunde gehn als hassen und fürchten, und zweimal lieber zugrunde gehn als sich hassen und fürchten machen –, die muß einmal auch die oberste Maxime jeder einzelnen staatlichen Gesellschaft werden!"
>
> Friedrich Nietzsche

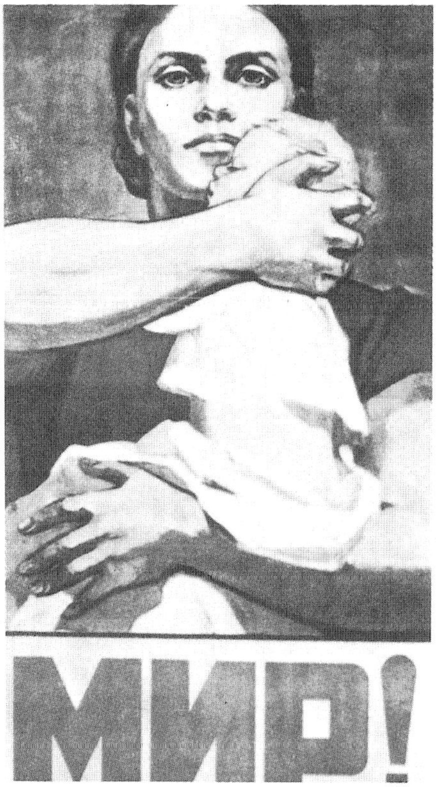

Mutter und Kind
MNP (MIR) bedeutet im Russischen sowohl „Welt" als auch „Frieden"

My Lai
Aus dem Prozeß gegen Leutnant Calley. Peter Brandt, R. Haeberle. Museum of Modern Art. 1970

TEIL 5

Nachtrag

Die Erziehung von Homo amicus

Ein Lehrplan des Mitgefühls

Da die Erziehung zu Paranoia und Krieg eine restlose soziale Anstrengung verlangt, müssen wir annehmen, daß es einer ähnlichen oder größeren Anstrengung bedarf, eine mitleidensfähige Psyche und Gesellschaft hervorzubringen.

Betrachten wir zum Beispiel die nachhaltige Neuordnung ökonomischer Prioritäten, der Geschlechterdefinition und Familienstrukturen, die nötig wären, um eine der erforderlichen grundlegenden Wandlungen für die Schaffung eines sanften Gemeinwesens zu vollziehen. Psychologische und kulturvergleichende Studien zeigen deutlich, daß die Bereitschaft einer Gesellschaft zu Zärtlichkeit und Mitgefühl in direktem Verhältnis zum Ausmaß an Berührung, Sinnlichkeit, Schönheitssinn und fürsorglicher Sexualität steht. Berührung nährt Freundlichkeit. Mangel an Berührung, strenge Disziplin und asketische Zurückweisung sinnlicher Freuden bringen Gewalt hervor. Wenn wir die Heranbildung eines sanftmütigen Volkes zu unserem höchsten Anliegen machen wollen, könnte die Kunst, Vater oder Mutter zu sein, eine Heimat zu geben, zum Kristallisationspunkt einer neuen Definition von Heldentum werden. Eine Wirtschaftsordnung, die auf das Schaffen von Vertrautheit und Gemeinschaft statt auf Profit ausgerichtet ist, könnte nur durch eine „Umwertung der Werte" aufgebaut werden, eine radikale Kehrtwendung von Konkurrenz zu Kooperation. So unwahrscheinlich (wiewohl notwendig) dies im Augenblick auch scheint, hat der Vorschlag doch insofern einen Hauch von Ironie, als die ursprüngliche Bedeutung von „Ökonomie" sich auf die Kunst bezog, einen Haushalt oder eine Gemeinschaft zu führen, und nicht auf Produktion, Verkauf und Konsum von Waren. Um *Homo amicus* heranzuziehen, müßten wir aufhören, Geschäfte nach dem Vorbild der Kriegführung zu betreiben, und Menschen wichtiger nehmen als den Profit. Unternehmen, Bildungseinrichtungen und Regierungen müßten gleichermaßen darauf achten, eine ästhetisch ansprechende und persönlich bereichernde Umgebung am Arbeitsplatz, zu Hause und in der Gemeinde zu schaffen.

Als Zusammenfassung dessen, was wir erkennen und tun müßten, um „mit-leidenschaftliche" Äquivalente zum Krieg hervorzubingen, und als Anfang für das Ersinnen eines Prozesses, in dem wir unsere Institutionen und unsere Psyche verändern könnten, schlage ich ein soziales Curriculum vor. Dieses Curriculum bietet nicht so sehr Antworten an, sondern legt vielmehr die Fragen nahe, auf die wir uns konzentrieren sollten, sowie die Arten von Kenntnissen und Fertigkeiten, die wir brauchen, um uns das Kriegführen abzugewöhnen. Welche Institutionen das Problem der Bildung von Bewußtsein, Gewissen, Mitgefühl und Gemeinschaft ernst nehmen werden, weiß ich nicht. Kirchen, Schulen, Universitäten und die Friedensbewegung sollten die Führungsrolle dabei übernehmen, ein solches Curriculum zu verwirklichen und unser formelles und informelles Erziehungssystem so wiederherzu-

Faschistische Jungenorganisation in Italien, Zweiter Weltkrieg

stellen, daß es die Prioritäten des Überlebens reflektiert, statt den konservativen Bedürfnissen nach Bewahrung des Status quo zu dienen. Vielleicht werden die Medien, die Wirtschaft und zuletzt die Regierungen der menschlichen Art gerade noch rechtzeitig zu Hilfe kommen.

Das Folgende sind erste Vorüberlegungen zu einigen Wissensgebieten, Fertigkeiten und Fragen, die verbreitet werden müssen, wollen wir eine gewaltfreie Gemeinschaft von Nationen herbeiführen.

Die Geschichte des Krieges. Als eine unserer dauerhaftesten sozialen Erfindungen sollte der Krieg bis ins einzelne erforscht werden. Arten von Krieg: rituell, politisch, heldenhaft, total. Die politischen, wirtschaftlichen, erotischen, ästhetischen und religiösen Aspekte des Krieges. Was ruft die kriegerische Psyche hervor und erhält sie? Wie prägt die Angewohnheit des Krieges soziale Institutionen – die Familie, die Beziehung zwischen den Geschlechtern, die Kirchen, die Regierung? Die Nationale Kriegsakademie sollte die Speerspitze solcher Studien bilden.

Die Geschichte des Friedens. Unter welchen Bedingungen ist Frieden ausgebrochen? Was ist erforderlich, um eine kooperative Beziehung zwischen Personen, Stämmen und Nationen aufrechtzuerhalten? Woran liegt es bei Stämmen wie den Hopi, Tasaday oder Pygmäen, daß diese keine Mythologie oder Praxis des Krieges haben? Was sind die Grundlagen ihrer Sozialverträge? Wie unterscheidet sich die psychische und institutionelle Struktur friedfertiger Völker von kriegerischen Gesellschaften? Eine Nationale Friedensakademie, gemeinsam finanziert und in einem Haus untergebracht mit der Nationalen Kriegsakademie, könnte ernsthafte Friedensforschung anregen und fördern.

Paranoia und Propaganda. Wie prägt die gemeinschaftliche Paranoia einer Gruppe ihre Wahrnehmungen? Wie und aus welchen Gründen wird der Feind geschaffen? Welches sind die Masken, die dem Feind im Kriegsspiel unvermeidlich übergestülpt werden? Wie überzeugen unterschiedliche Arten von Gesellschaften sich selbst von der Rechtmäßigkeit ihrer nationalen Eigeninteressen und der Böswilligkeit der Absichten des Feindes? Wie unterscheiden sich die Techniken der Beeinflussung und öffentlichen Meinungsbildung zugunsten von Krieg in medien-reichen und medien-armen Gesellschaften? Wie unterscheiden sich die Propagandastile in totalitären und demokratischen Ländern? Wie bestimmen wir den Unterschied zwischen unseren paranoiden Befürchtungen und realen Gefahren? Welche Feinde machen wir uns aus unserem Bedürfnis nach einem Sündenbock, und welche stellen wirkliche Bedrohungen dar, denen wir uns widersetzen müssen!

Metanoia und Kommunikation. Wie ändern wir unser Bewußtsein, sehen wir uns selbst, wie andere uns sehen,

Faschistische Mädchenorganisation in Italien, Zweiter Weltkrieg

kehren wir die Perspektiven um? Wie kommen wir durch die Hintertür unseres eigenen Denkens, entfliehen wir dem Gefängnis unseres Ethnozentrismus? Welche Wahrnehmungsfähigkeiten brauchen wir, um das Vertraute als fremd und das Fremde als vertraut zu erkennen? Woher beziehen wir den Mut, unsere persönlichen Fehler einzugestehen? Wie können Nationen rituell ihre gemeinschaftliche Schuld für Völkermord und Blutbäder bekennen und büßen? Welche Arten von Familien und Institutionen sind erforderlich, um freimütige, großzügige und kontaktoffene Denkweisen und Persönlichkeiten zu erzeugen? Wie gleichen wir unsere eigene Neigung zu gemeinschaftlicher Paranoia aus und schützen andere vor ihr?

Autorität und individuelles Gewissen. Wie entsteht Gewissen? Was sind die Stufen der Moralentwicklung? Welche Verpflichtungen hat der einzelne über Gehorsam hinaus? Pflichterfüllung? Die Nürnberger Prozesse und die Idee von Verbrechen gegen die Menschlichkeit. Moralisches und transmoralisches Gewissen. Die Milgram-Experimente. Die autoritäre Persönlichkeit. Die Entmystifizierung der Autorität. Das Problem der Autorität und Über-Abhängigkeit. Wann und wie man Autoritäten trotzt. Die Verpflichtung, sich falscher Autorität zu widersetzen. Helden des Gewissens. Wie sind Männer und Frauen mit außergewöhnlichem Gewissen fähig, Widerstand gegen die Institutionen, Bürokratien und Autoritäten zu leisten, die Böses gutheißen?

Natur und Machtgebrauch. Arten von Macht: rationale, bürokratische, charismatische, technische, moralische, sexu-

Katholische Erziehung – Derry, Nordirland, 1972
© John Giannini

Protestantische Erziehung – Ulster, Nordirland, 1972
© John Giannini

elle, wirtschaftliche, religiöse. Gewaltsame und sanfte Formen von Macht. Die Beziehung zwischen Macht und Ohnmacht. Die Grenzen der Macht-Metapher. Macht und Liebe. Macht, Möglichkeit, Kraft und Heilserwartung. Macht als die genetische und soziale Prägung, die uns zur Verwirklichung unserer Möglichkeiten drängt. Sind Macht und Liebe einander ausschließende Gegensätze? Was sind die Beziehungen zwischen Liebe, Macht und Gerechtigkeit? Macht als Besessenheit und Sucht. Macht als das Vermögen, andere zu ermächtigen.

Ursprung und Wesen der Gewalt. Sind wir durch Instinktausstattung aggressive, gewalttätige, territoriale Lebewesen, von selbstsüchtigen Genen programmiert? Oder lernen wir, gewalttätig zu sein? Harlows deprivierte Affen. Ruft Mangel an Berührung, Sinneseindrücken, mütterlicher oder väterlicher Zuwendung gewalttätige Menschen und Gesellschaften hervor? Eine Geschichte der gewohnheitsmäßigen Grausamkeit, die gegen Kinder im Namen von Disziplin und Erziehung verübt wird. Wie geht die Flut der Gewalt zurück, wenn eine Gesellschaft zu Berührung, Sinnlichkeit und fürsorglicher Sexualität ermutigt? Eros und Thanatos. Lustangst und Friedensphobie; warum erzeugen wir soviel Leid und Krankheit und vermeiden Lust und Gesundheit? Ist Gewalt eine Sucht?

Werbeplakat des US-Reserve Officer Training Center (ROTC)

Mythen, Bedeutungen und Rituale des Mitleidens. Wie bringen wir eine Alternative zum Kriegermythos, zum Ritual des Krieges, zur Schlacht (oder dem Militärdienst) als Übergangsritus für Männer hervor? Welche Arten von Institutionen sind nötig, um *Homo amicus* zu schaffen und zu erhalten? Welche neuen Vorbilder für Männlichkeit können den heldenhaften Krieger ersetzen? Welche Schicksalsprüfungen, Risiken, Abenteuer und Herausforderungen gehören dazu, dem Weg des Mitleidens statt dem Pfad der Macht zu folgen? Gibt es heldenhafte Liebhaber? Auf welche Kämpfe, welche Risiken müßten ein einzelner, eine Gemeinschaft, eine Nation sich einlassen, um sich von einer Machtorientierung zu einer Verfassung des Mitleidens zu entwickeln? Ist die Vorstellung einer Politik des Mitleidens ein Widerspruch in sich selbst? Utopisch? Zu riskant, um darüber nachzudenken?

Techniken der sozialen Veränderung. Die Kunst, politischen Druck auszuüben. Formen öffentlicher Macht. Organisation freiwilliger Vereinigungen. Schweigenden Minderheiten und Mehrheiten Macht verleihen. Öffentliche Meinungsbildung. Die Herausformung meta-nationaler Identitäten und Loyalitäten. Wie können wir unser Land und die Gerechtigkeit lieben? Welche Arten von Erziehung, Erfahrung und Einrichtungen brauchen wir, um uns von den Exzessen des Nationalismus abzubringen? Internationale Friedenskorps. Alternativen zum Militärdienst in nationalen Armeen. Könnte ein erster Schritt zur Festschreibung des Rechts auf persönliches Gewissen in einem multinationalen Abkommen bestehen, das es Gegnern nationaler Kriege aus Gewissensgründen ermöglicht, in internationalen Friedenstruppen zu dienen?

Konfliktlösung und Friedensfertigkeiten. Welche Fähigkeiten und Fertigkeiten sind erforderlich, um Konflikte innerhalb des Selbst, unter einzelnen, in Organisationen und zwischen Nationen zu lösen? Die Kunst der Verhandlung und Vermittlung. Wie erreicht man praktikable Vereinbarungen mit Personen und Nationen, die verschlossener, feindseliger und paranoider sind als man selbst? Der Nutzen einseitiger Initiativen. Wie man die Politik eines Feindes ohne den Einsatz von Gewalt verändert. Die Rolle von Drohungen und Versprechen in Verhandlungen. Kreatives Zuhören. Eine gemeinsame Basis finden. Den Gegner verstehen. Mit unausgeräumten Meinungsverschiedenheiten leben. Überzeugungstaktiken in persönlichen, institutionellen und nationalen Beziehungen, Alternativen zum Konflikt. Aggression entwaffnen. Die Künste des Kampfsports – Judo, Aikido, Tai Chi – als Vorbilder. Mit dem Widerstand gehen. Aufs Gewinnen verzichten.

Liebevoller Kampf. Wie üben wir unsere Lust an Konkurrenz und Wettkampf auf nicht-feindselige Art und Weise aus? Dialog als liebevoller Kampf. Spiele, Olympische und andere, als friedlicher Krieg. Wie kann Aggression honoriert

„Der Soldat quält den Bauern und verfolgt das Landvolk und will es töten“
Kinderbild aus El Salvador, © Matthew Naythons

werden, ohne Gewalt zu ermutigen? Wie können wir uns mit unseren Feinden menschlich auseinandersetzen? Wie läßt Krieg sich begrenzen? Zivilisieren? Gibt es eine Möglichkeit, die Ideen des Wettstreits, der Ritterlichkeit und der Ehre wieder in den Krieg einzuführen?

Empathie, Vorstellungskraft, Mitleiden. Welche Formen der Kindererziehung bringen die phantasievollsten, einfühlsamsten und mitleidensfähigsten Erwachsenen hervor? Wo sollte die Therapie, die auf die Behebung emotionaler Ungleichgewichte abzielt, stattfinden? Könnten und sollten die Schulen uns lehren, sowohl freundlich als auch gerissen zu sein? Was steigert unseren *EQ* – unseren Empathiequotienten?

Kreative Ausschweifung und dionysische Feste. Wie befriedigen wir das Bedürfnis, aus der Routine auszubrechen, der Langeweile des Alltags zu entfliehen, durch Ausschweifungen geläutert zu werden? Wie können wir uns, in Ermangelung von Krieg und Gewalt, jenen Ritualen von Tod und Wiedergeburt unterziehen, auf die wir als einzelne und Gesellschaften gelegentlich angewiesen zu sein scheinen? Welche Arten von Ich-Überschreitung sollten wir fördern? Wo lernt man die dionysischen Fähigkeiten, die Kunst der Hingabe? Was wären sozial verantwortliche Wege, mit unseren unzivilisierten Impulsen zu Grausamkeit und barbarischer Zerstörung umzugehen?

Führung und das Paradox der Macht. Wie können wir das Spiel der Machtpolitik abschwächen, solange die Führung der Welt sich zum größten Teil aus machtbesessenen Männern zusammensetzt? Welche Veränderungen brauchten wir, um unsere Führer aus dem psychisch gesündesten und weisesten Teil der Bevölkerung zu wählen? Wie können wir den Drang, zu dienen, verstärken und das Bedürfnis, Macht anzuhäufen, mindern? Wo bildet sich ein öffentliches Gewissen heraus?

Die Ökonomie des Friedens. Wie können wir es uns leisten, die Gesellschaft zu entmilitarisieren? Was könnte die Waffenindustrie ersetzen? Wenn Profit, Privilegien und Ideologie so eng damit verknüpft sind – wie ist es dann möglich, den militärisch-industriellen Komplex der wichtigsten waffenproduzierenden und -exportierenden Mächte in den Aufbau von Friedensökonomien umzuwandeln?

Der innere Feind. Wie schaffen wir Psychonauten, Erforscher der Höhen und Tiefen der Seele? Wie bringen wir den Krieger der inneren Schlacht auf die Bühne, der ankämpft gegen Paranoia, Illusion, Mangel an Selbstkritik, infantile Schuld und Scham, Trägheit, Grausamkeit, Feindseligkeit, Furcht, Anschuldigungen, Sinnlosigkeit? Wie erkennt eine Gesellschaft den Mut derjenigen an und feiert sie, die gegen die dämonischen Versuchungen des Selbst kämpfen, die einen Heiligen Krieg gegen alles Böse, Gestörte, Perverse und Schändliche innerhalb des Selbst unternehmen?

Kinderspiele
John Giannini 1973

„Kinder werde ich nicht mehr einem militärischen Training unterziehen; vielmehr werde ich sie lehren, wie man raubt, brandschatzt und mordet“
Peace Pledge Union

Anmerkungen

1 Sue Mansfield: *The Gestalts of War,* New York 1982.
2 Geoffrey Gorer: *Der Mensch hat keinen „Tötungs"-Instinkt,* in: M. F. Ashley Montagu (Hrsg.): Mensch und Aggression. Der Krieg kommt nicht aus unseren Genen, Weinheim 1974, S. 56f.
3 Ashley Montagu: *Die neue Litanei von der „angeborenen Sündhaftigkeit". Oder: Erbsünde frisch aufgelegt,* in: Mensch und Aggression, S. 35f.
4 Christian Science Monitor, 24. Januar 1983.
5 Laurens van der Post: *Merry Christmas, Mr. Lawrence,* New York 1983, S. 153.
6 Nevitt Sanford: *Sanctions for Evil,* San Francisco 1971, S. 164.
7 Robert Ivie: *Speaking Common Sense About the Soviet Threat: Reagan's Political Stance,* in: Western Journal of Speech Communication 48 (Winter 1984), S. 39–50.
8 Farrel Corcoran: *The Bear in the Back Yard. Myth, Ideology and Victimage Ritual in Soviet Funerals,* in: Communication Monographs 50 (Dezember 1983).
9 Central Intelligence Agency, FM 95–1A Guerrilla War Manual, 1984.
10 U.S. News & World Report, 22. November 1982.
11 Konstantin Tschernenko, so zitiert in New York Times vom 13. Juni 1984, S. 1.
12 Ronald Reagan, so zitiert in der New York Times vom 9. Juli 1985, S. 12.
13 Siehe Noam Chomsky: *Crimes by Victims Are Called Terrorism,* in: These Times, 24. Juli 1985, S. 17.
14 Presseberichte über die Sowjetuntion vom 18. Mai 1984, herausgegeben von: International Studies Institute, Washington, D.C.
15 Fred Schwartz: *You Can Trust the Communists (to Be Communists)*, Englewood Cliffs N.J. 1960, S. 14.
16 J. Power: *Against Oblivion: Amnesty International's Fight for Human Rights,* Glasgow 1981, S. 62–65.
17 Susan Griffin: *The Way of All Ideology,* in: Journal of Women in Culture and Society 7 (1982), S. 3.
18 Mark Baker: *Nam,* New York 1983.
19 Gitty Sereny: *Into That Darkness,* New York 1983, S. 101.
20 J. Glenn Gray: *The Warriors,* New York 1970, S. 150.
21 Baker, ebenda, S. 176.
22 S.L.A. Marshall: *Men Against Fire,* New York 1956, S. 39.
23 Otto Kroeger in einem Gespräch am 11. September 1985.
24 Robert Bathurst: *Two Languages of War,* in: Derek Leebaert (Hrsg.): Soviet Military Thinking, London o.J., S. 33.
25 Anthony Herbert: *Soldier,* New York 1973, S. 402.
26 Robert Jay Lifton: *Home from the War,* New York 1973, S. 353.
27 Headquarters, U.S. Army Training and Doctrinal Command "Airland Battle 2000", S. 6.
28 Philip Caputo: *A Rumor of War,* New York 1978, S. 120.
29 Gilbert Herdt: *Guardians of the Flute,* New York 1981, S. 160.
30 William Broyles Jr.: *When Men Love War,* in: Esquire, November 1984.
31 William James: *The Moral Equivalent of War,* in: Staughton Lynd (Hrsg.): Nonviolence in America, Indianapolis 1966, S. 147.
32 Friedrich Nietzsche: *Menschliches, Allzumenschliches,* Stuttgart 1978, S. 306.

Ausgewählte Literatur

Von den zahlreichen Büchern und Zeitschriftenartikeln, die ich während der Studien zu diesem Buch gelesen habe, waren die folgenden für mich besonders aufschlußreich:

Bücher

Arendt, Hannah: *Eichmann in Jerusalem. Ein Bericht von der Banalität des Bösen*, Reinbek 1978
Becker, Ernest: *Escape from Evil,* Free Press, New York 1975
Brown, N. O.: *Love's Body,* Random House, New York 1966
Camus, Albert: *Verteidigung der Freiheit,* Reinbek 1975
Clausewitz, Carl von: *Vom Kriege,* Bonn 1980
DeMause, Lloyd: *Grundlagen der Psychohistorie,* Frankfurt 1983
DeRougement, Denis: *Love in the Western World,* Harper & Row, New York 1974
Ellul, Jacques: *Propaganda,* Vintage Books, New York 1973
Falk, Richard und Kim, Samuel: *The War System. An Interdisciplinary Approach*, Westview Press, Boulder/Col. 1980
Gray, J. Glenn: *The Warriors*, Harper & Row, New York 1970
Griffin, Susan: *Pornography and Silence,* Harper & Row, New York 1980
Herdt, Gilbert: *Guardians of the Flutes,* McGraw-Hill, New York 1981
Keegan, John: *The Face of Battle*, Penguin Books, New York o. J
Lifton, Robert Jay: *Home from the War,* Simon and Schuster, New York 1973
Mansfield, Sue: *The Gestalts of War,* Dial Press, New York 1982
Marshall, S. L. A.: *Men Against Fire,* Morrow, New York 1967
Montagu, Ashley M. F. (Hrsg.): *Mensch und Aggression. Der Krieg kommt nicht aus unseren Genen,* Weinheim 1974
Sanford, Nevitt: *Sanctions for Evil,* Jossey-Bass, San Francisco 1971
Tuan, Yi-Fu: *Landscapes of Fear,* Pantheon Books, New York 1979
Walzer, Michael: *Gibt es den gerechten Krieg?*, Stuttgart 1982
White, Ralph: *Nobody Wanted War,* Doubleday Anchor, New York 1970
Woito, Robert: *To End War,* The Pilgrim Press, New York 1982

Zeitschriftenartikel

Griffin, Susan: "The Way of All Ideology". *Journal of Women in Culture and Society,* 1982, 7

Ivie, Robert: "Metaphor, Nuclear Arms, and the Reagan Re-election Campaign" Rede 1984

"Plainspeak and the Rhetorical Presidency: Literalizing Communist Savagery in Korea", unveröffentlichtes Manuskript

"Images of Savagery in American Justifications of War", *Communication Monographs* 47, November 1980

"Speaking 'Common Sense' About the Soviet Threat: Reagan's Rhetorical Stance", Western Journal of Speech Communication 48, Winter 1984

Kull, Steven: "Nuclear Nonsense", *Foreign Policy* 5, Spring 1985, S. 28–52.

Rubinoff, Lionel: "In Nomine Diaboli: The Voices of Evil", Israel Charny: *Strategies Against Violence.* Westview Press, Boulder, Colo.: 1978

Der Ursprung der Bilder

Wenn man sich ansieht, welche Arten von Bildern in diesem Buch Aufnahme gefunden oder nicht gefunden haben, erfährt man einiges über die unterschiedlichen Propaganda-Stile. Das politische Plakat mit leuchtenden Farben ist das erfolgreichste Propaganda-Instrument in einer medienarmen Gesellschaft, wo es schon deshalb geschätzt wird, weil es etwas Farbe in eine ansonsten graue Umwelt bringt. In medienreichen Gesellschaften sind die wirksamsten Propaganda-Mittel weniger in Form von dramatischen Feindbildern zu finden, sondern eher in der subtilen Auswahl und Aufbereitung von „Nachrichten" in Zeitungen und Fernsehen. Autoritäre Gesellschaften organisieren ihre Propaganda von oben nach unten und benutzen ständig wiederkehrende Stereotypen – ad nauseam. In der UdSSR zum Beispiel haben dieselben drei Grafiker den größten Teil aller politischen Plakate in den letzten vierzig Jahren gestaltet! In den sogenannten offenen Gesellschaften entspringt Propaganda oft einem unbewußten Konsens, der gegenüber der Ideologie und der Politik einer Mehrheit unkritisch bleibt und sich in Leitartikeln, Karikaturen und in den Unterhaltungsmedien niederschlägt (Sylvester Stallone hat mir zum Beispiel keine Erlaubnis erteilt, Bilder aus seinen Propaganda-Filmen *Rambo* und *Rocky IV* zu verwenden). In jeder Gesellschaft sind die wahren Vertreter der Freiheit selten – der Schamane, Prophet, Staatsmann und Visionär, der hinter die Propaganda sieht und das Feindbild entmystifiziert, indem er unsere Aufmerksamkeit auf unsere Mitschuld an Ungerechtigkeit, Krieg und anderen Übeln lenkt. Es gibt eine ganze Reihe von mehr oder weniger vollständigen Sammlungen von Propaganda-Material, es existiert jedoch keine Untersuchung darüber, wie Feinde gesehen werden. Die fruchtbarste Methode für mich war es, in großen Bibliotheken in den „Kriegs"-Abteilungen nach großen Folianten Ausschau zu halten, in der Annahme, daß darin die Fotografien und Propaganda-Bilder enthalten seien. So stieß ich auf viele Bilder, die in bisherigen Sammlungen von Propaganda-Kunst nicht enthalten waren.

Bibliotheken

Library of Congress, The Yanker Collection, Washington, D.C.

Hoover Library, Stanford University, Stanford, California.

New York Public Library Picture Collection.

University of Michigan, Ann Arbor.

Mill Valley Library, Mill Valley, California.

Presidio Army Museum, San Francisco.

Mitchell Wolfson, Jr., Collection of Decorative and Propaganda Arts. Miami-Dade Community College. Besonderer Dank an Stephan Greengard, den Kurator.

Bildbände

Editors of The Foreign Policy Association. A Cartoon History of United States Foreign Policy 1776–1976. New York: Morrow, 1975.

Robinson, Jerry. The 1970s. Best Political Cartoons of the Decade. New York: McGraw-Hill, 1981.

Hoff, Syd. Editorial and Political Cartooning. New York: Stravon Educational Press, 1976.

Darracott, Joseph. The First World War in Posters. New York: Dover, 1974.

Yanker, Gary. Prop Art. New York: Darien House, 1972.

Das Bild als Waffe. Mittel und Motive der Karikatur in fünf Jahrhunderten. München: Prestel-Verlag, 1984.

Einzelpersonen

Das *Esalen*Austausch-Projekt USA/UdSSR hat mich in die Sowjetunion entsandt, wo ich sowjetische Politkunst sammeln und vor der Akademie der Wissenschaften und anderen Organisationen über mein Buch sprechen konnte. Besonderen Dank gebührt Michael Murphy, Dulce Murphy und Jim Hickman.

Die *Common Sense Foundation* hat mich nach Nicaragua geschickt, wo ich politische Plakate der Sandinisten sammeln und vor allem auch studieren konnte, wie Propaganda in einer medien-armen Gesellschaft funktioniert. Hier gilt mein Dank besonders Adam Friedson.

Ich schulde Dank auch den Künstlern, die mir erlaubt haben, ihre Zeichnungen, Cartoons und Gemälde in dieses Buch aufzunehmen. Vor allem danke ich Jerry Robinson, dem Gründer des Cartoonists and Writers Syndicate. Er hat mir sein Cartoon-Archiv geöffnet und mir dabei geholfen, Nachdruckgenehmigungen einzuholen. Ohne ihn wäre dieses Buch nicht so reich an Illustrationen.

Außerdem bin ich folgenden Personen zu besonderem Dank verpflichtet: Robert Weeks, der mir die deutsche Zeitschrift „Kladderadatsch“ nahebrachte, Jacques Leslie für den kambodschanischen Buddha, Jean Maggrett für die Aikido-Zeichnungen, Jeanette Stobie für den Hinweis auf die Stereotypen „wir gegen sie“, „männlich-weiblich“, Lenny Lind und Joe Czop für die Fotos und Joel Spiewak, der mir freundlicherweise sein Foto-Studie zur Verfügung gestellt hat.

Personenregister